Rudolf Dreikurs:
Die Ehe – eine Herausforderung

Aus dem Amerikanischen von
Erik A. Blumenthal

Klett-Cotta
im
Deutschen
Taschenbuch
Verlag

Von Rudolf Dreikurs
ist im Deutschen Taschenbuch Verlag erschienen:
Eltern und Kinder – Freunde oder Feinde? (35003;
zusammen mit Erik A. Blumenthal)

Ungekürzte Ausgabe
März 1993
Deuscher Taschenbuch Verlag GmbH & Co. KG, München
© 1946 Rudolf Dreikurs
Titel der amerikanischen Originalausgabe:
The Challenge of Marriage
© der deutschsprachigen Ausgabe:
1976 J. G. Cotta'sche Buchhandlung Nachfolger GmbH,
gegr. 1659, Stuttgart
ISBN 3-12-901990-1
Umschlaggestaltung: Boris Sokolow
Gesamtherstellung: C. H. Beck'sche Buchdruckerei, Nördlingen
Printed in Germany · ISBN 3-423-35061-X

Das Buch

Es boomt in den Standesämtern. Die Zahl der Eheschließungen hat sich seit Beginn der achtziger Jahre fast verdoppelt. Dennoch ist überall die Rede davon, daß in vielen Ehen die sexuelle Befriedigung fehlt und daß Familien oft in einer ihrer Hauptaufgaben versagen: Kindern Anreiz und Führung zu bieten, die sie brauchen, um emotional und verstandesmäßig wachsen und reifen zu können. Zwei Prozesse haben das herkömmliche Selbstverständnis der Ehe stark erschüttert: zum einen die tiefgreifende Veränderung des Rollenverständnisses der Frauen, zum anderen die grundsätzliche Anerkennung der Gleichwertigkeit der Kinder. Die traditionellen Machtverhältnisse brechen auf, Männer besitzen nicht mehr allein politische und soziale Macht, Eltern verlieren immer offenkundiger die Autorität über ihre Kinder. In vielen Familien hat man nicht gelernt, Konflikte und sich widerstreitende Interessen im Geist gegenseitiger Anerkennung zu lösen; die Unfähigkeit vieler Zeitgenossen, einander als sozial gleichwertig zu betrachten, wird in einer so intimen Art des Zusammenlebens wie der Ehe besonders schmerzlich empfunden. Der bekannte amerikanische Psychiater Rudolf Dreikurs zeigt in diesem Buch Formen des Zusammenlebens in der Familie auf, die der heutigen demokratischen Atmosphäre gerecht werden. Die Ehe ist beileibe nicht in Auflösung begriffen, aber sie ist eine große Herausforderung, eine der schwierigsten Lebensaufgaben für den modernen Menschen.

Der Autor

Rudolf Dreikurs, an Alfred Adler orientierter Psychiater und Sozialtherapeut, 1897 in Wien geboren, praktizierte von 1937 bis zu seinem Tod 1972 in Amerika. Auf deutsch erschienen u.a.: ›Disziplin ohne Strafe‹, ›Kinder fordern uns heraus‹ (mit V. Soltz), ›Eltern und Kinder – Freunde oder Feinde?‹ (mit E. A. Blumenthal) und ›Familienrat‹ (mit S. Gould und R. J. Corsini).

Inhalt

Der Verfasser eines Ehebuches lädt sich eine große Verantwortung auf. Über Ehe und Sexus wurde schon viel geschrieben, aber nicht immer zum Nutzen des Lesers. Das Lesen und Grübeln über ihre Probleme verleitet nur allzu viele Leute dazu, das Handeln zu unterlassen.

Lesen kann aber einem anderen Zweck dienen, wenn es mit kritischem Werturteil verbunden ist. Man kann dabei allen Voraussetzungen genau nachgehen und sie prüfen mit dem Ziel, für die Probleme konstruktive Lösungen zu finden. Diese Art von Lesen ist es, die dieses Buch anzuregen hofft.

Alle Probleme der Liebe, der Sexualität und der Ehe können als Ausdruck sozialer, kultureller, politischer, wirtschaftlicher und psychologischer Prozesse angesehen werden, die zusammen auf den einzelnen Menschen einwirken. Nur wenn wir diese Prozesse verstehen, können wir unser Handeln danach orientieren und so unsere Probleme eher lösen. Der Werdegang des Verfassers läßt ihn zu einer Betonung der psychologischen Mechanismen neigen. Jedoch kann keine psychologische Untersuchung die soziologischen und kulturellen Umstände vernachlässigen, die den einzelnen beeinflussen und die für seine Probleme verantwortlich sind. Dieses Buch versucht, sowohl die soziologischen als auch die psychologischen Vorgänge auf einen Nenner zu bringen.

Wie ein roter Faden ziehen sich die Erkenntnisse Alfred Adlers durch das Buch. Der Leser wird dies bemerken. Aus verschiedenen Gründen hat der Verfasser Adlers Individualpsychologie als Grundlage für das Verständnis der menschlichen Natur gewählt.

Vor allem Adlers Deutung der einzelnen Persönlichkeit, seine Erkenntnis eines ausgeprägten Lebensstils in jedem Individuum, bildet eine der besten psychologischen Techniken, die heute verfügbar sind. Da der Lebensstil die grundsätzliche und alles andere umfassende Lebensanschauung jedes einzelnen darstellt, schafft die Erkenntnis der daraus entstehenden persönlichen Ziele und Haltungen die Basis für das Verständnis aller seiner Handlungen, Gedanken und Gefühle.

Der zweite Anlaß, Adlers Psychologie zu benützen, ist ihr konstruktiver Optimismus. Im Gegensatz zu anderen Psychologen sieht Adler das Leben als eine unaufhörliche Entwicklung, nicht als ein nur ziemlich sinnloses Tun, das schließlich zu Tod und endlicher Zerstörung führt. Nur in einem solchen Licht können wir die

Entwicklung der Menschheit und den Fortschritt verstehen, der bis jetzt erreicht worden ist und weiter erfolgen muß.

Der dritte Vorteil, den die Individualpsychologie bietet, ist die Übereinstimmung ihrer Beobachtungen und Erkenntnisse mit den gegenwärtigen Grundrichtungen der sozialen und politischen Wissenschaften. Adlers Psychologie betont die Bedeutung der persönlichen Wechselwirkungen. Sie dient besser als jede andere Psychologie, die ich kenne, dem Verständnis und der Lösung sozialer Probleme – und alle menschlichen Probleme sind im wesentlichen soziale Probleme, weil ein Problem nie nur eine Person allein angeht. Und sicherlich erfordern die Probleme der Sexualität und der Ehe zwei Menschen, die zusammen auf eine Lösung hinarbeiten.

Wenn das Verständnis, die Klärung und die Ermutigung, die dieses Buch anzuregen versucht, zur Vervollkommnung, zur Entwicklung und zu konstruktivem Handeln führen, wird sein Sinn erfüllt.

Rudolf Dreikurs

Seit der ersten Veröffentlichung dieses Buches sind gewisse Grundströmungen, die nachgewiesen wurden, auf der gegenwärtigen Weltbühne klar zu Tage getreten. Die Spannungen und Konflikte, die die Harmonie stören und sogar das Bestehen der einzelnen Ehen bedrohen, haben an Häufigkeit und Stärke zugenommen.

Jedoch sind die amerikanischen Familien – und sie mögen als Beispiel für die Entwicklung der Familien in der ganzen Welt dienen – trotz aller ihrer Fehler nicht in Auflösung begriffen. Es stimmt, daß in vielen Ehen die sexuelle Befriedigung fehlt, und ebenso ist es wahr, daß Ehen oft darin versagen, den Kindern den richtigen Anreiz und die Führung zu bieten, die sie brauchen, um sozial, emotional und verstandesmäßig zu wachsen und zu reifen. Da diese zwei Funktionen als grundlegend für eine Ehe angesehen werden, beginnen viele, die Nützlichkeit dieser Einrichtung in Zweifel zu ziehen. Dies scheint aber nicht berechtigt zu sein.

Unsere Familien sind nicht in Auflösung begriffen, sondern sie befinden sich in einer ernsthaften Zwangslage. Diese ist das Ergebnis der demokratischen Entwicklung, die die Gleichberechtigung und Gleichwerdung aller mit sich bringt. Darauf hat die Tradition uns jedoch nicht vorbereitet. Wir haben nicht gelernt, Konflikte und sich widerstreitende Interessen im Geiste gegenseitiger Achtung zu lösen, was die Voraussetzung für ein Leben in demokratischer Atmosphäre darstellt. Die Unfähigkeit unserer Zeitgenossen, einander als sozial Gleichwertige zu betrachten, die wir ja tatsächlich geworden sind, wird in der intimsten Art des Zusammenlebens, in der Ehe, am schmerzlichsten empfunden.

Eine der bedeutsamen Wandlungen des letzten Jahrzehnts ist das Entstehen eines neuen Bildes von der Frau. Für das Verhältnis zwischen Frauen und Männern sowie Frauen und Kindern hat dies weitreichende Folgen. Natürlich gibt es Ausnahmen, aber im großen und ganzen versuchen die Frauen nicht mehr, eine Gleichstellung mit dem Mann dadurch zu erreichen, daß sie die Männer nachahmen. Als dieses Buch zum ersten Mal erschien – nach dem Krieg, im Jahre 1946 – hatten die Frauen dahin tendiert, typisch männliche Verhaltensweisen anzunehmen. Es war eine Zeit, in der die männliche Überlegenheit noch weitgehend anerkannt, aber auch schon in Frage gestellt wurde. Heute ist die Situation ganz anders. Es ist heute viel üblicher geworden, daß Männer zu Frauen aufblicken. In vielen Familien ist es nicht mehr der Vater, der am besten weiß, was zu tun ist, sondern die Mutter.

Die amerikanische Frau will unter allen Umständen »gut« sein. Man muß dies recht verstehen. Dieses Gutsein bedeutet nicht größere Reinheit, Keuschheit und Tugend, wie dies unsere Tradition von einer Frau erwartet und gefordert hat. Die Frauen wollen nicht mehr unbedingt keusch sein, sondern sie wollen korrekt sein, auch in ihrer sexuellen Freiheit. Korrekt und untadelig zu sein wird das Leitbild von mehr und mehr Frauen. Frauen werden die Richter und Wächter der Sittlichkeit und schärfen ihre Regeln des korrekten Verhaltens den Männern und der Gesellschaft als solcher ein. Das sexuelle Verhalten wird zum großen Teil von den Haltungen und Gepflogenheiten abhängen, die Frauen entwickeln und aufrichten. Zum gegenwärtigen Zeitpunkt versuchen sie, entweder die Forderung der Treue und Keuschheit, die früher nur von den Frauen verlangt wurde, den Männern aufzuerlegen, oder sie nehmen sich dieselben sexuellen Freiheiten heraus, die seit urdenklichen Zeiten den Männern zustanden.

In der Vergangenheit bestimmten die Männer, die allein politische und soziale Macht besaßen, die sozialen Sitten entsprechend ihren Wünschen und Vorteilen, und die Frauen mußten sich nach den starren Geboten der Keuschheit richten. Heute ist Tugend *ihr* Recht, *ihr* Vorrecht. Während des letzten Jahrzehnts waren es nur sehr wenige Männer, die mit der Beschwerde zur Eheberatung kamen, daß sich ihre Frauen nicht korrekt benähmen; früher aber waren solche Klagen bei Ehemännern üblich. Heute beklagen sich die Frauen, daß ihre Männer sich nicht in einer sozial annehmbaren Weise korrekt verhalten. Entweder sind sie zu passiv, zurückhaltend und zurückgezogen, oder zu aggressiv und herrisch. Wir sehen nur wenige Ehemänner, die ihrer Frau sagen, was korrekt ist. Gewöhnlich sagt sie es ihm.

Dieses Bestreben der Frau, vollkommen zu sein und recht zu haben, erlaubt es weder Männern noch Kindern, »gut« genug zu sein. Immer mehr Knaben wachsen mit der irrtümlichen Überzeugung auf, daß man »schlecht« sein oder kämpfen muß, um ein richtiger Mann zu werden. Früher wurde von einem Mann Zuverlässigkeit, Vernunft, Stärke und Vertrauenswürdigkeit erwartet, während den Frauen Schwäche, Weichheit, Gefühlsbetontheit und deshalb Unbeständigkeit und Unberechenbarkeit zugemutet wurde. Bis zu einem gewissen Grad können wir heute im Bild von Mann und Frau sogar eine gegensätzliche Tendenz beobachten. Statt des überlegenen Mannes entsteht das kulturelle Leitbild der überlegenen Frau. Dies heißt aber nicht, daß unsere Gesellschaft matriarchalisch wird. Im Prozeß der demokratischen Entwicklung hat keine Gruppe Aussicht, mit Erfolg eine dauernde Vorherrschaft zu behalten. Unschlüssigkeit und Verwirrung sind die Folge demokratischer Wandlungen und unseres tastenden Suchens nach einer neuen Art der Beziehung, die schließlich auf der Gleichberechtigung aller beruhen muß.

Die zweite Grundrichtung, die im vergangenen Jahrzehnt deutlicher wurde, ist die Gleichwertigkeit der Kinder. Es wird immer offensichtlicher, daß die Erwachsenen ihre Autorität und Macht über die Kinder verloren haben, während diese Freiheit und Selbstbestimmung gewinnen konnten. Während die Kinder aber frei werden, sich zu entscheiden, was sie tun wollen, entwickeln sie oft nicht das nötige Gefühl der Verantwortung. Freiheit ohne Verantwortlichkeit kann eine erhebliche Bedrohung des Zusammenlebens bedeuten. Viele Eltern wurden nachgiebig aus dem aufrichtigen Wunsch heraus, nicht mehr autokratisch zu sein. Die Folgen einer allgemein übertriebenen Nachgiebigkeit werden schmerzlich offenbar. Wir können eine Strömung »zurück zu Härte und Strenge« beobachten als Versuch, sich gegen die Flut jugendlicher Unbändigkeit und Rebellion zu stellen. Jedoch können weder Nachgiebigkeit noch Strenge das Problem lösen. Eltern brauchen neue Methoden, die sie befähigen, mit ihren Kindern fertigzuwerden und sie mit gegenseitiger Achtung als Gleichwertige zu behandeln.

Ohne das Wissen und die Fähigkeit, in einer demokratischen Atmosphäre zusammenzuleben, werden unsere Familien zum Schlachtfeld, voll von Spannungen, Gegensätzen und Feindlichkeiten. Eheleute finden es schwierig, in Frieden miteinander zu leben. Als Folge des sich ergebenden Streites, an dem sich die Kinder voll beteiligen, werden die ehelichen Beziehungen oft bis zum endgültigen Bruch gespannt. Statt ein bindendes Element zu sein, üben Kinder oft einen schier unüberwindbar trennenden Einfluß aus.

Dieses Buch versucht, die neuen Methoden des Zusammenlebens in der Ehe zu zeigen, welche die heutige demokratische Atmosphäre erfordert. Es macht Vorschläge, wie man als Gleichgestellte miteinander auskommen kann. Es versucht, durch das Labyrinth der sozialen Spannungen zu führen, denen sich eine neue Gesellschaft gegenübersieht und die unsere Übergangszeit aus einer autokratischen Vergangenheit in eine demokratische Zukunft kennzeichnen.

I Was ist Liebe?

Ja, wir haben von der Liebe gehört. Jede Generation hat ihre Dichter und Sänger gehabt, die sie priesen, und ihre zynischen Spötter und Menschenfeinde, die sie angriffen, und ebenso ihre Psychologen und Philosophen, die sie erklärten. Keiner leugnet, daß Liebe existiert. Wir streiten nur darum, *was* Liebe ist. Denn es gibt so viele Begriffe der Liebe, wie es Liebende gibt.

Warum nun, wenn Liebe doch so bekannt ist – besteht so völlige Meinungsverschiedenheit über ihr Wesen? Zeigt sich die Liebe jedem Beobachter in verschiedener Gestalt? Ändert sie sich mit Zeitalter und Kultur? Oder wandelt sie sich vielleicht je nach Geschlecht, Lebensalter oder Erfahrungen des Liebenden?

Wollen wir also untersuchen, was Liebe ist, dann müssen wir wie bei der Erforschung irgendeines anderen menschlichen Verhaltens sowohl die psychologische wie auch die soziologische Seite des Problems ins Auge fassen. Der psychologische Aspekt umschließt die persönliche Haltung und die Ziele des Individuums, die auf seiner intellektuellen und gefühlsmäßigen Persönlichkeit beruhen. Der soziologische Aspekt umfaßt die sozialen Werte und Konventionen der Gemeinschaft, an der das Individuum teilnimmt. Eine objektive Auswertung des Problems der Liebe muß beide Seiten in Betracht ziehen. In diesem Kapitel wollen wir uns zunächst mit dem psychologischen Aspekt der Liebe beschäftigen. Da nun die Liebe, psychologisch gesehen, eine Form des Gefühls ist, wollen wir zuerst die allgemeinen Charakterzüge des Gefühls an sich prüfen und dann die besonderen Charakterzüge des Liebesgefühls.

Die Funktion der Gefühle

Man nimmt im allgemeinen an, daß Gefühle durch Umweltbedingungen hervorgerufen werden. Man glaubt, daß das Individuum, das gewissen Anregungen ausgesetzt ist, unwillkürlich mit einem der Situation entsprechenden Gefühl reagiert. So mag zum Beispiel beim Kind starker Lärm oder Hinfallen Furcht hervorrufen. Das ganz verwickelte Gefüge der Furcht eines Erwachsenen, so denkt man, ist begründet auf diese Art einfacher Reaktion auf Reize. Die Theorie, daß das menschliche Verhalten auf solchen Reizreaktionen beruht, wird heutzutage weitgehend angenommen.

Nach der Theorie von Rank kann alle Furcht zurückgeführt

werden auf das »psychische Trauma« der Geburt, auf die »Ur-
angst«, die von jedem Lebewesen erfahren wird während seines
Übergangs aus der Wärme und Sicherheit des Mutterleibes in eine
kalte Welt.[1] Freud vertrat die Theorie, daß Furcht und Angst durch
die Unterdrückung sexueller Erregung, die nicht ihren normalen
Verlauf nehmen kann, verursacht werden.[2]

Nach unserer Ansicht übersehen die Erklärungen, so interessant
und korrekt sie auch sein mögen, die Funktion der Furcht.

Es ist klar, daß der Mensch das Gefühl der Furcht aus biologischen oder psychologischen Gründen benötigt. Es dient einem
Ziel, nämlich dem, Gefahren oder unliebsame Situationen zu vermeiden. Jüngste Beobachtungen haben uns gelehrt, daß man keine
Angst oder Furcht benötigt, um Gefahren auszuweichen. Im Gegenteil! Angst und Furcht vergrößern die Gefahr, da sie auf der
Erwartung von Gefahren beruhen, und jede Erwartung, ob sie nun
günstig oder schädlich ist, den Menschen in die erwartete Bahn
lenkt. Dies ist schwer zu verstehen, da unsere Generation furcht-
bedingt ist. Unsere Sklavenmentalität kann sich nicht vorstellen,
daß Menschen sich richtig benehmen können, ohne durch die
Angst vor Folgen von Fehlleistungen abgehalten zu werden.

Man versteht die psychologische Bedeutung der Furcht besser,
wenn man sie von einem teleologischen oder Zweckgesichtspunkt
aus betrachtet. Wir gewinnen dann auch Mittel, dem Menschen zu
helfen, seine Ängste zu verstehen und zu überwinden. Der Sinn
der Furcht mag nicht so leicht erkannt werden, weil wir alle Angst
haben und dabei Furcht als normal ansehen. Ein sorgfältiges psychologisches Studium enthüllt jedoch einen eindeutigen Zweck der
Furcht. Sie treibt den Menschen dazu, eine Abwehrhaltung einzunehmen gegen eine Situation, die oft weniger Gefahren für sein
körperliches Wohlbefinden bedeuten mag als für sein Prestige und
seine gesellschaftliche Stellung.

Alle Gefühle dienen besonderen Zielen, auch wenn sie bei Erwachsenen nicht augenfällig sind, sondern durch einen kunstvollen
psychologischen Überbau verhüllt werden. Gefühle werden nach
den Zielsetzungen des Menschen gewählt. Es ist schwierig, diese
Tatsache zu begreifen, weil Gefühle nicht mehr viel nützen können, wenn man sie in ihrer Zweckbedingtheit erkannt hat. Daher

[1] O. Rank: Das Trauma der Geburt und seine Bedeutung für die Psychoanalyse. Leipzig 1924.
[2] S. Freud: Vorlesungen zur Einführung in die Psychoanalyse. Gesammelte
Werke, Band XI. London 1944.

ist es aus psychologischen Gründen notwendig, daß man sich nicht zugestehen will, selbst die Kontrolle über seine eigenen Gefühle ausüben zu können. Gefühle bereiten Handlungen vor; sie unterstützen oder vereiteln sie.

Jedes Handeln wird durch den Verstand und durch Gefühle bedingt. Wenn wir denken, so betrachten wir sowohl das Für und Wider unseres zukünftigen Handelns. Vernunft und Logik erlauben, ja fordern sogar das Erkennen der Vorteile und Hindernisse jeder Handlungsweise. Jedoch ist es nur zu oft schwierig, eine Entscheidung zu treffen, da Für und Wider sich gegenseitig aufheben können. Um uns nun in dieser oder jener Richtung zu bewegen, müssen wir den Wert der gewählten Richtung verstärken. Und da berufen wir uns nun auf unsere Gefühle. Wir brauchen sie, um unseren Beschluß zu rechtfertigen und um eventuelle Hindernisse, die uns von unserem gewählten Kurs abhalten könnten, zu überwinden.

Ohne Gefühle könnten wir nicht kraftvoll handeln. Somit wählen wir uns solche Gefühle, die geeignet sind, die Richtung, die wir gewählt haben, aufrechtzuerhalten und zu verstärken.

Liebe als ein Gefühl

Wir wollen nun die Liebe näher betrachten. Dient Liebe wie Furcht einem bestimmten Zweck? Viele werden dies leugnen. Seit der frühesten Kindheit haben wir gehört, daß Liebe den Menschen »befällt«, wenn er dem »richtigen« Gegenstand seiner Verehrung begegnet. Der Mantel des Geheimnisvollen, mit dem die Liebe umhüllt wurde, wird in unserer Literatur, in unseren Filmen und selbst in wissenschaftlichen Abhandlungen beibehalten. Wir sprechen über das »Sich-Verlieben«, als ob es ein unerwarteter und oft unerklärbarer Zufall sei. Wir sprechen von Liebe, die ewig oder unerwidert ist, unglücklich, unreif, allumfassend oder blind, als ob Liebe bestimmte Eigenschaften haben könnte. Ist es möglich, daß Liebe das Ergebnis eines geheimnisvollen Einflusses ist, dem sich zwei Menschen unterwerfen mußten? Sind wir wirklich passiv, wenn wir uns verlieben?

Es scheint angezeigt, daß wir erst den Sexualtrieb untersuchen, da dieser als das am wenigsten lenkbare Element in dem ganzen Gefühlskomplex, den wir »Liebe« nennen, betrachtet wird. Wenn wir zeigen können, daß sogar die im Grunde organische Sexualität von uns völlig kontrolliert wird, daß wir sie immer unseren Zwekken dienstbar machen, dann können wir vielleicht leichter erkennen, daß Liebe selbst zweckbedingt ist.

Die Funktion der Sexualität

Es ist üblich, die menschliche Sexualität als eine tierische Naturkraft anzusehen. Sogar unser Sprachgebrauch drückt dies aus, wenn wir Wörter wie »Wolf«, »Windhund«, »Löwe«, »Stier«, »Hahnrei«, das spanische »Cabrón« (Ziegenbock) und »Hündin« in vielen Sprachen als Sexualsymbole gebrauchen. Wir sind geneigt, unser sexuelles Verhalten als Ausdruck eines primitiven, instinkthaften, tierischen Triebes zu erklären, um seine Macht zu tadeln oder uns zu entschuldigen. Dies ist eine sehr bequeme Art der Vereinfachung – wenn wir nur gewisse »biologische« Tatsachen vergessen könnten:

Erstens: Tierische Sexualität ist auf die Art und das Geschlecht beschränkt. Dies trifft nicht bei der menschlichen Sexualität zu. Man braucht nur die Beispiele von Sodomie und Homosexualität zu zitieren, um dies zu beweisen.

Zweitens: Tierische Sexualität ist auch zeitlich begrenzt, auf die Brunstzeit des Weibchens. Das heißt, das Weibchen ist sexuell nur bereit, wenn es läufig ist. Und das Männchen wird lediglich durch das lüsterne Weibchen erregt. Der Mensch jedoch ist jederzeit für sexuelle Betätigung bereit.

Drittens: Tierische Sexualität ist begrenzt durch das Funktionieren der Geschlechtsdrüsen. Kastrierung macht ein Tier neutral oder geschlechtslos. Dem Menschen können Eierstöcke oder Hoden nach der Pubertät entfernt werden, ohne ihn sexuell zu beschränken. Der Mensch ist für sexuelle Erregung bereit, ehe seine Geschlechtsdrüsen in der Pubertät reifen und auch nachdem sie im Klimakterium zu funktionieren aufgehört haben.

Viertens: Tierische Sexualität ist nicht nur durch ihre Begrenzung, sondern auch durch ihren Zwang gekennzeichnet. Wenn einem Männchen ein bereites Weibchen begegnet, wird der Sexualakt zwangsmäßig durchgeführt. Da gibt es keine Wahl, nur mit Gewalt kann er aufgehalten werden.

Beobachtungen des sexuellen Verhaltens gewisser Tiere scheinen diesen Behauptungen zu widersprechen. Es gibt Tiere, die in ihrem sexuellen Verhalten sich wie Menschen betragen. Sie leben aber unter Bedingungen, die den für Menschen charakteristischen ähnlich sind, nämlich in engen sozialen Beziehungen. Haustiere und

Tiere, die in engen Gruppen zusammenleben, unterscheiden sich in vieler Hinsicht von wild lebenden.

Die größten Abweichungen von sexueller Begrenzung und Zwang werden bei Organismen gefunden, die in engsten Gruppenbildungen leben, nämlich bei Bienen und Ameisen. Diese haben in ihrer Entwicklung einen Punkt erreicht, der einer völligen Meisterung des Geschlechtlichen gleichkommt. Sie sind in der Lage, männliche oder weibliche Geschöpfe hervorzubringen; es hängt von der Königin ab, ob sie das Ei befruchtet oder nicht. Sie können sogar geschlechtslose Wesen hervorbringen, und dies durch Diätmethoden. Alle anderen Lebewesen sind sexuell bedingt; nur die Arbeitsbienen sind geschlechtslos.

Das sexuelle Verhalten der Primaten, der Affen und Menschenaffen, gleicht weitgehend dem des Menschen. Ihre Sexualität ist ähnlich der des Menschen, weder auf besondere Perioden noch auf die Geschlechtsverschiedenheit beschränkt. Ihre Freiheit im Zyklusverlauf wird als das Ergebnis einer Tendenz angesehen, Sexualität als ein Mittel der Beherrschung zu benützen – eine Motivierung, die ganz unabhängig ist von jedem hormonbedingten sexuellen Verhalten.[3]

Da der Beherrschungstrieb zu allen Zeiten in Kraft treten kann, kann der Sexualakt bei diesen Tieren unabhängig von dem Sexualzyklus stattfinden. Aus denselben Gründen kommt es zu homosexuellen Akten, die nichts mit dem Geschlechtstrieb zu tun haben. Sie sind ein Ausdruck von Beherrschung und Unterwerfung; und der Beherrschungstrieb kennt keinen Unterschied der Geschlechter. Der Mensch ist in seinem Geschlechtsakte weder begrenzt, noch steht er unter dem Zwang seiner biologischen Gegebenheit. Wie wir gelernt haben, die Natur um uns herum in unseren Dienst zu stellen, so wurden wir auch von den biologischen Gesetzen in uns weitgehend unabhängig. Sexuell sind wir polymorph; wir sind fähig zu heterosexuellem, homosexuellem und autosexuellem Verhalten; und dies in jedem Alter und ohne Rücksicht auf den Zustand unserer Geschlechtsdrüsen. Und wenn wir wollen, können wir uns auch jeder sexuellen Tätigkeit enthalten. In anderen Worten: Die menschliche Sexualität ist amorph; sie kann jede Gestalt annehmen, die der Mensch ihr geben will.

Die Freiheit des Menschen, seine Sexualität selbst zu bestimmen, trifft auf beträchtlichen Widerstand. Man nimmt weitgehend an,

---

[3] A. H. Maslow: Individual Psychology and the Social Behavior of Monkeys and Apes. In: International Journal of Individual Psychology, Band 1. 1935.

daß der Mensch durch äußere Einflüsse und innere Kräfte bestimmt wird. Wir können uns solchen Annahmen nicht anschließen. Wir sehen den Menschen als ein sich selbst bestimmendes Wesen an.

Sexualität als ein Werkzeug

Ist es möglich, daß wir selbst die Form unserer eigenen sexuellen Betätigung wählen können? Und hängt diese Wahl vielleicht von unserer Verwendung des Sexuellen zu einem bestimmten Zweck ab? Der folgende Fall mag uns helfen, diese Frage zu beantworten:

Frau D., vierundfünfzig Jahre alt, beklagte sich, daß ihr Gatte, über sechzig Jahre alt, viel zu leidenschaftlich sei. Während ihre eigenen sexuellen Wünsche beträchtlich geschwunden seien, verlange ihr Mann fast jede Nacht Sexualverkehr – sogar noch häufiger als früher. Er behaupte, er könne seinen Drang nicht beherrschen und es sei ihre Pflicht, ihn zu befriedigen.

Frau D. wurde geraten, nicht nur dem Begehren ihres Ehegatten nachzukommen, sondern sogar noch leidenschaftlicher zu erscheinen als er und sexuell noch mehr von ihm zu verlangen. Sie nahm diesen Rat an, wenn auch nicht ohne gewisse Bedenken. Später berichtete sie, der Wandel in ihrem Verhalten habe ihren Mann sehr erstaunt. Zuerst wußte er nicht, was er damit anfange sollte. Dann zog er sich desto mehr zurück, je mehr sie Verlangen nach ihm zeigte. Schließlich verlor er seine sexuellen Begierden.

Es kann hieraus leicht erkannt werden, daß es sich nicht wirklich um den Sexualtrieb gehandelt hatte. Andernfalls hätte das Begehren seiner Frau nicht seines vermindert. Tatsächlich befand sich das Ehepaar in einem Machtkampf. Der Mann benützte seine sexuellen Bedürfnisse in seinem Kampf um seine »Rechte«. Das eheliche Grundproblem war gar nicht sexuell und wurde daher nicht durch die oben erwähnte List gelöst. Aber dieser Fall bietet ein Beispiel, wozu die Sexualität benützt werden kann. Wir wählen die Art unserer Sexualität in Übereinstimmung mit den Zielen, die wir uns setzen.[4]

Wenn diese Annahme richtig ist, wieso fällt es uns dann so schwer, den Sinn unseres eigenen sexuellen Verhaltens zu erken-

[4] »Aus der Art, wie ein Mensch mit Liebe und den sexuellen Problemen fertigwird, kann man viel von seinem Charakter verstehen.« Alexandra Adler: Guiding Human Misfits. New York 1938.

nen? Ist es möglich, daß wir uns einfach als passive Opfer unserer Triebe und Gefühle ansehen, weil wir nicht zugeben wollen, daß wir für unser Verhalten verantwortlich sind? Solange unsere Pläne mit unserem Gewissen vereinbar sind, fühlen wir uns für unsere Handlungen verantwortlich. Doch geschieht es oft, daß unsere Absichten mit dem Gewissen nicht übereinstimmen. In diesem Fall weigern wir uns, unsere Absichten anzuerkennen, und nehmen Zuflucht zu unseren Gefühlen, die dann unsere Handlungen rechtfertigen müssen. Der folgende Fall mag dies anschaulich machen:

Hans B. war heftig »verliebt«. So groß war seine Leidenschaft für Alice, daß er an gar nichts anderes denken konnte. Sie erwiderte seine Gefühle nicht und wies seinen Antrag zurück. Aber Hans war gewohnt, immer zu bekommen, was er wünschte. So ließ er ihr keine Ruhe; er jammerte und versuchte mit allen Mitteln, sie zu gewinnen. Das Mädchen blieb hartnäckig. Da wurde Hans verzweifelt und drohte mit Selbstmord. Nun wurde sie schwach, denn bewies dies nicht, wie sehr er sie liebte? So heiratete sie ihn.

Jetzt verlor Hans sein Interesse an Alice und vernachlässigte sie sogar sexuell. Als sie unter Tränen sich beklagte, daß seine Liebe anscheinend erkalte, sagte er ihr, er könne nichts dafür, er könne sie eben nicht mehr lieben. Da ließ sie sich von ihm scheiden.

Daraufhin »verfiel« Hans aufs neue »seiner Liebe« zu Alice. Er konnte ohne sie nicht leben. Jetzt war es wirklich die große Liebe. Und wiederum lief er hinter ihr her, sogar mit noch größerer Hartnäckigkeit als vorher. Um ihm zu entrinnen, heiratete sie einen anderen.

Nun fühlte sich Hans wirklich herausgefordert. Er war wieder entschlossen, Alice zur Frau zu nehmen. Er drohte, ihren zweiten Mann zu töten. Um diesen zu schützen, ließ sich Alice von ihm scheiden. Das Tempo von Hans verstärkte sich jetzt. Er überzeugte sie, daß die Scheidung ihn gelehrt habe, wie sehr er sie brauche, daß er sich völlig geändert habe und daß jetzt seine Liebe tief und ewig sei. So heiratete sie ihn eben wieder.

Wie man sich aber denken kann, dauerte es nicht lange, bis er seine Frau wieder vernachlässigte. Und – selbstverständlich – war dies nicht seine Schuld. Denn irgendwie war er jetzt eben nicht mehr »verliebt«.

Hier ist es klar, daß es unserem Helden nicht auf Liebe ankam, sondern nur darauf, seinen Wunsch zu erfüllen. Je mehr sie Widerstand leistete, desto mehr wollte er sie besitzen. Als er dies dann erreichte, war er nicht länger an ihr interessiert. Es war nicht Liebe, die ihn antrieb, sondern sein Wunsch, das zu haben, was er wollte.

Wie bequem war es aber, dieses Hin und Her seines Interesses der allbekannten Unzuverlässigkeit des Liebesgefühles zuzuschreiben! Wir kommen jetzt zur Diskussion des Gefühlskomplexes, den wir »Liebe« nennen. Ist es möglich, daß wir selbst bestimmen, ob, wann und für wie lange wir lieben? Gebrauchen wir Liebe wie das Sexuelle, um unsere Absichten zu erfüllen?

Die Funktion der romantischen Liebe

Heutzutage sind die Ziele der Liebe oft eigenartig. Verhältnismäßig selten und oft nicht für lange finden wir völliges »Glück in der Liebe«. Wie viele haben sich gegen ihren Willen mit ihrer Enttäuschung in der Liebe abgefunden? Und wie steht es mit denen, die unglücklich sind und auf Liebe warten – und niemals finden? Und wie viele verkünden zynisch, daß Liebe nur ein Aberglaube sei? Mit derselben sonderbaren Mischung von Genugtuung und Pathos, mit dem sie entdeckten, daß es den Nikolaus ja gar nicht gebe?

Tatsächlich besteht eine gewisse Ähnlichkeit zwischen unserem Begriff von Liebe und der Vorstellung von dem fidelen alten Mann, der nach langen Zeiträumen auf geheimnisvolle Weise unser Haus betritt und uns Geschenke bringt. Wir haben einfach brav zu sein und unsere Augen voll Erwartung zu schließen, dann wird der Nikolaus kommen, mit klingenden Glöcklein, Rentierhufschlag und Schneeflockenwirbel, und uns unsere Belohnung bringen. Natürlich wird der Nikolaus verschwinden, wenn wir zu entdecken versuchen, woher er kommt und wohin er geht.

Romantische Liebe ist ein Ziel, das man schwer aufgibt. Wir wünschen immer noch, daß der Sturm der Liebe unsere Herzen ergreife. Wir schmachten sehnsuchtsvoll danach, daß unsere Seelen bestürmt und erobert werden von einer geheimnisvollen Kraft, gegen die wir machtlos sind, und wir haben gar keine Lust, diese Gedanken fallenzulassen, so wie wir einmal unsere Kindermärchen aufgeben mußten.

Für viele von uns ist das Kennzeichen wahrer Liebe, daß sie mit einem Schuß Unglück gewürzt ist. Dazu gehören die richtige Dosis Herzschmerz, Schlaflosigkeit und die Unfähigkeit, sich auf die Arbeit zu konzentrieren. Füge dem noch ein Quentlein Eifersucht hinzu – mehr würde das Gebräu verderben –, und du hast das geheimnisvolle Rezept für die romantische Liebe. Wen gibt es da noch, der sich erkühnt, den Wert dieser Formel zu bezweifeln?

Sehen wir nicht, daß sie sich immer und immer wieder bewies in den verblüffenden Meisterwerken unserer Filme, unserer Radiosendungen, unserer Zeitschriften und in den Beilagen unserer Sonntagszeitungen?

Wie läßt sich die Liebe, die wir erleben, mit der vergleichen, die wir suchen? Wie können wir sicher sein, daß wir wirklich lieben, wenn wir nicht dauernd ein merkwürdiges Gefühl in der Brust oder im Bauch haben, verbunden mit dem heftigen Verlangen, mit dem oder der Geliebten zusammen zu sein? Wenn wir zwei Menschen harmonisch miteinander leben sehen, die einander nicht mehr zeigen als gegenseitige Verehrung, ein Gefühl der Verantwortung und des Zusammengehörens, dann sehen wir sie nicht als »Verliebte«, sondern eben als »ein Paar«. Sie sind nicht länger romantisch verliebt, und wir fühlen vielleicht ein bißchen Mitleid für sie. Wieviel erregender ist da ein Don Juan oder eine Kokotte, die Abenteuer als Trophäen sammeln – und ihre Triumphe, nach Beifall gierend, ihren Freunden zur Schau stellen!

Verschiedene wohlbekannte Erscheinungen verleiten uns zu dem Verdacht, daß Romantik vielleicht nicht ist, was wir von ihr halten. Sonst würde sie doch nicht so oft zu Herzweh, Elend und Enttäuschung führen. Betrachten wird doch den romantischen Zauber einer unerwiderten Liebe oder das treue Ausharren zweier Liebenden, die gegen eine feindliche Welt zueinanderstehen, bis plötzlich aller Widerstand verschwunden ist – und damit ihre Liebe zu Ende ist. Oder bedenken wir, wie oft die unerwünschtesten Typen die begehrtesten Liebhaber sind – niemand kann erwarten, mit einem Don Juan glücklich zu bleiben, und doch ... Aufgrund solcher Betrachtungen kann man vielleicht annehmen, daß romantische Liebe hauptsächlich dem Anreiz dient, den gesunden Menschenverstand und das gesunde Urteil zu unterbinden. Zu Recht sagt man dann, daß Liebe blind sei. Diese Art von Gefühl, scheint es, wird gewählt, um sich Verheißungen auszumalen, die niemals im wirklichen Leben erfüllt werden können. Es ist der Tagtraum eines Entmutigten, der nicht an seine Zukunft glaubt und nur Genüsse sucht, die seine Hoffnungslosigkeit besänftigen sollen.

Gibt es aber eine andere Art von Liebe? Welcher Art würde sie sein? Könnte sie uns für den Verzicht auf romantische Liebe entschädigen?

Die Funktion der Liebe

Liebe unterstützt wie jedes andere Gefühl die grundsätzlichen Ziele eines Menschen. Ob sie vorhanden ist oder fehlt, ihre Richtung, ihr Grad, ihre Dauerhaftigkeit hängen in jedem Falle von der Einstellung der Liebenden ab. So kann Liebe für einen Menschen mit einem stark entwickelten Gemeinschaftsgefühl das Mittel des größten Beitrags sein, den er für einen anderen leisten kann, die Hergabe von allem, was er hat und was er ist. Sie mag der aufrichtigste Ausdruck werden für die Sehnsucht, sich zugehörig zu fühlen.

Aber bei einem Menschen, der zu wenig Gemeinschaftsgefühl hat, kann Liebe ein Instrument der Feindseligkeit sein und dem Verlangen dienen, sich hoffnungslos jeder Gemeinschaft fernzuhalten. Gerade bei solchem Mißbrauch der Liebe finden wir die heißeste Leidenschaft und oft sogar jene Gewalttätigkeit, zu der eine sinnlose oder verbotene Liebe treiben kann. Ein starkes Gefühl ist nötig, um den gesunden Menschenverstand und das Gewissen zu unterdrücken und um die Verpflichtungen des sozialen Lebens abzulehnen. Je größer der Widerstand gegen die Logik des Zusammenlebens ist, um so mehr braucht man ein überzeugendes Alibi, um seinen Trost zu rechtfertigen. Wo findet man ein besseres Alibi als in der Liebe, die uns hilflos macht? Sie scheint uns zu unseren Handlungen zu zwingen, weil wir uns nicht bewußt sind, daß wir sie zu unserer Rechtfertigung geschaffen haben.

Wenn wir uns eingestehen würden, daß wir unsere Liebe in Übereinstimmung mit unseren Zwecken wählen, dann müßten wir auch zugeben, daß wir entscheiden, ob wir uns verlieben oder nicht. Natürlich sind wir uns einer solchen Entscheidung nicht bewußt.

Der Augenblick, in dem man sich klar macht, daß man liebt, ist psychologisch von hoher Bedeutung. Man empfindet die Sehnsucht, sich hinzugeben und den anderen zu akzeptieren, ein dauerndes und ausschließliches Interesse am andern, ein Bedürfnis nach gegenseitiger Anteilnahme, man hat das Erlebnis, eine Einheit zu sein.

Die Dauer der Liebe ist bedroht, wenn sich unsere Einstellung zum anderen wandelt. Wenn Entmutigung unser Gemeinschaftsgefühl verringert, sehen wir Gefahren, die wir vorher übersahen. Jede leichte Trübung in dem Liebestraum läßt uns Vollkommenheit suchen, die niemand erreichen kann. Jeder geringste Fehler des anderen genügt, um uns in Gegensatz zu bringen und unsere eigene Beitragsleistung zu vermindern. So hängt das Schicksal ihrer Liebe von den Absichten der Liebenden ab. Sind diese auf Zusammenarbeit gerichtet, dann ist Liebe ein Segen. Wenn aber Entmutigung zum mißtrauischen Rückzug von der Partnerschaft führt, kann Liebe ein wahres Teufelsinstrument werden und Pflicht und Anstand zerstören. »Nur ein mutiger Mensch ist fähig, wirkliche Liebe zu erleben.«[5]

Liebe als eine der drei Lebensaufgaben

Die Bedeutung der Liebe hängt für jeden davon ab, wie er sie im Rahmen seiner Lebenseinstellung verwendet. Liebe ist eine Aufgabe für jeden Menschen, ist ein wesentlicher Teil der menschlichen Beziehungen. Die Aufgabe der Liebe steht in einem ganz bestimmten Zusammenhang mit den beiden anderen Lebensaufgaben, nämlich der Arbeit und der Freundschaft. Jeder muß eine Lösung dieser drei Probleme finden. Sie alle erfordern Gemeinschaftsgefühl, Mut und Bereitschaft zur Zusammenarbeit. Ein guter Ehemann ist im allgemeinen auch ein guter Arbeiter und ein guter Freund. Wer vor der Liebe und Ehe davonläuft, wird vermutlich auch in anderen sozialen Beziehungen eine mangelnde Anteilnahme erkennen lassen.

Die Lösungen der drei Lebensprobleme korrespondieren jedoch nicht immer. Es ist möglich, eine Verpflichtung gegen die andere auszuspielen. Man kann so in seine Liebesprobleme verwickelt sein, daß man weder Zeit noch einen klaren Kopf für die Arbeit hat. Oder man mag so ausschließlich an seiner Arbeit interessiert sein, daß man jede Beziehung zu dem anderen Geschlecht und jeden geselligen Kontakt vermeidet. Liebe kann in tausenderlei Art mißbraucht werden. Viele sehr glückliche Ehen sind auf die antisozialen Einstellungen zweier Menschen gegründet, die eine Ergänzung durch geselliges Leben ablehnen. Selbst in der Liebe kann eine Funktion gegen die andere benützt werden: Sexuelle Anziehung kann im Gegensatz zu einer verständnisvollen Freundschaft stehen. Man anerkennt den Partner entweder nur sexuell oder nur als einen Kameraden. Jede dieser beiden Beschränkungen verhindert eine harmonische Vereinigung, obwohl man ein »Gefühl« der Liebe in jedem Fall erleben kann.

[5] E. Wexberg: The Psychology of Sex. New York 1931.

Jetzt ist es klar, warum keine befriedigende Antwort auf die Frage »Was ist Liebe?« gegeben werden kann. Objektiv müssen wir in den Begriff »Liebe« jede gefühlsmäßige Anziehung zwischen zwei Personen einschließen, von dem schlichtesten Grad von Sympathie bis zur tiefsten Ergebenheit, entweder mit oder ohne offensichtliches geschlechtliches Verlangen. Aber wir haben auch jede Art von sexueller Anziehung mit einzubeziehen, gleichgültig, welcher Art das Objekt ist. Dieser weite Begriff hat natürlich wenig Wert für eine praktische Anwendung. Es ist auch nicht möglich, sachlich zu entscheiden, welche Liebe echt ist und welche unaufrichtig, welche wirklichkeitstreu und welche eingebildet. Liebe als Gefühl ist höchst subjektiv. Liebe ist, was man eben Liebe nennt, und man nennt Liebe jedes starke Gefühl des Verlangens, führe es nun zur Ergebenheit oder zur Tyrannei, zum Himmel oder zur Hölle, zum Glück oder ins Elend.

Um zu verstehen, warum so viele Menschen bei all ihrem »natürlichen« Interesse an Liebe diese mißbrauchen oder sie überhaupt nicht finden, warum so viele enttäuscht und unglücklich sind und warum harmonische und befriedigende Ehen anscheinend immer mehr eine Ausnahme werden, haben wir nach den sozialen und mitmenschlichen Faktoren zu schauen. Wir werden psychologische Gründe finden, warum einzelne das Problem der Liebe und der Ehe nicht lösen können. Um aber die allgemeine Schwierigkeit der sexuellen Beziehungen zu verstehen, müssen wir wohl auch soziale und kulturelle Gegebenheiten ins Auge fassen. Die Ehe ist für den modernen Menschen eine der schwierigsten Lebensaufgaben. Man kann viel eher seinen Beruf als seine Ehe erfolgreich erfüllen. Vergangen ist die Zeit, wo der Mann ins feindliche Leben hinausging und dann in seinem Haus Frieden und neue Energie finden konnte. Viele Ehemänner verbringen lieber ihre Zeit im Büro als zu Hause. Trotz allen beruflichen Wettstreitens kann die Arbeit oft mehr Befriedigung bringen als das Heim.

II Der Kampf zwischen den Geschlechtern

Unerfüllte Liebe – ein soziales Problem

Millionen Menschen leiden an der Liebe, Millionen sind durch die Geißel der Eifersucht getroffen, sind enttäuscht von ihrem Partner und angewidert, unglücklich in einer freudlosen Ehe oder allein und lieblos in leerer Einsamkeit. Man kann diese Sachlage nicht einfach als einen Mangel an Anpassung einzelner erklären. Immer wenn ein Problem einen großen Teil der Bevölkerung angeht, müssen wir nach tieferen Ursachen schauen, sei es im Aufbau der Gesellschaft oder in anderen Umständen, welche in verschiedenem Grad alle gleichermaßen betreffen.

So handeln der einzelne Mann oder die einzelne Frau sozusagen als Vertreter ihres Geschlechts. Die Störungen in der Ehe von Herrn X und die Reibereien zwischen Anna und ihrem Freund werden angesichts der Gleichheit mit den Problemen Tausender anderer Menschen, Frauen und Männer, ein typisches Beispiel eines allgemeinen Konfliktes zwischen den Geschlechtern. Selbst wer es leugnet, daß es einen Kampf der Geschlechter gibt, kann es nicht vermeiden, darin verwickelt zu sein. Andere, die ihn erkennen, verstehen selten sein Wesen. Ist er die Folge eines »natürlichen«, biologischen und psychologischen, Gegensatzes zwischen Mann und Frau? Oder ist er ein Ausdruck einer allgemeinen Spannung in unserem Gesellschaftsleben?

Anscheinend besteht ein »natürlicher« Widerstreit zwischen Mann und Frau, der zu Reibungen und Feindseligkeiten verführt, wo immer es Männer und Frauen gibt. Liebeskummer, Eifersucht und Ehebruch sind so alt wie unsere Zivilisation. Nur ihre Häufigkeit und der Grad der Störungen haben sich heute geändert. Wir haben guten Grund anzunehmen, daß in vergangenen Generationen – sagen wir vor ein- oder zweihundert Jahren – Frauen und Männer zufriedener und einander näher waren, als sie es heutzutage sind.

Gegenwärtig sind sexuelles Unbefriedigtsein und schlechte Beziehungen in der Ehe häufiger denn je, und bezeichnende Unterschiede der Konflikte sind in verschiedenen Ländern und Nationen zu beobachten. Oberflächlich betrachtet, mag es scheinen, als ob rassische oder geographische Faktoren diese Unterschiede bestimmen würden. Eheprobleme in angelsächsischen Ländern unterscheiden sich von solchen in romanischen Ländern, diejenigen in

Europa von denen in China, solche unter Christen von solchen unter Moslems. Wenn wir aber diese Unterschiede vergleichen, so kommen wir zu der Erkenntnis, daß ein Faktor überall die Art und den Typ des Problems bestimmt: die Stellung der Frau in der betreffenden Gesellschaft. Und ferner, daß jede Verstärkung, jede alarmierende Steigerung von Ehezwisten mit einem deutlichen Wandel in den sozialen Beziehungen der Geschlechter zusammenfällt.

Die soziale Stellung der Frau

Heutzutage, beinahe unter unseren Augen, verändert sich die soziale Stellung der Frau. Wir müssen die Art und Richtung dieses Wandels verstehen, um seine Folgerungen richtig zu bewerten. Offensichtlich ist die Frau nicht mehr so abhängig vom Mann, wie sie es einst gewesen war, und genießt jetzt mehr Rechte als jemals zuvor. Viele Männer und sogar Frauen, die noch unerschütterlich an die männliche Überlegenheit glauben, betrachten diese Unabhängigkeit der Frau als Ursache allen Übels. Sie sind überzeugt, daß das Eheglück wiedergewonnen, daß Frieden zwischen den Geschlechtern wiederhergestellt werden könnte, wenn nur die Frauen wieder zu ihrer alten Stellung des halben Sklaventums zurückkehren würden – ohne die gesellschaftlichen, sexuellen und beruflichen Freiheiten, derer sie sich heutzutage erfreuen. Die Verfechter dieser Idee glauben an die biologische Minderwertigkeit der Frau und betrachten die gegenwärtig zunehmende Gleichheit der Geschlechter als unnatürlich und verhängnisvoll. Sie beziehen sich auf den schwächeren Körper- und Muskelbau der Frau, und im besonderen erblicken sie in dem verhältnismäßig kleineren weiblichen Gehirn einen genügenden Beweis der natürlichen Bestimmung der Frau als untergeordnetes Wesen. Moebius sprach vom »physiologischen Schwachsinn« der Frau[1], und »Wenn du zum Weibe gehst, vergiß die Peitsche nicht!« ist der Rat des Philosophen Nietzsche in ›Also sprach Zarathustra‹, der den Übermenschen anbetete. Ähnlich stellte der deutsche Anthropologe Waldeyer[2] fest, daß

[1] P. J. A. Moebius: Über den physiologischen Schwachsinn des Weibes. Halle 1901.
[2] Waldeyer: Die körperlichen Unterschiede der beiden Geschlechter. Öffentliche Ansprache vor der Deutschen Gesellschaft für Anthropologie in Essen 1944.

»eine ausgedehnte Vergleichung der Maße und Statistiken beweist, daß sie (die Frau) ein kleineres Gehirn, geringere körperliche Kraft und mehr kindliche Züge in ihrem erwachsenen Leben beibehalten hat usw. Daher ... werden alle Bemühungen, eine völlige Gleichartigkeit der Geschlechter herzustellen und den Frauen alle die Wege der Tätigkeit zu öffnen, deren sich der Mann erfreut, ein Irrtum sein und sich als Irrtum erweisen.«

Die Geschichte jedoch beweist, daß diese Vorstellung von weiblicher Unterlegenheit nicht gerechtfertgt ist. Die Verfechter solcher Theorien leugnen oder wissen nicht, daß die Frau nicht immer das untergeordnete Geschlecht war.

Die Verwirrung der männlichen Wissenschaftler

Es gab Kulturperioden, wo Frauen herrschten. Leider haben wir keine klaren und allgemein annerkannten Beweise vom Ausmaß und der Dauer dieser Frauenherrschaft, die wir »Matriarchat« nennen. So unglaubhaft es klingen mag – Wisssenschaftler haben oft sichtbare Beweise für ein Matriarchat mißachtet oder mißdeutet. Die gegenwärtige Anarchie der Meinungen kann nur durch die Voreingenommenheit einzelner Wissenschaftler erklärt werden. Widersprüche in der Auslegung augenfälliger Tatsachen sind so alt wie die Unterschiede zwischen matriarchalischen und patriarchalischen Gesellschaftsordnungen. Wenn griechische Geschichtsschreiber Ereignisse in Ägypten beschreiben oder wenn Athener sich über die Zustände in Sparta aufregen, so machen sie dieselben Fehler und – unbewußt – auch dieselben Verfälschungen. Denn Menschen, die unter männlicher Dominanz lebten, waren unfähig, die Bedingungen und Gebräuche in einer matriarchalischen Gesellschaft zu verstehen.

Das war damals so und ist heute noch so. Als Bachofen[3] sein erstes Buch über das Mutterrecht 1861 veröffentlichte, enthüllte er soziale Beziehungen, die bisher nicht bekannt waren. Das Ende des 19. Jahrhunderts brachte eine große Anzahl wissenschaftlicher Veröffentlichungen über matriarchalische Kulturen und Beschreibungen alter Gesellschaften und primitiver Gemeinschaften unter weiblicher Vorherrschaft. Diese soziologischen Forschungen wurden in einer Periode der anwachsenden weiblichen Emanzipation unternommen. Zu Beginn des jetzigen Jahrhunderts finden wir

---

[3] J. Bachofen: Das Mutterrecht. Stuttgart 1861.

eine völlige Umkehr der Meinungen der Geschichtsschreiber, Soziologen und Anthropologen. Westermarck[4] war der führende Exponent dieses Wandels im Denken seiner Zeit. Jahrzehntelang wurde in Amerika jeder Hinweis auf Matriarchat als unwissenschaftlich betrachtet. Seltsamerweise nahmen die Wissenschaftler in Europa, wenigstens bis zum Aufstieg des Faschismus, an dieser rückgängigen Entwicklung nicht teil, und führende europäische Soziologen haben weiterhin das Vorhandensein matriarchalischer Kulturen anerkannt, bis zum Aufstieg des Nazismus, als dies wieder verneint wurde.[5] Nur wenige zeitgenössische amerikanische Forscher zitieren sie. Es bedurfte der Mühe Robert Briffaults[6], den wissenschaftlichen Rang dieser früher belächelten Ansichten wiederherzustellen. Seit seinem öffentlichen Disput mit Westermarck ist es wieder gestattet, über das Matriarchat zu sprechen.[7]

[4] E. Westermarck: The History of Human Marriage. New York 1921.

[5] Waldeyer (vgl. S. 30) stellte fest, daß »die Frau tatsächlich alle Zeit und überall eine dem Manne unterlegene Stellung eingenommen hat«.

[6] R. Briffault: The Mothers. New York 1927.

[7] Immer noch leugnen viele amerikanische Soziologen und Anthropologen, daß jemals Gesellschaften von Frauen beherrscht worden seien. R. H. Lowie (Primitive Society. Liveright. New York 1920), weithin anerkannt auf diesem Gebiet, stellt mit Nachdruck fest, daß »es kein Beispiel eines echten Matriarchates« gibt und daß die Frauen niemals die Herrschenden gewesen seien. Im Gegensatz dazu berichten Briffault, Mathilde und Mathias Vaerting (The Dominant Sex. London 1923) und viele andere von Beispielen der Frauenvorherrschaft. Lowie und andere führende amerikanische Anthropologen lassen alte Gesellschaften, die eine ausgedehnte weibliche Herrschaft besaßen, wie Kreta, Sparta und das alte Ägypten, außer acht. Sie studieren hauptsächlich gegenwärtige primitive Gesellschaften, finden Beweise von einem typischen matriarchalischen Gesellschaftsbau, mütterliche Verwandtschaft, mütterlichen Wohnort und ähnliche Verhältnisse, ohne dabei zuzugeben, daß diese merkwürdigen sozialen Vorrechte der Frauen verschiedene Grade und Stufen von Mutterrecht anzeigen.

Wir müssen Lowie beistimmen, daß »soziale Phänomene nicht einfach sind und daß dementsprechend gleiche Bedingungen in Folge einer Anzahl unbekannter Begleiterscheinungen ganz verschiedene Ergebnisse hervorrufen können« (In: General Anthropology. Herausgegeben von Franz Boas. Boston 1938). Die sich ergebende Verschiedenheit der Formen und Strukturen sollte uns nicht daran hindern, die Grundlage aller matriarchalischen Phänomene zu erkennen. Es scheint, daß die Arbeiten von Ruth Benedict und besonders von Margaret Mead eine neue Richtung in der Anthropologie einleiten. Was sie gefunden haben, scheint eher unsere Vorstellungen des menschlichen Verhaltens zu unterstützen. »Die Theorien der Anthropologen sind ›plausible Hypothesen‹, zu denen sie nach erschöpfenden Studien weithin zerstreuter, primiti-

Die Beziehungen zwischen den Geschlechtern unter dem Matriarchat sind nicht nur an und für sich interessant, sie geben uns auch wichtige Fingerzeige für das Verständnis der gegenseitigen Verhältnisse. Im Lichte der Beobachtungen bei matriarchalischen Gesellschaften erscheinen heutige Konflikte zwischen Männern und Frauen in einem anderen Licht. Alle charakteristischen männlichen Tätigkeiten und Rechte wie auch die Rechte und Vorrechte der Frauen lassen sich als Folge des Kampfes um Vorherrschaft erkennen. »Die dem Manne zugeschriebene Überlegenheit hat weder eine biologische noch eine geistige noch eine psychologische Grundlage. Falls irgendwie eine ›Überlegenheit‹ vorhanden ist, so ist sie nur eine Funktion wirtschaftlicher Bedingungen.«[8] (Wir würden »sozialer Bedingungen« vorziehen – R. D.)

Beobachtungen an Tieren, die eng in Gruppen leben, offenbaren ähnliche Bedingungen. »Unter den Affen ist das stärkste Tier der Herrscher des Käfigs und bestimmt allen Sexualverkehr. Es ist einerlei, ob ein Männchen oder ein Weibchen die Rolle des herrschenden Tieres übernimmt. Wenn ein Weibchen das stärkste Tier

ver Völkerstämme gekommen sind. Aber die große Verschiedenartigkeit ihrer Beobachtungen und die dadurch gegebenen Widersprüche ihrer Folgerungen lassen einen doch zögern, irgendeine ihrer Theorien anzunehmen«, sagt Baber (Marriage and the Family. New York 1939), der die Situation richtig einschätzt. Aus diesem Grunde scheint es, daß jede Verallgemeinerung unberechtigt ist, sei es nun die Behauptung, der man oft begegnet, daß das Matriarchat immer dem patriarchalischen Aufbau zivilisierter Gesellschaften vorausgegangen war, oder der, daß wahres Matriarchat nie bestanden habe. Unter verschiedenen sozialen Bedingungen scheint jede Art der sozialen Organisation möglich zu sein.

Es ist offenbar, daß die wissenschaftlichen Meinungen über das Matriarchat mit Zeit und Ort wechseln. Annahmen, die hier vertreten werden, werden anderswo verworfen, und was gestern als wahr betrachtet wurde, erscheint heute falsch und mag morgen wieder als richtig erkannt werden. Es ist interessant, zu erwägen, ob diese Wandlungen im wissenschaftlichen Denken etwa durch neuere wissenschaftliche Entdeckungen hervorgerufen werden oder ob sie soziale Einflüsse widerspiegeln, denen der Wissenschaftler genausogut ausgesetzt ist wie jeder, der einer Gruppe oder Gemeinschaft zugehört. Ähnlich widerspruchsvolle Meinungen können heute auf vielen wissenschaftlichen Gebieten wie in der Anthropologie, Soziologie, Geschichte, Psychiatrie, Psychologie und sogar Physik zu finden sein. Wir wissen heute, daß alle wissenschaftlichen Entdeckungen mehr die Gesichtspunkte der einzelnen Wissenschaftler widerspiegeln als eine absolute Wahrheit. Dürfen wir vielleicht annehmen, daß die Verwirrtheit unter den Gelehrten die Verwirrung der ganzen Kulturära unserer gegenwärtigen Gesellschaft widerspiegelt?

[8] W. Beran Wolfe: A Women's Best Years. New York 1935.

im Käfig ist, dann handelt es geschlechtlich genauso wie ein männlicher Oberherr.«[9]

Die vier Rechte des herrschenden Geschlechts

Die Überlegenheit des einen Geschlechts über das andere ist durch gewisse Vorrechte gekennzeichnet. Diese Vorrechte, welche die herrschende Stellung des einen Geschlechts in der Gemeinschaft verleiht, umfassen politische, soziale, ökonomische und sexuelle Vorrechte.

Bis vor hundert Jahren waren politische Rechte ausschließlich in den Händen der Männer. Frauen als Herrscherinnen waren seltene Ausnahmen, welche in gewissen Konstellationen in einer feudalistischen Ordnung vorkamen. Frauen wurden nicht zu auch nur geringeren politischen und administrativen Ämtern zugelassen.

Die sozialen Rechte entsprachen den politischen Bedingungen. Frauen besaßen keinerlei soziale Rechte; ihre soziale Stellung hing ausschließlich von der Stellung ihres Gatten, Vaters oder Bruders ab. Die soziale Stellung der Frau entsprach derjenigen ihres Mannes. Durch Heirat konnte sie beinahe jede soziale Stellung erreichen.

Auch die wirtschaftliche Lage einer Frau wurde durch ihren Mann bestimmt. Sie selbst hatte keine wirtschaftlichen Rechte. Sie konnte weder erben noch vererben noch ein Vermögen besitzen. Ihr Erwerb gehörte dem Herrn der Familie. Er allein konnte Vermögen haben, Verträge abschließen, verklagen oder verklagt werden.[10]

Die besonderen sexuellen Rechte

Das herrschende Geschlecht hat auch gewisse Vorrechte, die man als »sexuelle Rechte« ansehen kann. Es erscheint schwierig zu verstehen, was der Ausdruck »sexuelle Rechte« bedeuten mag. Jeder hat das »natürliche« Recht zu heiraten, das Recht zu lieben, das Recht, seine sexuellen Wünsche zu befriedigen. Welche anderen sexuellen Rechte sind noch denkbar? Sicherlich gibt es noch einige.

Die Art, in welcher die »natürlichen« Rechte ausgeübt werden,

---

[9] A. H. Maslow, vgl. S. 21, Anm. 3.
[10] Mathilde und Mathias Vaerting: The Dominant Sex. London 1923.

ist von großer Bedeutung. Bestimmte Regeln leiten das Verhalten jedes Geschlechtes. Gewisse Vorrechte sind ausschließlich dem herrschenden Geschlecht vorbehalten. Zu diesen sexuellen Vorrechten gehören insbesondere die Aktivität der Wahl und der Eroberung des Partners, also auch die Freiheit, den Partner zu wechseln.

In Zeiten unbestrittener männlicher Vorherrschaft waren Frauen lediglich Objekte männlichen Begehrens, Eigentum, das man in unbegrenzter Anzahl erwerben konnte. Es wurde als natürlich angesehen, daß der Mann polygam sei, während die Frau streng gehalten war, nur einem Mann ergeben zu sein. Bis vor einiger Zeit gaben die Chinesen und die Mohammedaner ein Bild von den Verhältnissen unter extremer männlicher Vorherrschaft.

Unter dem Matriarchat verliefen die Dinge umgekehrt.[11] Die Frauen besaßen alle politische Macht. Sie bestimmten die soziale Stellung des Mannes, den sie heirateten, und auch die ihrer Kinder. Die Männer heirateten in den Clan der Frau, und die Kinder erbten den Namen der Mutter. In manchen Zeiten wurden die sozial hochbewerteten Berufe allein durch die Frauen ausgeübt. Die Frauen stellten den intelligenten und fachkundigen Teil der Gemeinschaft dar. Aller Wahrscheinlichkeit nach können die wichtigen Errungenschaften der frühen menschlichen Kulturen den Frauen zugeschrieben werden. Wahrscheinlich war es die Frau, die den Gebrauch des Feuers entdeckte, das Kochen erfand, die Kleidung, das Nähen und das Schneidern. Es wird auch oft angenommen, daß die Frauen den Ackerbau entdeckten und zuerst betrieben. Der Mann war in einer untergeordneten Stellung, ein Diener und Helfer des weiblichen Erfindungsgeistes. Nützlich war er besonders als Jäger und Krieger. Diese Tätigkeiten waren mit Gefahren verbunden, denen die Frauen nicht ausgesetzt werden sollten. Die Frau war für die geschickteren und feineren Arbeiten nötig. Jäger und Krieger wurden nicht als sozial hochgestellt betrachtet.[12]

[11] Alle Hinweise auf das historische Matriarchat sind, falls nicht anderweitig vermerkt, dem großen Material wissenschaftlicher Forschung entnommen, das von Briffault (in: The Mothers) und Vaerting (in: The Dominant Sex) gesammelt wurde (vgl. S. 32, Anm. 6 und 7).

[12] Manche nehmen an, daß die Entwicklung der körperlichen Kraft des Mannes zur männlichen Vorherrschaft führte. Sobald man seßhaft wurde und Privateigentum entstand, wurde die körperliche Kraft des Mannes, die bisher nicht sehr hoch eingeschätzt war, ein lebenswichtiger Faktor im Beschützen und Verteidigen dieses neuerworbenen Eigentums. Der vorher unbedeutende Krieger wurde die führende Macht in der Gemeinde und ist es bis vor kurzer Zeit

Vom matriarchalischen Gesichtspunkt her können wir verstehen, warum in Sparta männliche Kinder sofort nach der Geburt getötet wurden, wenn sie nicht sehr kräftig und gesund waren. Sie wären wahrscheinlich keine guten Soldaten geworden, und auch sonst hätte man sie für die Gemeinschaft nicht gebrauchen können. Nicht jedoch die Mädchen. Ihr Recht zu überleben wurde niemals bezweifelt, und dies ohne Ansehen persönlicher oder körperlicher Mängel. Sie wurden bedingungslos als brauchbare Mitglieder der Gemeinde angenommen.

Übereinstimmend mit ihrer sozialen Stellung wurden auch die sexuellen Rechte ein nie in Frage gestelltes Hoheitsrecht der Frauen. In Sparta zum Beispiel hatten die Frauen das ausschließliche Recht sexueller Freiheit, während alle Beschränkungen, selbst äußerste Keuschheit im sexuellen Verkehr dem Manne auferlegt waren. Während des Matriarchats wählten die Frauen ihre Ehemänner, und der Mann hatte passiv darauf zu warten. Bei manchen Stämmen bezahlt die Frau für den Mann, den sie heiratet, nimmt ihn aus seinem Clan heraus und bringt ihn in ihren eigenen ein.

Weibliche Bescheidenheit als kulturelle Forderung

Diese Tatsachen sind ein Beweis, daß die passive Haltung der Frau nicht angeboren ist und sich nicht auf ihren Körperbau noch auf die ihr eigene Funktion der Mutterschaft gründet. Es ist nicht ihre Rolle als Mutter, die an der weiblichen Passivität und ihrer Verpflichtung, rein und keusch zu sein, schuld ist. Die Ansicht, daß Bescheidenheit und Moral nur für Frauen bindend seien, hat ihren Ursprung in den sozialen Verhältnissen, welche das »korrekte« sexuelle Verhalten bestimmen. Die folgende Episode mag die Tatsache anschaulich machen, daß sexuelle Scham lediglich von den sozialen Gebräuchen abhängt.

Es wird erzählt, daß Napoleon, als er in Ägypten war, einmal durch ein kleines arabisches Dorf spazierte. Unerwartet trat er in

auch geblieben. Sir Henry J. Maine (Ancient Law. London 1906) betrachtet die Einrichtung von Privateigentum als den Niedergang der Frauen. Dieser Wandel, der vor achttausend Jahren stattfand, zugleich mit der Seßhaftigkeit und der Entwicklung von Privateigentum, eröffnete einen neuen Kulturabschnitt, den man »Zivilisation« nennt. Die heterogene, geographisch begrenzte Stadtgemeinde ersetzte die frühere homogene Verwandtschaftsgemeinde der Sippe, welche die primitive Gemeinschaft charakterisiert.

eine Hütte ein und sah sich mehreren arabischen Weibern gegenüber. Sobald diese des Eindringlings gewahr wurden, hoben sie aufgeregt ihre Röcke hoch, um ihre Gesichter zu verbergen. Es hat wenig ausgemacht, daß sie die Geschlechtsteile entblößten; aber ihre Gesichter einem Mann zu zeigen war undenkbar!

So rühren sexuelle Gebräuche von sozialen Gewohnheiten und Traditionen her, während unsere Generation mit ihrer Betonung der Naturwissenschaften sie gerne auf biologische und physiologische Forderungen zurückführt.[13]

Unter patriarchalischen Gemeinschaftsformen wird das Recht des Mannes auf polygame Beziehungen mit der biologischen Tatsache begründet, daß ein Mann mehrere Frauen befruchten kann, während die Frau nur einem Manne ein Kind zu schenken in der Lage ist. Unter dem Matriarchat finden wir ebenso viele Gründe für das Recht der Frau, gleichzeitig mehrere Männer zu haben. Ihre Fähigkeit, Männer sexuell zu befriedigen, ist beinahe unbeschränkt, während die Potenz eines Mannes immer eine gewisse Beschränkung hat. Es gibt matriarchalische Gemeinden, wo eine Frau, die keinen Liebhaber gehabt hat, nur geringe Heiratsaussichten besitzt. Erst nachdem sie viele Liebschaften hinter sich hat, wird sie begehrenswert: Falls niemand sie vorher begehrt hat, muß doch irgend etwas mit ihr nicht in Ordnung sein. Während in der männlichen Kultur eine Frau mit unehelichen Kindern geringere Aussicht hat, einen Ehemann zu finden, wird unter matriarchalischen Bedingungen ein Mädchen, das seine Fruchtbarkeit unter Beweis gestellt hat, viel leichter einen Ehepartner finden.

Unsere Kultur war bis vor kurzem streng patriarchalisch. Von unseren Frauen erwartete man, daß sie passiv und unschuldig warten, bis ein Mann geruht, sie zu erwählen. Von den Frauen wurde Jungfräulichkeit verlangt, während man vom Mann annahm, daß er seine Erfahrungen vor der Ehe machte. Es ist kaum zu glauben, daß bis vor kurzem ein Mädchen, gleichgültig wie begabt, tüchtig oder herzensgut sie sein konnte, ihre Ehre verlor, wenn sie nicht ein kleines Häutchen sich bewahrt hatte. Kein »anständiger« Mann war bereit, sie zu heiraten. Die Frauen, die diese sozialen Gesetze mißachteten, waren ausgestoßen. Der Mann hatte zu gleicher Zeit das Anrecht auf sexuelle Freiheit, vor und während der Ehe, und dies unter Mißachtung der bestehenden Vorschriften. Männer, die sich sexuellen Vergnügungen außerhalb der Ehe hingaben, liefen

---

[13] »Der Mensch wird durch die Sitte geformt, nicht durch den Instinkt.« R. Benedict: Urformen der Kultur. Hamburg 1955.

kaum Gefahr, ihre soziale Stellung zu verlieren. In den Vereinigten Staaten war unter ihren puritanischen Überlieferungen dieses Vorrecht des Mannes schon seit einiger Zeit in Frage gestellt. In den letzten Jahrzehnten ist ein Wechsel auch in Europa zu bemerken.

Jetzt wird diese einseitige Freiheit des Mannes beinahe überall in Frage gestellt, aber doch nicht grundsätzlich bestritten, während vor etwa fünfzig Jahren der Durchschnittsmann sich seiner Vorrechte noch ohne große Einwände erfreuen konnte.

Das Ende der männlichen Überlegenheit

Ein tiefgehender Wandel während der letzten hundert Jahre ist offensichtlich: Die männliche Überlegenheit begann zu verschwinden. Die Stellung der Frau besserte sich, zwar langsam, aber beständig. Die politischen Rechte der Frauen sind beinahe schon so groß wie die der Männer. Frauen erwarben neue soziale und wirtschaftliche Rechte. Sie können ihre eigene soziale Stellung erwerben und fast jeden Beruf ausüben. Es kommt sogar vor, daß Männer von ihren Frauen sozial oder finanziell abhängig werden. Die Frauen nehmen sich sexuelle Freiheiten heraus, die ihnen früher versagt waren.

Um die Mitte des vorigen Jahrhunderts begann die Anerkennung der Frauenrechte, ein Teil der demokratischen Entwicklung, die allen Bürgern politisches Recht verlieh. Zuerst waren nur Männer wahlberechtigt; in diesem Jahrhundert erlangten die Frauen in den meisten demokratischen Ländern die gleichen politischen Rechte, zumindest theoretisch. Politische Demokratie ersetzte den früheren Feudalismus, der nur die politische Macht des Adels anerkannte und soziale Stellung nur von der Geburt abhängig machte.

In der neuen Atmosphäre von Gleichberechtigung und Gleichwertigkeit hatte jeder die Möglichkeit, eine gesellschaftlich anerkannte Stellung zu erringen. Alle früher unterdrückten Gruppen lehnten sich gegen Benachteiligung und Unterdrückung auf. Die weiße Rasse, Unternehmer, Männer und Erwachsene verlieren mehr und mehr ihre Macht über Farbige, Arbeiter, Frauen und Kinder. Demokratie wurde mehr als ein politisches System; sie schloß in sich eine neue mitmenschliche Beziehung der Gleichwertigkeit. Da wir aber keine Tradition haben, wie wir miteinander als Gleichwertige leben und auskommen können, brachte die demokratische Entwicklung auch ungeheure Schwierigkeiten mit sich. Wir erleben heute die Geburtswehen einer neuen Gesellschaftsordnung, die auf Anerkennung menschlicher Gleichwertigkeit beruht und neue Verhaltensweisen in mitmenschlichen Beziehungen benötigt.

In Europa beschleunigte der Erste Weltkrieg diese Entwicklung. Als sie Männer zu ersetzen hatten, gewannen die Frauen Zutritt zu Berufen, die ihnen früher verschlossen waren, und erwarben so neue gesellschaftliche Anerkennung. Mit ihrer neuen wirtschaftlichen Unabhängigkeit nahmen sie sich auch neue sexuelle Freiheiten heraus – eine Entwicklung, die noch beschleunigt wurde durch den kurzsichtigen Dünkel des Mannes. Nun hatten Männer die Möglichkeit, ihre sexuellen Wünsche mit Mädchen zu befriedigen, die auf ihrem eigenen sozialen Niveau standen, ohne den früher verlangten Preis zu bezahlen, nämlich die Ehe. Jetzt konnte man ja eine Geliebte haben, die weder Bezahlung noch dauernde Hingabe verlangte. Man mußte weder die volle Verantwortung auf sich nehmen, noch seine so sehr geliebte Freiheit aufgeben. Indem der Mann so seine Bedürfnisse befriedigen konnte, gab er allerdings auch seiner Freundin die Freiheit sexuellen Auslebens und außerehelicher Beziehungen. Damit verlor er seine sexuellen Vorrechte.

Liebe als Krieg

Zur Zeit der Beherrschung und Unterwerfung der Frauen konnte der Krieg zwischen den Geschlechtern als Empörung der Unterdrückten gegen ihre Tyrannen verstanden werden. Wir finden in jeder Sprache kriegerische Begriffe, um Liebesbeziehungen zu beschreiben. Sie spiegeln diesen ewigen Krieg wider. Eine anziehende Person ist »gefährlich«; Flirt wird mit Strategie verglichen. »Im Kriege und in der Liebe ist alles erlaubt.« Die Frau ist eine »Festung«, die vom Mann »belagert« und schließlich »erobert« werden muß, während es ihre Aufgabe ist, zu »widerstehen«. Unter dem Angriff kann sie »schwach« werden; und wenn sie sich hingibt, wird dies sogar ihr »Fall« genannt. Selbst wenn diese Ausdrücke im Scherz gebraucht werden, so zeigen sie doch den Geist des Krieges, der das Liebesspiel beherrscht. Dieser Kampf um den Besitz kennzeichnet noch immer die Beziehungen der Geschlechter.

Nun könnte man meinen, daß die Spannung zwischen den Geschlechtern entsprechend abnimmt, wenn die Unterdrückung des einen Geschlechtes durch das andere aufhört. Jedoch ist es genau umgekehrt. Zu einer Zeit, als die Frauen gehorchen mußten, hatten sie keine andere Wahl und nahmen daher ihre untergeordnete Stellung mehr oder weniger als selbstverständlich hin. So kam es zum Beispiel in früheren Jahrhunderten in manchen Dörfern Deutschlands vor, daß ein Pantoffelheld von seinen Nachbarn ein Ultimatum erhielt: Wenn er nicht gewillt oder imstande sei, sein Weib zu beherrschen, dann müsse er das Dorf mitsamt seiner Familie verlassen. Wenn ein Weib ihren Ehemann beherrschte, geriet die Überlegenheit aller anderen Männer durch ihr Beispiel in Gefahr. Vom Mann wurde verlangt, daß er führe. Das war seine Pflicht. Warum? Weil er die Hosen anhatte.

Heute verneint man diese Regel, daß der Mann herrschen und die Frau gehorchen müsse. In ihrer neuen Stellung kann die Frau sich offen gegen Unterdrückung auflehnen. Sie kämpft gegen ein Schicksal, das sie zur Unterwerfung verdammt. Sie verlangt ihre Rechte und ist gewillt und imstande, für sie zu streiten. Als Folge wurde die Beziehung zwischen den Geschlechtern gespannter als je zuvor. Der Kampf der Geschlechter hat ein Ausmaß an Heftigkeit errreicht, das Zusammenarbeit und Verständnis zwischen beiden ungemein erschwert.

Die gegenwärtige Anarchie

Die neue Stellung der Frau in der Gesellschaft hat zu einer völligen Anarchie in den Beziehungen zwischen Mann und Frau geführt. Früher konnte keine Frau und kein Mann den gesellschaftlichen Regeln entrinnen. Jetzt, mit dem Fallen der alten Gesetze, kann und muß jeder Mann und jede Frau eine persönliche Beziehung zum anderen Geschlecht herstellen. Keine Frau ist verpflichtet, sich zu unterwerfen, und kein Mann kann noch länger sich nur auf seine männliche Überlegenheit berufen. Als Ergebnis finden wir bei jedem Ehepaar eine ganz individuelle Verteilung der Macht. Manchmal hat der Mann alle Autorität wie in den Zeiten unbestrittener männlicher Vorherrschaft, und in anderen Fällen nimmt eine Frau die Rechte für sich in Anspruch, die früher nur dem Mann zustanden. Jedes Paar muß seinen eigenen Platz irgendwo zwischen diesen beiden Extremen finden, und nur selten gelingt es den Eheleuten, ein wahres Gleichgewicht herzustellen. Die alte Überzeugung, daß der Mann überlegen sein muß, ist durchaus noch nicht ausgestorben. Viele Frauen und Männer hängen noch an dieser alten Tradition. Allerdings geben Frauen oft nicht zu, daß sie erwarten, unterlegen zu sein, und Männer, die an ihrer Fähigkeit zu herrschen zweifeln, fühlen sich doch gezwungen, ihre Überlegenheit zu beweisen. Die hieraus folgende Auflehnung von Mann und Frau gegen die angemaßte männliche Überlegenheit wurde von Alfred Adler der »männliche Protest« genannt.[14]

Jeder empfindet so, als ob das andere Geschlecht seine persönliche Geltung bedrohe; und so steigert sich die allgemeine Spannung und Feindlichkeit zwischen den Geschlechtern.

In jedem Land ist es Fortschritt in der Befreiung der Frauen von ihrer früheren unterwürfigen Abhängigkeit vom Mann verschieden. In autokratischen Ländern herrscht noch immer der Mann. Der Grad, in dem Frauen Gleichberechtigung und Gleichwertigkeit errungen haben, ist charakteristisch für die soziale Demokratisierung eines Landes. In romanischen Ländern hat der Fortschritt später begonnen, und er ist auch noch nirgends so weit gegangen wie in den Vereinigten Staaten, in Israel und vielleicht in Schweden, wo der Mann seine vorherrschende Stellung schon weitgehend verloren hat. Wie überall wird ein Drang, sich von einer Minderwertigkeit zu befreien, oft zur Überkompensation führen, wodurch es manchmal so aussieht, als ob in diesen Ländern die Frauenherrschaft wieder eingeführt wäre. Nirgends kann eine dauernde Überlegenheit eines Geschlechtes in einem demokratischen Land aufrechterhalten bleiben.

Der Kampf um die weibliche Gleichstellung

Die Entwicklung schreitet rasch voran. Was man heute wahrheitsgemäß über ein Land sagen kann, mag schon einige Jahre später nicht mehr stimmen. Eine kurze und oberflächliche Analyse der gegenwärtigen Lage in verschiedenen Ländern mag die rasche Wandlung andeuten. Starke patriarchalische Gesellschaften gibt es nicht mehr unter den kultivierten Völkern. Die letzte Festung männlicher Überlegenheit verschwand mit der Abschaffung der Polygamie in der Türkei und in China. Der Wandel dort war nicht nur eine administrative Angelegenheit, sondern ein Ausdruck der Veränderung in der Stellung der Frau. Noch vor wenigen Jahren war China vielleicht das rückständigste Land, was die weibliche Emanzipation anbelangt. Außer in den größeren Städten konnten die Männer noch ihre Geliebten haben und dabei keinerlei gesellschaftliche Kritik riskieren. Sie konnten sogar ohne die Formalität

[14] A. Adler: Über den nervösen Charakter. Wiesbaden 1912.

der Scheidung eine zweite Frau nehmen, vorausgesetzt, die erste Frau hatte nicht einen Sohn geboren. Die soziale Stellung einer Frau wird dort immer noch erhöht, wenn sie einen Sohn hat, obwohl sie auch ohne einen Sohn nicht mehr wertlos ist. Frauen nehmen an den politischen, kulturellen und auch sportlichen Tätigkeiten teil, was immer soziale Gleichstellung andeutet.

Die Lage in Deutschland war sehr interessant. Der Erste Weltkrieg brachte einen deutlichen und schnellen Fortschritt zur Gleichheit, die durch den Aufstieg des Nationalsozialismus wieder vernichtet wurde. Denn der Faschismus enthüllte seinen reaktionären Charakter nicht nur politisch, sondern auch durch zahlreiche feudalistische Züge, die oft nicht erkannt wurden, und durch das offenkundige Ziel, die männliche Vorherrschaft wiederherzustellen. Er zwang die Frau wieder an ihren früheren Platz im Hause zurück und sah ihre Hauptpflicht darin, ein Zuchttier zu sein. Er begünstigte eine gewisse Art von Polygamie dadurch, daß er die Männer ermutigte, unbegrenzt Kinder zu zeugen. In den Sklavengesellschaften mancher besetzten Länder wurden die weiblichen »Sklavinnen« hauptsächlich als sexuelle Objekte mißbraucht und sogar in Freudenhäuser deportiert.

In Rußland hat sich der Zug zur Gleichheit nach der Revolution rasch beschleunigt. Den Frauen wurden mehr Rechte eingeräumt, als ihnen früher gewährt wurden. Aber trotz aller gesetzlichen Gleichheit behielt Rußland einige Anzeichen eines Männerlandes. Die erste Freiheit der Frauen wurde durch neue Verordnungen rückgängig gemacht. Die Behörden bekamen wieder das Recht, sich in das Sexualleben der Bürger einzumischen und es zu regeln, zum Beispiel bei Abtreibungen. Frühere Anläufe, die Frauen als Mitkämpfer in das Heer aufzunehmen, sind später wieder abgebremst worden, und ihr Platz in der Armee ist noch immer beschränkt. Die politische Macht ist wieder ganz in den Händen der Männer, und Frauen werden nicht weiter als Gesandte in fremde Länder geschickt.

Der Gegensatz zwischen gesetzlicher und tatsächlicher Gleichheit ist charakteristisch für die heutigen Zustände in der ganzen Welt. Ein erster Fortschritt ist in vielen Ländern durch die Errichtung der verfassungsmäßigen Gleichheit geschehen, aber die Praxis bleibt noch weit zurück.

Wie schaut es nun in den Vereinigten Staaten aus? Die vier Rechte, die wir definiert haben, nämlich die politischen, sozialen, wirtschaftlichen und sexuellen, sind noch nicht gleicherweise den Frauen wie den Männern eingeräumt.

Politisch: Die Verfassung gestattet den Frauen gleiche Rechte wie den Männern. Aber können die Frauen sich ihrer bedienen? Volles weibliches Stimmrecht wird nicht in Frage gestellt. Aber die Wählbarkeit der Frauen für ein Amt ist deutlich begrenzt. Nur wenige Frauen werden Staatsminister oder Gesandte.

Sozial: Auf diesem Felde sind die amerikanischen Frauen am ehesten der Gleichheit nahegekommen; es mag in mancher Hinsicht scheinen, als ob sie sie sogar überschritten hätten.

Doch ist ein einzelner Mann gesellschaftlich immer noch annehmbarer als eine alleinstehende Frau. Bei gesellschaftlichen Anlässen sind alleinstehende Frauen ebenso gefürchtet, wie alleinstehende Männer erwünscht sind. Eine Frau, die unter ihrem gesellschaftlichen Stand heiratet, riskiert mehr als ein Mann im ähnlichen Fall, und, was am bedeutsamsten ist, die Frauen tragen meist noch immer die Namen ihrer Ehemänner und nicht umgekehrt.

Wirtschaftlich und beruflich: Obwohl die Statistiken erweisen, daß das meiste amerikanische Vermögen von Frauen besessen wird – wer verwaltet das Geld? Entschieden die Männer, die die große Mehrheit der finanziellen Verwalter bilden. Niemand sollte durch die Tatsache getäuscht werden, daß einige Frauen hohe Stellungen im Geschäftsleben und Handel innehaben. Sie sind immer noch die Ausnahmen, und in der Regel wird die Arbeit der Frau als weniger wertvoll betrachtet, was sich in ihren geringeren Gehältern ausdrückt – oft für die gleiche Arbeit, wie sie Männer verrichten.

Frauen sind tatsächlich von vielen Berufen noch ausgeschlossen, mehr de facto als de jure. Fragen sie einmal eine Ärztin nach den Benachteiligungen, gegen die sie zu kämpfen hat. Wir finden selten Ingenieurinnen, und die Armee, und speziell die Luftwaffe, sind noch männliche Domänen trotz verschiedener Ausnahmen jüngeren Datums. Nicht genug damit, es herrscht auch eine weitgehende Übereinstimmung, daß in Zeiten ausgedehnter Arbeitslosigkeit die Frauen als erste ihre Arbeitsplätze aufgeben sollten. Während es als ganz natürlich betrachtet wird, daß die Männer ihre Frauen unterhalten, wird ein Ehemann, der finanziell von seiner Frau abhängt, oft mit Verachtung angesehen. Viele Eheprobleme entstehen aus der Überzeugung der Männer, daß die Männlichkeit hauptsächlich durch ihren finanziellen Beitrag bewiesen wird. Geschäftlich erfolgreiche Frauen zeigen sehr oft die Neigung, sich »wie ein Mann« zu gebärden, und beweisen damit ihren Zweifel, daß Frauen geschäftlich so tüchtig sein können wie Männer.

Sexuell: Alle sexuelle Angriffslust, für die die amerikanischen

Frauen ja berühmt sind, kann nicht die Tatsache verbergen, daß die Frauen meistens noch auf einen Mann warten und nicht umgekehrt. Viele Tragödien im Liebesleben der amerikanischen Frauen werden durch die Sehnsucht verursacht, zu dem Mann, den sie lieben, aufzuschauen. Dies ist ein Unglück, denn es ist sehr schwierig für unsere gebildeten und intellektuellen Mädchen, einen Mann zu finden, der ihnen überlegen ist; und wenn sie ihn finden, dann stoßen sie sich an seiner Überlegenheit und zweifeln sie an, oder sie beklagen sich über seine Arroganz, wenn sie ihn nicht kleinkriegen können. Viele Mädchen weigern sich, mit einem Jungen auszugehen, der kleiner ist als sie, obwohl sie gerne auf Jungen herabschauen. Ehen, in denen die Frau älter ist als ihr Mann, gibt es in wachsender Zahl, aber sie sind noch immer eine Minderheit. Eine Frau schämt sich zuzugeben, daß ihr Mann *nicht* überlegen ist, denn dies würde bedeuten, daß er nicht ein »richtiger« Mann ist.

Hier müssen wir nun eine neue Kategorie der Beziehungen einschalten, die moralische. Vor dem Ende des letzten Krieges versuchten die Frauen ihre Gleichheit mit dem Manne durch »männliche« Züge zu beweisen: Kleidung, Rauchen, Gewohnheiten. Das hat sich mittlerweile geändert. Keine Frau will mehr so wie ein Mann sein! Jede sich selbst achtende Frau will besser sein. Und unsere Frauen sind nun so ausgezeichnet, daß weder Männer noch Kinder eine Möglichkeit haben, sich richtig genug zu verhalten. Früher haben sich mehr Männer über die Schwächen ihrer Frauen beklagt; jetzt beschweren sich mehr Frauen über die Fehler ihrer Männer.

Reiz der Schönheit und Ritterlichkeit – eine Täuschung

Eine Tatsache, die die sexuelle Gleichberechtigung der Frau Lügen straft, ist der Wunsch der Durchschnittsfrau, soviel wie möglich sexuelle Anziehungskraft auszustrahlen. Die Reklameschönheit mit dem Stromlinienkörper wird bewundert, beneidet und nachgeahmt, soweit körperliche und finanzielle Möglichkeiten es erlauben. Nur wenige denken daran, daß sich die Frauen auf diese Weise freiwillig nur zum *Gegenstand* für das sinnliche Begehren des Mannes machen – nicht sehr verschieden von den Haremsfrauen. Das Zurschaustellen sexueller Anziehungskraft ist immer die Methode gewesen, die von dem unterlegenen Geschlecht angewandt wurde, um die Aufmerksamkeit des herrschenden Geschlechtes zu gewinnen.

Zuwenig Aufmerksamkeit zollt man dem Unterschied zwischen Aufmerksamkeit-Erregen und Sich-Achtung-Erwerben. Die Männer bezahlen der Weiblichkeit für deren Demütigung denselben Preis, wie sie ihn allezeit bezahlt haben, und die Frauen von heute sind so töricht, dieses Bestechungsgeld anzunehmen. Überdies sind die Münzen aus alter Zeit noch immer im Umlauf.

Eine Technik, auf die moderne Mädchen gerne hereinfallen, ist Ritterlichkeit. Sie scheint ein Ausdruck von hoher Achtung vor der Frau zu sein. Aber ist sie das wirklich? Ist Ritterlichkeit nicht immer eine Haltung des Starken und Selbstherrlichen gegenüber dem Schwachen und Hilflosen? Die gleiche Art des Verhaltens gegenüber einem Turm von Stärke würde kaum »Ritterlichkeit« genannt werden. Die Ritterlichkeit, welche unsere Männer zeigen, könnte oft als Feigheit eines verängstigten Männchens ausgelegt werden. Aber es ist immer noch der alte männliche Trick, eine Frau mit Glorie zu umgeben, um ihre wirkliche Erniedrigung zu übertünchen.

Ritterlichkeit erreichte im Mittelalter ihren Höhepunkt. Zur Zeit der Ritter und Minnesänger waren die Frauen das Idol des Ritters; Dienst an seiner Dame war seine höchste Tugend. Für sie focht er seine Schlachten, in ihrem Namen gewann er seine Siege. Er schrieb Gedichte zum Lobpreis ihrer Schönheit, Reinheit und Lieblichkeit. So lernen wir es in den Schulen, und die Mädchen, die dem zuhören, sind von einer so hohen Verehrung der Weiblichkeit entzückt. Meistens hören sie nicht, daß der Ritter, der seinen Gast ganz besonders zu ehren wünschte, ihm keine größere Aufmerksamkeit erzeigen konnte, als ihm seine Frau für die Nacht anzubieten. Sie war das kostbarste und wertvollste Geschenk, das er seinem Gast zu Füßen legen konnte. Niemand vergegenwärtigte sich die Demütigung, die darin lag – niemand fragte die Dame nach ihrem eigenen Wunsch.

Die Ritterlichkeit verweist die Frau immer in eine unterlegene Stellung. Wenn ein Mädchen erwartet, daß ihr Kavalier die Türe für sie öffnet, dann rechtfertigt sie vielleicht ihre Abhängigkeit mit der Absicht, ihm ein Gefühl der Wichtigkeit zu verleihen. In Wirklichkeit aber versetzt sie sich selbst in die Lage eines hilflosen Wesens, das Beistand und Schutz braucht. Wenn die Männer darauf dringen, zu Diensten sein zu dürfen, so drückt das manches Mal weniger Bewunderung aus, als die Mädchen gerne glauben möchten. Den Frauen zu helfen, für sie zu sorgen, ihnen Geschenke zu geben – diese Dinge sprechen vielmehr zugunsten des Spenders, sie sind Bestätigungen seiner Überlegenheit. Die unter dem

Patriarchat entwickelten Traditionen verleiten Mann und Frau gleicherweise, mit dem alten Hokuspokus fortzufahren.

Es gibt zwar einige neue Techniken, aber es ist eben noch das alte Spiel. Unsere Kultur von heute kennt viele Arten der Vergötterung von Frauen, die scheinbar Verehrung darstellen, aber nur die männliche Mißachtung verbergen. Den Frauen wird gestattet, Zeit und Geld für ihre Schönheit auszugeben. Es wird ihnen Gelegenheit gegeben, sich Geist und Bildung anzueignen. Sie haben die Freiheit, Museen, Vorträge, Konzerte und Ausstellungen zu besuchen, während die Männer Geld verdienen »müssen«. Geld zu verdienen scheint die Pflicht der Männer zu sein; aber in Wirklichkeit ist es ihr Vorrecht. Anstatt die Frauen zu unterstützen, wollen sie sie beherrschen.

Viele Mädchen sind der Ansicht, daß ihre Beachtung durch die Männer im Verhältnis zu dem Geld steht, das diese für sie ausgeben. Sie werden nicht gewahr, daß sie durch ihren Wunsch nach besonderer Beachtung von den Männern verlangen, daß sie zahlen für das, was sie kaufen – nämlich weibliche Gesellschaft, Schönheit, Lächeln und Make-up. Der Grund, warum Männer oft schöne und teure Mädchen heiraten, ist ihr Wunsch, sie zur Schau zu stellen, genauso wie sie kostbare Juwelen ausstellen würden. Nutzlos an und für sich, vermehren diese Frauen lediglich das Prestige ihres Eigentümers.

Die kulturelle Bedeutung der weiblichen Emanzipation

Das gestiegene Selbstbewußtsein der Frauen vergrößert die Schwierigkeiten, die Männer und Frauen in ihrem Zusammenleben haben. Die allgemeine Unsicherheit wirtschaftlicher, sozialer und politischer Art macht die Frauen und Männer noch empfänglicher für jegliche Bedrohung ihrer persönlichen Geltung. Die vermehrte Konkurrenz von Frauen steigert das Mißtrauen der Männer; und das Bestreben des Mannes, die Frau in Schranken zu halten, verbittert sie. Jeder betrachtet den anderen weniger als Gefährten, denn als Feind. Sie leben zusammen, aber sie verstehen einander nicht. Sie können nicht ohne einander leben, kommen aber miteinander nicht aus. Die Ehe bietet nicht mehr eine Lösung des sexuellen Problems, sowenig wie die Scheidung das Eheproblem löst.

Dieser Konflikt zwischen Mann und Frau ist nur ein Teil der heutigen Zwietracht zwischen Menschengruppen im allgemeinen, wie zum Beispiel der Klassenkampf, der Kampf der Generationen, der Widerstreit zwischen den Rassen und Glaubensbekenntnissen, der Krieg zwischen Ländern und Regierungssystemen. Dieser ganze Zwist beruht auf gegenseitiger Angst und auf Mißtrauen: ausgelöst durch die Angst der Machtbesitzenden, ihre Vorherrschaft zu verlieren, und durch den Groll und die Empörung von Millionen rechtlich Benachteiligter, die sich einfach weigern, Untergebene zu bleiben. Ein Ende dieses Kampfes kann erst dann erwartet werden, wenn die Menschheit den Prozess der Schaffung sozialer Gleichwertigkeit für alle beendet hat.

Das erste Mal in der Geschichte der Menschheit nähern wir uns der Gleichwertigkeit von Mann und Frau. Wir haben sie noch nicht erreicht, aber die Entwicklung schreitet rasch vorwärts. Liebe und Geschlecht haben die Menschen schon immer in Verwirrung gebracht, weil die Ungleichheit niemals ein festes und beständiges Gleichgewicht zwischen beiden Geschlechtern zuließ. In manchen Kulturen waren die Frauen herrschend, in anderen die Männer. Die Herrschaft des einen Geschlechts hat, wenn sie mit Erfolg herausgefordert wurde, sich dann in Unterwerfung verwandelt. Aber echte Gleichstellung hat noch niemals bestanden. Die gegenwärtige Entwicklung ist kennzeichnend für den allgemeinen Zug sozialer Wandlungen in unserer Zeit.

Mag auch die herannahende Gleichwertigkeit den Kampf und die Konflikte steigern, so ist doch das Endergebnis offensichtlich gewiß. Der Mann verliert seine Überlegenheit, und die Frau wird nicht imstande sein, noch einmal herrschend zu werden. Ist einmal ein neues und beständiges Gleichgewicht zwischen den Geschlechtern hergestellt, so wird eine neue, in der Vergangenheit unbekannte Harmonie erlangt werden können. Dann wird wahrscheinlich das Geschlechtliche nicht mehr ein ewiges Rätsel sein, über das die Menschen Dichtungen und Dramen schreiben, anstatt zu versuchen, es zu lösen. Das Geschlechtsleben war immer eine Bedrohung der Kultur, solange Männer und Frauen als Tyrannen und Diener zusammenlebten. In einer Vereinigung Gleichberechtigter mag es Formen annehmen, die der Menschheit bislang unbekannt waren. So wird der Kampf zwischen den Geschlechtern für die ganze Übergangsperiode, in der wir jetzt leben, bedeutsam.

III Was ist Sexus?

Die soziale Grundlage der Eigenarten eines Geschlechts

Die Rolle, die jedes der beiden Geschlechter zu spielen hat, wird, wie wir gesehen haben, vom sozialen Charakter der Gemeinschaft bestimmt. Die heutigen gesellschaftlichen Konventionen verlangen von keinem Geschlecht ein bestimmtes Verhalten. Jeder einzelne muß seine eigene Verhaltensweise als Mann oder als Frau selbst finden. Es gibt viele Wege, um »Männlichkeit« und »Weiblichkeit« auszudrücken. Jeder einzelne muß entscheiden, welche Art von Mann oder Frau er zu werden wünscht.

Solange wir Männlichkeit mit Überlegenheit gleichsetzen – und ohne Zweifel tun dies die meisten Männer und Frauen noch immer –, hängt unsere eigene sexuelle Rolle von diesem Aberglauben ab. Sogar die glühendsten Verfechter weiblicher Gleichheit werden wahrscheinlich bekräftigen, daß ein »richtiger Mann« stark, selbständig, mutig und zuverlässig sein muß und daß einer, der diesen Anforderungen nicht entspricht, wahrscheinlich »feminine« Züge aufweist. Das Wort »weibisch« zeigt die allgemeine Geringschätzung »femininer« Eigenschaften. Tatsächlich werden Verantwortungsbewußtsein, der Wunsch zu arbeiten, etwas beizusteuern und für andere zu sorgen, noch nicht als Verpflichtungen eines *jeden* Menschen angesehen, die mit dem Geschlecht gar nichts zu tun haben. Oft finden wir heute eine Umkehrung der früheren sexuellen Attribute: Die Männer werden als Starrköpfe, selbstsüchtig und unverantwortlich angesehen, während die Frauen verantwortungsvoll, verläßlich und vernünftig erscheinen. Alle sexuellen Kennzeichen sollten daher als kulturbedingt betrachtet werden.

Die Kinder entwickeln schon im frühen Alter deutliche, wenn auch nicht immer richtige Vorstellungen von der sozialen Rolle, die ihrem eigenen Geschlecht zukommt. Sie werden durch die sozialen Begleiterscheinungen ihres Geschlechts beeindruckt und angeregt, ehe sie seine gefühlsmäßige und physiologische Bedeutung erleben können. In der Regel haben die Knaben viel mehr Freiheit in jeder Art von Tätigkeit. Ein Mädchen, das sich wie ein Knabe gebärdet, wird ein »Wildfang« genannt, ein Ausdruck, der besonders männliche Züge in sich schließt. (Die Bezeichnung »Wildfang« ist übrigens viel weniger verächtlich als der anklagende Ausdruck »Weichling«.) Zu Hause zu helfen, zu kochen, zu putzen und zu flicken wird noch häufig nur von den Mädchen verlangt, besonders in Gesellschaften, wo europäische Gebräuche gelten. Es gibt heute Männer, die das Geschirr spülen – manchmal wenigstens, aber sie tun es meistens noch mit einer gewissen Herablassung. Im Alltagsleben können wir aber doch einen allgemeinen Hang zur größeren Zusammenarbeit feststellen, dem zu folgen für europäische Männer nicht leicht ist.

Viele Mädchen glauben, daß die Frau in der Gesellschaft eine untergeordnete Stellung habe. Entweder unterwerfen sie sich ihrem Schicksal und suchen auf weibliche Weise einen Ausgleich, oder sie empören sich und meiden alles Weibliche: Das erstere Bestreben bedeutet, in einer männlichen Welt einen angesehenen Platz dadurch zu gewinnen, daß man weiblichen Charme und Hilflosigkeit entwickelt und Verantwortung vermeidet, kurz gesagt, man möchte typisch »damenhaft« sein. Dagegen wollen die Mädchen mit starkem »männlichen Protest« nichts von weiblicher Reife wissen. Sie hassen es, weiblich auszusehen und haben einen Abscheu vor der monatlichen Regel. Viele Mädchen gehen nicht bis zu diesem Extrem. Sie unterwerfen sich vielleicht dem allgemeinen Druck soweit, daß sie auf ihre äußere Erscheinung Mühe verwenden. Aber davon abgesehen, wie weiblich sie aussehen, wird ihr Protest doch bei verschiedenen Gelegenheiten offensichtlich. Vielleicht versuchen sie zu beweisen, daß sie als Frauen ebenso tüchtig sein können wie jeder Mann und vielleicht sogar noch tüchtiger. Sehr oft vermögen sie ihre Opposition gegen die Männer nicht zu erkennen. Dann werden sie auch dessen nicht gewahr, was ihre sexuellen und ehelichen Schwierigkeiten verursacht hat.

Ein Fall von Geschlechtsverirrung (Transvestitismus)

Die Ablehnung der weiblichen Rolle kann zu fast unvorstellbaren Übertreibungen führen. Eines Tages suchte ein junger Mann meinen Rat. Als er über seine Probleme befragt wurde, zeigte sich, daß er ein Mädchen war. Die Patientin war Mitte Zwanzig. Die männliche Erscheinung wurde nicht nur durch die Kleidung verursacht, sondern durch eine gewisse Art des Sprechens und durch besonders männliche Eigenheiten im Benehmen. Sogar die Stimme war eher für einen Mann mit Drüsenschwäche kennzeichnend als für eine Frau. Sie war gekommen, weil sie Hilfe in einer ungewöhnlich mißlichen Lage benötigte. Um eine Arbeit in Österreich zu erhalten, mußte man Ausweispapiere vorlegen. Die ihren lauteten auf ihren weiblichen Namen, was Verlegenheit und Verwirrung mit sich brachte. Nun ersuchte sie um Erlaubnis, ihren Namen in einen männlichen umzuändern. Ich war in Verlegenheit. Wie konnte sie männliche Kleidung tragen, da das einer Frau doch verboten war? Sie zeigte mir einen Erlaubnisschein von der Polizei und erklärte, wie sie ihn bekommen habe. Wenn sie weibliche Kleidung trug, so rief sie in unliebsamer Weise Aufsehen auf der Straße hervor; jeder glaubte, sie sei ein Mann, der sich als Frau verkleidet habe. Sie ging wie ein Knabe. Ihre ganze Haltung war entschieden männlich, so daß die Polizei gezwungen war, ihr diese ungewöhnliche Erlaubnis zu geben.

Eine körperliche Untersuchung zeigte die normalen primären und sekundären Geschlechtsmerkmale; die Brüste waren voll entwickelt, der Haarwuchs war typisch weiblich, ebenso die Hüften. Die monatliche Blutung war regelmäßig. Eine Laboruntersuchung ergab, daß die Drüsen normal funktionierten. Es gab nicht den geringsten Beweis irgendeiner körperlichen oder biologischen Anomalität. Die Ursache ihrer ungewöhnlichen Entwicklung lag anderswo.

Sie war in einem ländlichen Gebiet Österreichs als erstes Kind eines Bauern geboren. Dort galten die Mädchen nicht besonders viel. Die Bauern brauchten mindestens einen Knaben, um den Hof zu vererben und den Vater zu ersetzen, wenn er sich zurückziehen wollte. Folglich hatten ihre Eltern auf einen Knaben gehofft. Zum Unglück für das Mädchen wurde zwei Jahre später ein Bruder geboren. Es ist nicht schwierig, sich auszumalen, wie sie darauf reagierte. Sie spürte ihre gefährdete Stellung und dachte nicht daran, eine zweitrangige Rolle zu spielen. Sie nützte ihren Altersvorteil, um ihre Überlegenheit über ihren Bruder körperlich und geistig auszubauen. Aber es genügte ihr noch nicht, daß er sich von ihr beherrschen ließ. Er blieb eben ein Knabe, und sie war nur ein Mädchen. Um den Kampf zu gewinnen, mußte sie auch diese Benachteiligung überwinden. So versuchte sie, sich wie ein Knabe zu verhalten. Sie spielte ausschließlich mit Knaben und wurde wilder als sie alle, ein richtiger Wildfang. Aber auch dies erschien ihr noch nicht als genügender Ausgleich. Sie machte sich einen Spaß daraus, ihren Bruder in Mädchenkleider zu stecken und selbst seine Anzüge anzuziehen.

Die Eltern hatten Vergnügen an dieser Maskerade und ermutigten sie sogar. Jeder dachte, es sei »ein Spaß«. Sie hörte viele günstige Bemerkungen über ihr jungenhaftes Aussehen. Die Leute sagten, sie wäre ein besserer Knabe geworden als ihr Bruder, der ganz unterwürfig und gefügig und in seiner Schüchternheit von seiner

stärkeren Schwester abhängig war. Dieser Erfolg ermutigte sie natürlich, so weiterzumachen und sogar ihre Bemühungen zu steigern. Als sie älter wurde, paßte sie sich mehr und mehr der ersehn-
ten männlichen Rolle an. In jeder ihrer Bewegungen, in ihrer
Gangart, in der Eigenheit ihres Verhaltens war sie ein typischer
Knabe. Sie gewann sogar die Mädchen allmählich gern, aber in
einer mehr beschützenden und galanten Art. Als sie sich körperlich
zu entwickeln begann, bekämpfte sie jedes Zeichen der Weiblichkeit. Sie haßte ihre Brüste und preßte sie in enge Kleidung, damit
sie nicht deutlich zu erkennen waren. Von der Monatsregel nahm
sie keine Notiz und ließ sich dadurch nicht in ihren sportlichen
Betätigungen stören. Sie entwickelte nie irgendwelche weiblichen
Züge, Handfertigkeiten oder Eigenheiten und trug ihre Haare kurz
geschnitten.

Der Augenblick ihres größten Triumphes kam, als sie von der
Polizei die Erlaubnis erhielt, männliche Kleidung zu tragen. Aber
die Logik, der sie Trotz zu bieten suchte, brachte sie in neue Konflikte. Jetzt brauchte sie ja auch einen männlichen Namen. Das war
unter dem österreichischen Gesetz nicht leicht; aber da die Behörden gezwungen waren, das erste Mal nachzugeben, war es nötig
und auch logisch, nun den zweiten Schritt zu tun und ihr einen
Namen, der auf beide Geschlechter anwendbar war, zu erlauben.
Aber dafür hatte die Polizei um eine psychiatrische Empfehlung
ersucht. Das Mädchen war sehr begeistert. Ich versuchte vergebens, sie zu überzeugen, daß sie trotz ihrer Erfolge einen verlore-
nen Kampf führe. Sie bleibe immer noch eine Frau, ganz gleich,
wie geschickt sie sich selbst und die anderen zum Narren halte.
Wenn sie sich nicht mit ihrer Geschlechtsrolle abfände, müsse sie
in noch größere Schwierigkeiten geraten. Jedoch wie viele Menschen mit sexuellen Perversitäten wünschte sie nicht irgendwel-
chen Rat oder Hilfe und lehnte es glatt ab, ihre psychologischen
Probleme zur Sprache zu bringen.

Zu meiner Überraschung erschien sie etwa ein Jahr später wieder. Ich dachte zuerst, sie würde jetzt vielleicht um eine psychotherapeutische Behandlung bitten. Jedoch kam sie nur, weil sie in
ihrem Kampf gegen die Gesellschaft, die sie als minderwertiges
Wesen abstempelte, eine weitere Hilfestellung brauchte. Sie war in
ein Mädchen verliebt und erwartete von mir, daß ich es ihr ermöglichen könnte, dieses Mädchen zu heiraten. Natürlich überstieg
dies die Möglichkeit eines jeden Menschen, und so sah ich sie nie
mehr wieder.

Nachahmung des »überlegenen« Geschlechts

Immer wenn das zwischen den Geschlechtern errichtete Gleichgewicht erschüttert wird und das bis dahin unterdrückte Geschlecht Gelegenheit hat hochzukommen, dann ahmt es das Betragen und die Eigenarten des Auftretens des bisher überlegenen Geschlechts nach. Beispiele dieser Neigung haben wir in gewissen primitiven Gemeinschaften. Während einer solchen Periode des Absinkens einer matriarchalischen Gesellschaft mag es geschehen, daß eine besonders seltsame Form des Verhaltens praktiziert und dabei oft mißverstanden und falsch ausgelegt wird: die Couvade, das Männerkindbett. Nach der Geburt des Kindes nimmt der Vater das Baby zu sich ins Bett und bleibt dort mehrere Tage, während die Mutter alle Haushaltsaufgaben zu erfüllen und den Vater mit dem Kind zu pflegen hat. Damit versucht anscheinend der Mann, die weibliche Rolle nachzuahmen. Wo Frauen herrschen, kann alles typisch Weibliche den Männern wünschenswert erscheinen. Wer weiß, ob die Männer in jener Zeit nicht auch versucht hätten, Kinder zu gebären, wenn die Natur es erlaubt hätte.

Ähnliche Betrachtungen mögen das Verhalten der Frauen von heutzutage erklären. In vielen Schichten der Bevölkerung ist das Rauchen bei den Frauen schon verbreiteter als bei den Männern, und die Männer müssen zur Pfeife greifen, um wenigstens noch einen gewissen Unterschied zu bewahren. Der alte amerikanische Brauch, daß Frauen Pfeife rauchen, hat wohl soziale Wandlungen und eine frühe Emanzipation der Frau in der amerikanischen Pionierzeit gekennzeichnet, die den Frauen Aufgaben und Rechte gab, die sie nie vorher gehabt hatten. Damals bestand in der Tat zwischen Mann und Frau mehr Gleichheit als in den alten Ländern. Der Impuls, der stärker als der anfängliche Widerwillen gegen das Rauchen sein kann, stammt von der Sehnsucht der Frau nach Männlichkeit, so wie er bei den Jugendlichen den Wunsch ausdrückt, sich erwachsen zu fühlen. Ein anderes charakteristisches Zeichen ist die Neigung der Frauen, männliche Kleidung oder Haartracht zu tragen. Alle solche Nachahmungen bedeuten keine tatsächliche Gleichwertigkeit, sondern zeigen nur das Streben der Frauen, den Wandel ihrer Stellung zu betonen.

Die Funktionen der Geschlechter

Jeder Mensch entwickelt eine gewisse Vorstellung von der Rolle seines eigenen Geschlechts. Was er davon annimmt oder verwirft, das ändert Einzelheiten seines persönlichen Verhaltens und beeinflußt fast jede Phase seines Alltagslebens. So ist zum Beispiel die Einstellung einer Frau zur Hausarbeit ein guter Maßstab für das, was sie als die Rolle der Frau ansieht. Die Argumente dafür und dagegen dürfen uns nicht täuschen. Wir können Begründungen hören, warum die Hausarbeit begehrenswert ist oder warum verabscheuenswert – alles wiegt gleich viel. Die Zahl der Frauen, die die Hausarbeit jeder anderen Arbeit vorziehen, wird langsam geringer. Viele Frauen verdrießt dieser Art von »Beruf«, weil sie ihn als gering und demütigend ansehen; sie verknüpfen dies mit einer geringschätzigen Auffassung von der weiblichen Rolle. Dies hält auch viele Männer davon ab, sich an den häuslichen Pflichten zu beteiligen. Die Hausarbeit ist so viele Jahrhunderte lang die Aufgabe der Frauen gewesen, daß es noch lange dauern wird, bis Männer und Frauen gewisse Pflichten, die für das Wohl aller nötig sind, sachlich beurteilen können.

Viele Männer haben den Frauen ihr Interesse an den Künsten abgetreten. Ein Knabe, dem alles darum geht, Klavier spielen zu lernen, wird oft als weibisch angesehen. Frauen finden es manchmal schwer, ihre Ehemänner dahin zu bringen, daß sie mit ihnen zusammen Bücher lesen, sich Vorträge oder Konzerte anhören oder Museen und Ausstellungen besuchen. Tatsächlich versuchen dies manche Frauen nicht einmal mit ganzem Herzen, weil sie stolz auf diesen Unterschied der beiderseitigen Interessen sind. Und die Männer sind nur zu erfreut, diesen kleinen Preis für die Fortsetzung ihrer Überlegenheit zu bezahlen.

Die allgemeine Vorstellung von der männlichen Rolle scheint die zu sein, daß der Mann Geld zu verdienen hat. Diese Auffassung ist gefährlich. Sie überträgt ausschließlich dem Manne die Macht, die Geld immer noch darstellt. Zur gleichen Zeit macht sie es dem Mann schwer, Kultur und allgemeines Wissen zu schätzen, was seine wirtschaftliche Macht im einzelnen formen und mäßigen könnte. Die Gefahr eines gewissenlosen Mißbrauchs dieser Macht wächst mit der Vernachlässigung der kulturellen Entwicklung des Mannes. Der Mangel an Kultur unter unseren finanziellen Riesen wird nur mangelhaft durch die Summen verdeckt, die sie für die kulturelle Entwicklung anderer zu Verfügung stellen.

Die Neigung, die sozialen Pflichten zwischen den Geschlechtern aufzuteilen, beruht nicht auf biologischen Faktoren, und spezielle Pflichten sind grundsätzlich weder tiefer- noch höherstehend, sondern lediglich menschliche Verpflichtungen. Bei der Verteilung der Arbeit werden durch Brauch und Sitte jedem Geschlecht gewisse Aufgaben zugesprochen. Sie werden als angenehm oder als widerwärtig betrachtet, je nach der sozialen Stellung des Geschlechtes, das eine solche besondere Funktion auszuüben hat. Für den Bestand des Ehelebens ist aber die Aufgabe, die Hausarbeit zu tun, und die, Geld zu verdienen, von gleicher Wichtigkeit. Wenn einer ernsthaft an die soziale Gleichheit glaubt, dann tut er das, was im Augenblick am nötigsten und konstruktivsten ist, und überlegt nicht lange, ob es für seine geschlechtliche Rolle als passend gilt. Trotz aller netten Worte sind bis jetzt wenige Männer oder Frauen bereit, echte Gleichberechtigung zu verwirklichen. Die gegenwärtigen Probleme der männlichen und der weiblichen Anpassung aneinander können nicht lediglich dadurch gelöst werden, daß man männliche und weibliche Tätigkeiten voneinander trennt und die entsprechende Zuständigkeit eines Geschlechtes für irgendein genau bestimmtes Gebiet festlegt. Solch eine Entscheidung kann den Wettstreit für eine gewisse Zeit mildern, aber sie verzögert die Begründung der Zusammenarbeit von Gleichberechtigten.

Sexus und soziale Ordnung

Die Fähigkeit der Frauen und Männer, sich gegenseitig als Menschen zu betrachten und nicht nur als Geschlechtswesen, wird oft durch eine anscheinend antisoziale sexuelle Begierde vereitelt. Wenn wir ihr unterliegen, dann neigen wir dazu, uns selbst als die armen Opfer einer ungezähmten Natur zu betrachten. Folglich erscheint die Geschlechtlichkeit an sich als eine Gefahr – als eine wilde Macht, die unsere Kultur und unsere sozialen Beziehungen bedroht. Es ist gar nicht leicht zu erkennnen, daß der Sexualtrieb tatsächlich nie dem Interesse seines sogenannten »Opfers« widerspricht. Sondern die – meist unbewußten – Absichten des Opfers sind in solchen Fällen antisozial und gewöhnlich gegen das andere Geschlecht gerichtet. Aber die Sexualität an sich ist keine Bedrohung; sie ist nur ein Werkzeug.

Aber warum sind wir gegenüber unserer Geschlechtlichkeit so empfindlich – warum lassen wir uns von ihr so leicht reizen und stören. Für kleine Kinder hat es nichts Peinliches. Kommt das, weil sie sich dessen nicht bewußt werden? Und muß ein freier Ausdruck der Sexualität unbedingt Unanständigkeit bedeuten? Eine sorgfältige Beobachtung der sexuellen Entwicklung und Begriffsbildung beim Kind führt uns zu einem Verständnis des Mechanismus von Scham und Sünde ebenso wie die soziologische Analyse der Sitten und Gebräuche in verschiedenen Gesellschaften.

Freud[1] glaubt, um das soziale Leben der menschlichen Gesellschaft zu erhalten, müßte man den Geschlechtstrieb streng begrenzen; er meint, daß nur durch künstliche Unterdrückung gewisser Neigungen und des freien sexuellen Ausdrucks das soziale Verhalten den Menschen aufgezwungen werden kann. Andere betrachten die gegenwärtige Laxheit dem Geschlechtlichen gegenüber als die Ursache allen Übels: Wenn die Leute »moralischer« wären, so würden die sozialen Erschütterungen aufhören. Wir kennen jedoch Gemeinschaften, welche, obwohl streng in Schranken gehalten, trotzdem in einem Zustand tiefer Verwirrung und Unrast sind, während andere Gemeinschaften, wo Menschen offen und unverhüllt ihrer Sexualität Ausdruck geben, sogar zwanglosen Geschlechtsverkehr dulden, wenig Reibereien zeigen und ein hochorganisiertes soziales Leben sich erhalten.

Es ist nicht das Geschlechtsleben, das die Gesellschaft bedroht. Der Zweck der Regulierung des Sexuellen ist nicht die Rettung der Gesellschaft, vielmehr wird sie notwendig, um das eine Geschlecht zu unterdrücken und die Hälfte der Mitmenschen ihrer natürlichen sexuellen Rechte zu berauben. Ein Beweis dafür sehen wir in der Tatsache, daß das herrschende Geschlecht es immer fertigbringt, unangenehme Einschränkungen zu überschreiten. Bescheidenheit und Keuschheit werden nur von dem unterdrückten Geschlecht verlangt.

Aber diese Forderung wirkt sich für beide Geschlechter aus: Die Frauen, in ihrer Rolle als Mütter, übertragen ihre eigene Scheu und Ängstlichkeit auf ihre Söhne, und andererseits müssen die Männer sich gewissen Einschränkungen unterwerfen, weil sie die »Reinheit« ihrer Frauen, Mütter und Schwestern respektieren müssen. Die psychologischen Mittel zur Anerkennung der sexuellen Beschränkungen sind die Gefühle Scham und Sünde. Sie werden den Mitgliedern jeder Gesellschaft eingeflößt, um die sozialen Konventionen, die jede Gemeinschaft bestimmen, aufrechtzuerhalten.

[1] S. Freud: Das Unbehagen in der Kultur. Gesammelte Werke, Band XIV. London 1948.

Unterdrückung und Geringschätzung der Sexualität werden oft religiösen Lehren zugeschrieben. Religiöse Glaubensbekenntnisse spiegeln jedoch lediglich die sozialen Bedingungen wider, unter denen sie begründet wurden. Wir müssen erkennen, daß die Religion an sich (soweit es sich nicht um Offenbarungsreligionen handelt) der sexuellen Zügellosigkeit nicht grundsätzlich entgegensteht. Religiöse Verordnungen erlauben äußerst verschiedenes sexuelles Verhalten – sowohl durch Forderung als durch Verbot, je nach den betreffenden Kulten. Auf der einen Seite finden wir die religiöse Prostitution bei einigen antiken griechischen Gemeinschaften und auf der anderen Seite das Zölibat und die Keuschheit, die von anderen Religionen gefordert werden.

Das Christentum wurde in einer Periode gegründet, als die Menschheit zum ersten Mal die Idee der gleichen Menschenrechte zu begreifen anfing, als Folge einer demokratischen Entwicklung, die in Griechenland und Rom begann. Vorher war die Frau der Besitz des Mannes und nur zu der Befriedigung seiner Bedürfnisse da. Die frühen Christen befreiten die Frauen von der Herrschaft des Mannes und verlangten von ihm dieselben sexuellen Beschränkungen, die früher den Frauen auferlegt waren. Dies gab den Frauen eine vorher unbekannte Würde. Viele christlichen Märtyrer waren Frauen, die den Tod der »Schande« vorzogen. Die christlichen Gemeinden waren der Außenwelt unverständlich, da sie in ihren Versammlungen den Frauen dieselben Rechte gaben wie den Männern.

Diese Beziehung der Gleichwertigkeit, die die christliche Religion den Geschlechtern gab, konnte nicht aufrechterhalten bleiben, wenn die Menschheit nach dem Zusammenbruch der demokratischen Errungenschaften des Altertums in die feudalen Beziehungen des Mittelalters zurückfiel. Damit wurde der Mann wieder frei, und die Frau verlor ihre Rechte. Die Kirche anerkannte diese männlichen Freiheiten niemals; sie bestand auf dem Prinzip der Monogamie, obwohl sie oft deren Verletzungen wenigstens passiv hinnahm.

Die gegenwärtige Ablehnung strenger moralischer Einschränkungen ist daher nicht ein Angriff gegen die Katholische Kirche, sondern gegen die männliche Überlegenheit. Die modernen Begriffe von Liebe, Ehe, Werbung und Scheidung sind weder antisozial noch antireligiös, sondern viel mehr der Ausdruck der Frauenemanzipation.

Die Eindrücke des Kindes vom anderen Geschlecht

Die Einstellung eines jeden Menschen zu seinem Geschlecht bestimmt auch seine Einstellung zum anderen Geschlecht, beide bestimmen sein Verhalten. Die Auffassung vom anderen Geschlecht entwickelt sich in der frühen Kindheit. Die ersten Gefühlsreaktionen auf das andere Geschlecht sind oft von langandauernder Bedeutung. Im allgemeinen geben Vater und Mutter das erste Beispiel des Zusammenlebens von Mann und Frau. Ein kleines Kind kann, mit seinem beschränkten Fassungsvermögen, nicht erkennen, daß die Verhältnisse zu Hause nur für seine eigene Familie kennzeichnend sind und nicht allgemein gelten. Für das Kind bedeutet das Heim die ganze Welt. Und daher erscheint ihm die Beziehung seiner Eltern zueinander als die einzig mögliche zwischen Mann und Frau. So also entwickelt das Kind seine Auffassung des Ehelebens. Ohne dessen gewahr zu werden, beeinflussen die Eltern die Haltung des Kindes zur Ehe. Mutter und Vater, als Vertreter des anderen Geschlechtes, beeinflussen oft entscheidend das künftige Sexualleben des Kindes. Auch eines der andersgeschlechtlichen Geschwister kann oft eine ähnliche verhängnisvolle Bedeutung erlangen.

Wenn ein Junge und seine Mutter oder ein Mädchen und sein Vater einander zu sehr ergeben sind, so kann diese Beziehung ein Hindernis für die spätere Ehe des Kindes werden. Ein Junge, der bevorzugt und deshalb von seiner Mutter verzogen und verzärtelt wurde, kann sich nicht vorstellen, daß eine andere Frau ihm ebensosehr ergeben sein könnte. Sehr häufig verhindern dieser Zweifel und seine übertriebenen Wünsche, daß er sich verliebt und verheiratet. Er ist nicht bereit, einer Frau auf der Grundlage des Gebens und Nehmens zu begegnen, wie es eine Ehe erfordert. Das gleiche gilt für die Beziehung zwischen Vater und Tochter. Ein Mädchen, das stark an seinen Vater gebunden ist, erwartet von seinem Ehemann oft die gleiche verständnisvolle Geduld, Führung und Beschützung. Es vergißt, daß kein Mann seiner eigenen Generation die gleiche freundliche Überlegenheit besitzen kann, besonders heute, da die Mädchen meist die gleichen Erziehungs- und Berufschancen haben wie die Jungen.

Dieses Problem scheint in unseren Tagen besonders hervorzutreten. Die Frauen protestieren dagegen, daß sie das minderwertigere Geschlecht seien; aber auf der anderen Seite träumen sie von einem Gatten, zu dem sie emporschauen können. Sie halten noch an der Idee fest, daß Männer stärker und zuverlässiger sein sollten als sie selbst. Aber wie viele Männer kann eine junge Frau heutzutage finden, die so über sie emporragen wie ihr Vater es in ihrer Kindheit tat? So muß sie enttäuscht werden. Selbst wenn sie ihn schließlich finden sollte, wird sie ihn kaum akzeptieren. Auf der einen Seite ist sie das Produkt tausendjähriger männlicher Überlegenheit und will daher einen überlegenen Mann haben. Auf der anderen Seite ist sie aber das Produkt des 20. Jahrhunderts und lehnt sich gegen jede Vorherrschaft auf. Wenn sie also wirklich das Glück hat, einem überlegenen Mann zu begegnen, dann wird sie entweder versuchen, ihn kleinzukriegen, oder, falls sie dies nicht kann, sich gegen seine Vormacht auflehnen.

Die Angst der Kinder vor der Sexualität

Unsere Kinder wachsen in einer Welt der Verwirrung auf, wo alle Werte, Traditionen und Gebräuche ins Wanken geraten sind. Ihren scharf beobachtenden Augen entgehen unsere Furcht und unsere Hemmungen nicht. Ihre Vorstellung vom Geschlecht wird durch das Erkennen der Reibereien zwischen Mann und Frau und der durch die Sexualität verursachten Störungen verzerrt. Das Gespenst männlicher Überlegenheit schüchtert die Jungen ein, denn es legt ihnen eine Verpflichtung auf, die zu erfüllen sie sich kaum zutrauen, und es gibt den Mädchen Anlaß, sich gegen ihre eigene zweitrangige Rolle zu empören. Der männliche Protest der Jungen und Mädchen belegt das Geschlechtliche mit allen diesen Drohungen sozialer Demütigung, Unterdrückung und Erniedrigung.

Die Erfahrungen des Kindes mit der Sexualität als einem physiologischen Vorgang verstärkt noch das Gefühl der Gefahr. Lange ehe die Kinder die Funktion ihres eigenen Körpers erleben, hören sie vom Geschlechtsverkehr, von sexuellen Beziehungen und ihren Folgen. Was sie da hören, ist selten erfreulich. Die Erwachsenen sprechen oft frei in der Gegenwart ihrer Kinder, weil sie glauben, daß sie es doch nicht verstehen. Aber selbst wenn ein Kind die wahre Bedeutung der Worte und Gedanken nicht verstehen kann, so kann es doch die Bedeutung der Bemerkungen erfühlen. So erfahren die Kinder von den Nöten der Schwangerschaft und von der Schande, die mit sexuellen Erlebnissen verbunden ist. Vieles, was sie über Sexualität hören, ist mit Leiden, Schande, Nachteil und sogar Unheil verbunden. Besonders Mädchen werden sich früh bewußt, daß die Nachteile und Gefahren hauptsächlich die Frauen betreffen. Kein Wunder also, wenn die Frauen mehr als die

Männer dazu neigen, das Geschlechtliche als brutal, unmenschlich und tierisch zu betrachten. Viele dieser entmutigenden Erlebnisse sind im Schwinden begriffen. Unsere Kinder, speziell die Mädchen, fürchten sich vor der Sexualität viel weniger, als dies früher der Fall war.

Sexuelle Aufklärung

Dieser allgemeine Eindruck von der Sexualität wird bestärkt durch die Art, in welcher Kinder aufgeklärt werden. Die sexuelle Aufklärung ist oft von einer Art seelischem Schock begleitet, weil hier ein ganz natürliches Geschehen im allgemeinen durch das Zögern der Eltern, ihren natürlichen Verpflichtungen nachzukommen, gehemmt wird. Unglücklicherweise werden Eltern, die hinsichtlich sexueller Probleme selbst in gehemmter Atmosphäre aufgewachsen sind, durch die Fragen ihres Kindes verlegen und antworten entweder überhaupt nicht oder ausweichend. Das Kind bekommt dann das Gefühl, daß da irgend etwas nicht richtig ist. Viele Kinder, besonders Mädchen, vermeiden es, ein freimütiges Interesse an der Sache zu verraten, und ihre Ängstlichkeit, diesem »gefährlichen« Problem auszuweichen, kann Aufklärung verhindern oder einen ernsthaften Schock hervorrufen, wenn sie gewaltsam den Tatsachen gegenübergestellt werden, etwa durch zufällige Beobachtungen.

Kinder, deren Neugierde ursprünglich nicht gestillt wurde, gehen durch eine Phase, wo sie scheinbar kein sexuelles Interesse haben, bis das Verlangen nach mehr Wissen doch dringender wird. Wenn sie Glück haben, so finden sie Lehrer oder andere Erwachsene, die die nötige Aufklärung in einer passenden, beiläufigen und sauberen Art und Weise geben. Im allgemeinen jedoch sind die Quellen der Auskünfte entweder unsaubere Bemerkungen verantwortungsloser Erwachsener oder pornographische Literatur oder die aufregenden und schwülen Gespräche mit halb aufgeklärten Schulfreunden und Spielgefährten.

Das ganze Problem kann leicht und sachlich gelöst werden, wenn die Eltern guten Willens und genügend vorbereitet sind. Zwei Bedingungen muß jeder Erwachsene, der durch ein Kind ausgefragt wird, erfüllen: erstens, frei von Verlegenheit und Abneigung zu sein. Es ist ein natürliches Recht des Kindes, unterwiesen zu werden, sogar in einem sehr frühen Alter. Die Eltern würden nicht mißgestimmt werden, wenn ein Kind fragen würde, woher der Blitz kommt. Aber diese Frage ist viel weiter entfernt von seinen Lebensproblemen als »Woher kommen die Kinder?«. Zweitens, jede Frage korrekt zu beantworten, die das Kind stellt, aber nie mehr zu sagen, als das Kind beantwortet haben will. Die Frage, die das Kind stellt, drückt genau sein Interesse aus und auch seine Fähigkeit zu verstehen. Daher sollten die Eltern sorgsam auf die wörtliche Bedeutung der Frage achten. Diese Regel zu verletzen ist eine der häufigsten Quellen der Verlegenheit der Eltern. Anstatt auf die Frage des Kindes zu hören, stellen sie sich vor, was es wohl als nächstes fragen wird. Aber es kommt gar nicht so weit, oder es kann bis dahin noch Monate und Jahre dauern.

Wenn das Kind zuerst fragt: »Woher kommen denn die Kinder?«, so ist das ganz buchstäblich korrekt zu beantworten: »Von der Mutter«. Da ist nichts, was verlegen machen könnte, außer den unwillkommenen Verwicklungen, die die Erwachsenen sofort selbst damit verbinden. Das Kind jedoch ist befriedigt. Viel später wird es dann fragen: »Wie kommen die Kinder in die Mutter hinein?«, und die Antwort ist wieder ganz einfach: »Vom Vater«. Und auch hiermit ist keine zu anschauliche Vorstellung verknüpft, weil ein Kind nicht am physiologischen Mechanismus interessiert ist. Selbst die Frage, die Jahre später gestellt wird: »Wie kommen die Kinder vom Vater in die Mutter hinein?«, kann mit Hinweis auf Liebe und Ehe in einer Art beantwortet werden, die die Neugierde des Kindes befriedigt.

Auf diese Weise wird ein verständnisvoller und in seinen Gefühlen ausgeglichener Elternteil das Kind in die Reifung hineinleiten können, wo dann – mehr zur sachlichen Unterweisung – die Hilfe eines Lehrers oder eines Arztes erbeten werden kann, falls die große Zahl guter Aufklärungsbücher das Interesse nicht befriedigt.

Es ist nur *eine* Vorsichtsregel erforderlich, wenn ein Kind seine Fragen stellt. Die Eltern müssen sicher sein, daß die Fragen ein aufrichtiges Interesse ausdrücken und nicht bloß ein Mittel sind, Aufmerksamkeit zu erregen. Jeder, der mit Erziehungsmethoden vertraut ist, kann solche vorgespiegelten Fragen an ihrer raschen Aufeinanderfolge und ihrem genau sich wiederholenden Aufbau leicht erkennen.

Die frühe sexuelle Neugierde des Kindes

Ein anderer Faktor hemmt bei Kindern, besonders bei Jungen, die Entwicklung einer natürlichen Einstellung zum Sexuellen. Kleine

Kinder, die ihren Körper noch als Teil einer fremden Welt ansehen, untersuchen sich ganz genau. Überängstliche Eltern, die ihr Kind dabei ertappen, machen sich dann unnötige Sorgen und versuchen, oft sehr unbeholfen, jede Berührung der Geschlechtsorgane zu verhindern. Es wäre weniger gefährlich, diese ersten Untersuchungen des Körpers zu übersehen, als das Kind zu erschrecken; denn wir wissen, daß frühe Selbstbefriedigung weniger von einer natürlichen Neigung des Kindes ausgeht, als daß sie die Folge eines gewalttätigen Eingriffs in harmlose und unwichtige Handlungen ist.

Die meisten der sogenannten »schlechten Gewohnheiten« der Kinder sind geschickt, wenn auch unbeabsichtigt, von den Eltern entwickelt worden, die nicht wissen, daß das normale Kind dazu neigt, Bewegungen zu wiederholen, von denen es mit Zwang abgehalten wird. Daher fördert diese Einmischung der Erwachsenen in die neugierigen Untersuchungen der Kinder gleichzeitig die Betätigung, und, weit entfernt, die Selbstbefriedigung zu verhindern, erzeugt sie seelische Konflikte, die während des Heranwachsens weit gefährlicher werden als irgendwelche körperlichen Folgen. Indem man dem Kinde den Glauben einpflanzt, daß die Geschlechtsorgane unrein und tabu seien und sie so mit Sünde verbindet, vergiftet man tatsächlich das Gemüt des Kindes.

Die ersten sexuellen Erlebnisse des Kindes berühren ebenfalls stark seine Einstellung zum Sexuellen. Solche Erlebnisse ereignen sich sehr früh. Wenn die Kinder älter werden, dann vergessen sie leicht, aber alle Kinder erleben das Gefühl sexueller Erregung, manche deutlich und andere nur vage. Die Erwachsenen küssen ein Kind auf den Mund, ohne an seine mögliche Reaktion zu denken. Kitzeleien sexuellen Charakters sind nicht an irgendein Alter gebunden. Manche Spiele, gewisse gymnastische Übungen oder wiederholte Bewegungen rufen ähnliche Erregungen hervor. Auch das Gefühl der Furcht mag oft sexuellen Reiz verursachen. Die Kinder sind unfähig, diese Gefühle zu erklären, obwohl sie große Befriedigung aus ihnen gewinnen. Die Eltern könnten ihnen helfen, den Schaden aus diesen geheimnisvollen Erlebnissen zu verringern, wenn sie das volle Vertrauen ihrer Kinder hätten. Die meisten Eltern haben jedoch durch frühere Einmischungen und Tadel die Bereitschaft der Kinder, sich ihnen anzuvertrauen, verloren, soweit Sexuelles dabei eine Rolle spielt. Beiläufige Gespräche ohne Erregung oder Verlegenheit können die Unsicherheit des Kindes beseitigen. Diese beiläufige Haltung verhindert spätere Konflikte und Enttäuschungen, während die üblichen Schablonen des Verhaltens Aufregung verursachen.

Wie ein Kindheitserlebnis ganz beträchtlich auf eine spätere normale sexuelle Anpassung einwirken kann, zeigte eine Frau, die an der Unfähigkeit litt, Freude am Geschlechtsverkehr zu empfinden. Sie sehnte sich nach einem besonderen Genuß, den sie nie in ihrer Ehe erreichen konnte. Im Verlauf unserer Aussprache wurde sie sich bewußt, was sie störte. Als kleines Mädchen hatte sie beim Schaukeln einmal ein besonders beglückendes Gefühl in ihren Geschlechtsorganen erlebt. Sie konnte es durch Schaukeln wieder hervorrufen. Später erwartete sie in ihren sexuellen Beziehungen dasselbe Gefühl, konnte es aber nie finden. Daher trieb es sie von einem Mann zum anderen. Natürlich war dies nicht der wahre Grund, daß sie nie einen passenden Gefährten finden konnte. Dieses Mädchen hatte eine falsche Auffassung von Liebe. Sie suchte nicht nach einer wirklichen Liebe, sondern nur nach einem besonderen Gefühl in den Geschlechtsorganen. Das erste Erlebnis hatte ihr einen ganz falschen Eindruck von sexuellem Genuß gegeben. Jetzt wünschte sie nur diesen besonderen Genuß und nicht die Gesellschaft eines Mannes. Selbstverständlich hatte das, was sie von einem Verhältnis und von der Ehe erwartete, nichts mit Liebe zu tun.

Erziehung zur Liebe

Frühes Erleben sexueller Erregungen, Verliebtheiten, Verzärtelungen und Leidenschaften sind sehr wichtig in unserem persönlichen Leitbild von der Liebe. Menschliche Liebe ist sehr komplex und verworren. Der Geschlechtsverkehr ist nur ein Teil davon, und selbst dieser eine Teil ist nicht einfach und ist nicht der gleiche bei allen Menschen. Wir lernen lieben, wie wir gehen und sprechen lernen, indem wir unsere eigene Gangart und unsere eigene Mundart entwickeln. Die Sprache der Liebesbetätigung wird durch frühe sexuelle Erregungen bestimmt und durch jedes neue Erlebnis und jede Erfahrung weitergebildet. Unser heutiges Verhalten in der Liebe ist durch alle unsere früheren Erfahrungen erzogen und entwickelt worden.

Es ist tatsächlich ein Unglück, daß das Verhältnis von Mann und Frau durch so viele verwirrende Kindheitserlebnisse erschwert wird. Die heranwachsende Generation hat wenig Aussicht und Gelegenheit, einen richtigen Eindruck von der Liebe zu bekommen. Selten trifft sie darauf in ihrer eigenen Umgebung. Sogar heiß liebende Mütter haben oft so viele egoistische, fordernde, besitzergreifende Eigenschaften, daß es gar nicht gesichert erscheint, mütterliche Liebe als ein Beispiel wahrer Liebe anzusehen. Die ersten Eindrücke von Geschlecht und Liebe sind entscheidend, und zu viele von uns wachsen mit falschen Erwartungen auf. »Wahre« Geschichten und erotische Filme sind kein Ausgleich für unglückliche Ehen. Im Gegenteil, sie verdrehen die Wirklichkeit und entflammen das Denken mit Bildern von sexueller Anziehungskraft, Schönheit und Liebeswerben, die im wirklichen Leben niemals erreicht werden können. Wieviel Enttäuschung und Mißstimmung wird durch solche Trugbilder sexueller Liebe verursacht! Wir scheinen in einem schrecklichen Teufelskreis gefangen zu sein. Wir selbst werden mit allen Arten von mißverstandenen Begriffen aufgezogen, und wenn wir dann heiraten und unsere eigenen Kinder aufziehen sollen, dann haben wir ihnen kaum etwas Besseres zu bieten.

Wenige Eltern sind sich dessen bewußt, wie sehr ihre eigene Haltung dem Sexuellen gegenüber die Gedanken ihrer Kinder beeinflußt. Das Kind nimmt entweder die Ansichten seiner Eltern an, oder es empört sich und bewegt sich nach der entgegengesetzten Richtung. Überraschend früh in seinem Leben entwickelt es einen Begriff von Liebe entweder als Quelle des Leidens oder als Gelegenheit für bloßes Vergnügen und oberflächliche Befriedigung; es kann aber auch lernen, daß Liebe und Ehe die Grundlage für menschliche Kameradschaft bilden. Es kann dahinterkommen, wieviel gegenseitige Hilfe und Anregung aus der Zusammenarbeit der Geschlechter zu entstehen vermag, und kann lernen, daß Liebe nicht nur empfängt, sondern in erster Linie gibt.

Reifezeit

Die persönliche Haltung des heranwachsenden Kindes gegenüber den Geschlechtern und gegenüber seiner eigenen Geschlechtsentwicklung bestimmt die Art, in welcher es später an Liebe und Ehe herangeht. Sie beeinflußt die Wahl seines Ehepartners und schafft die besonderen Konflikte, welche sein Eheglück gefährden oder erhöhen. Jeder Fehler oder jede Verzerrung in dieser Haltung wird während der Jugend offenbar. Dieser Zeitabschnitt des Heranwachsens ist wahrscheinlich heutzutage beschwerlicher als in früheren Zeiten. Die Eltern sind geneigt, ihre Kinder mehr als nötig zu beschützen. Sie wollen sie in Abhängigkeit halten: teils weil ihr eigenes zunehmendes Gefühl von Unzulänglichkeit sie mißtrauisch macht, ob das Kind imstande ist, selbst für sich zu sorgen; und teilweise auch, weil ihr gräßliches Geltungsbedürfnis ihnen nicht erlaubt, ihre so geliebte Herrschaft zu verlieren und lediglich ältere, aber gleichberechtigte Freunde ihrer Kinder zu werden. Deshalb runzeln sie die Stirn bei jeder Äußerung ihres Kindes von Unabhängigkeit oder Selbstvertrauen.

So entstehen Reibereien zwischen Eltern und heranreifenden Kindern, die für das Kind besonders unglücklich sind, weil sie mit einer Periode der Gespanntheit und der Besorgnis zusammenfallen, die durch seine körperliche Entwicklung verursacht werden. Die älteren Jungen erleben neue Empfindungen, wenn ihre Geschlechtsdrüsen reif werden. Es ist, als ob sie in eine neue Welt hineinversetzt wären. Altvertraute Bekannte rufen beim Heranwachsenden plötzlich neue und lästige Gefühle hervor, wenn er ihrer sexuellen Eigenschaften bewußt wird. Mädchen und Jungen erscheinen in einem anderen Licht. Alles ändert sich, wenn die jungen Menschen heranwachsen. Sie werden in ihren Bewegungen ungeschickt und fühlen sich bei den sich ändernden Proportionen ihrer Glieder und Körper unsicher. Was Wunder, daß sie äußerst reizbar und leicht verwirrt sind. Das schließliche Begreifen der eigenen Sexualität und die gefühlsmäßige und theoretische Haltung gegenüber dem anderen Geschlecht entwickelt sich unter schwankenden und verwirrten Erfahrungen und festigt sich dann schließlich.

Es ist unsere Pflicht, diesen jungen Menschen in ihren Nöten zu helfen. Sie haben ein Recht auf unseren Beistand während dieser schwierigsten Periode ihres Lebens. In einer Zeit überraschenden Wandels der menschlichen Beziehungen ist die Freundschaft ein höchst wichtiger Führer durch alle diese Verwirrtheit. Gemeinschaftserziehung beider Geschlechter hilft die Krise abzuwenden oder wenigstens abzuschwächen. Wenn ein Kind durch die gegenseitige Zusammenarbeit ein tieferes Verständnis gewinnt, so kann es die Angehörigen des anderen Geschlechts leichter als Gefährten betrachten, und der Geschlechtsunterschied wird dann weniger wichtig, auch die künftige gegenseitige Verträglichkeit wird erleichtert.

Die Fähigkeiten der Eltern, dem Kind in seiner Einstellung zur Sexualität zu helfen, ist dadurch jedoch erschwert, daß die geschlechtliche Moral in den letzten Jahrzehnten sich sehr geändert hat; Eltern und Kinder leben, so scheint es, in unterschiedlichen Welten. Der maßgebende Faktor in der neuen Moral ist die Emanzipation der Frauen. Für Jungen hat es immer Freiheit gegeben, und kein Erwachsener hat sich viel um ihr Geschlechtsleben gekümmert; nur Mädchen sind vor geschlechtlichen Erlebnissen behütet worden. Diese doppelte Moral, zu der die Erwachsenen neigen, kann man nicht mehr den Kindern aufzwingen. Da die Gleichwertigkeit der Mädchen und Frauen nicht überall zur gleichen Zeit und zu demselben Grad sich entwickelt hat, gibt es keine allgemein anerkannten moralischen Begriffe. Jeder einzelne entwickelt seine eigenen Vorstellungen von dem, was moralisch richtig oder falsch ist. Die einen wollen jegliche Geschlechtstätigkeit auf die Ehe beschränken, manche sogar nur für den Zweck der Fortpflanzung, während andere nur gegenseitige Übereinstimmung als nötig ansehen.

Wie können dann die Erwachsenen den jungen Leuten eine spezielle sexuelle Moral übermitteln? Es scheint, daß es weniger auf eine bestimmte Form der Geschlechtsbetätigung ankommt als auf die Entwicklung von einem Gefühl der Verantwortlichkeit. In dem Maße, wie wir alle, als Gleichwertige, gleichberechtigt werden, muß jeder seine eigenen moralischen Vorstellungen entwickeln. Jeder ist frei, selbst zu entscheiden, was er für richtig oder unrichtig hält. Aber diese Freiheit, die die demokratische Entwicklung jedem gibt, muß durch das Gefühl der Verantwortlichkeit reguliert werden, sonst artet sie in Zügellosigkeit und Anarchie aus.

Eltern können ihren Kindern nur helfen, wenn sie deren sexuelle Probleme verstehen und nicht engherzig und starr auf ihre eigene Tradition zurückblicken, aber auch nicht den Kindern das Recht unbegrenzter Freiheit zuerkennen.

Die drei Funktionen des Geschlechts

Wir müssen einsehen, daß die Sexualität des Menschen verschiedenen Zwecken dienstbar gemacht werden kann. Zunächst dient sie als Grundlage für die Fortpflanzung. Lust ist der Anreiz der Natur, jedes Wesen zum Dienst der Erhaltung und des Schutzes seiner Art zu locken. Religiöse und staatliche Gesetze betrachten dies als einzigen erlaubten Zweck des Sexuellen, und jede sexuelle Tätigkeit außerhalb der Ehe und jede künstliche Verhütung und Unterbrechung der Schwangerschaft werden oft mißbilligt oder verboten.

Zweitens kann das Geschlechtsleben als ein Mittel zur persönlichen Befriedigung gebraucht werden, besonders als ein Vermittler der Lust. Als der Mensch lernte, dem Zwang der Natur zu entrinnen, machte er das Geschlechtsleben unabhängig von dem Prozeß der Fortpflanzung. Heutzutage sind diese zwei Funktionen, nämlich die Befruchtung und das sexuelle Erlebnis als Lust, für die meisten Leute völlig ohne Beziehung zueinander, und der Anteil sexueller Akte, die zur Schwangerschaft führen, ist verhältnismäßig klein. Aber in der Lust sind viele Sinneseindrücke enthalten, von denen einige völlig verschiedene und manchmal sogar sich widersprechende Ziele und Bedeutungen haben.

Lust kann eine oberflächliche und ziemlich zufällige Befriedigung oder eine tiefe Erregung in sich schließen, die die ganze Persönlichkeit umfaßt. Die Art der gesuchten Befriedigung bestimmt die Rolle, die das Geschlechtsleben im Dasein der verschiedenen Menschen spielt. Da gibt es solche, die das Vergnügen irgendwelcher Art als einzigen Sinn des Lebens betrachten; für diese Menschen ist das Geschlechtsleben lediglich eine unerschöpfliche, vielleicht die einzige Quelle der Freude. Ihr Hedonismus, oder »Vergnügungshunger«, wie Wexberg[2] es nennt, wird sie jede Gelegenheit für Vergnügen aufgreifen lassen, ohne daß sie dabei an den Preis oder die Folgen denken. Die Hedonisten sind gewöhnlich enttäuschte und zynische Menschen und darum kurzsichtig, soweit es das Leben als Ganzes betrifft. Sie glauben nicht an ihre eigene Zukunft und ihr eigenes Glück und schauen deshalb nicht darauf, was später kommen wird. Für sie muß das Vergnügen einen Ausgleich für das Gefühl schaffen, eine Niete zu sein. Zur gleichen Kategorie gehören solche, die das Geschlechtsleben zu dem Zweck benützen, Macht, Ansehen, gesellschaftliche Stellung oder persönliche Überlegenheit zu gewinnen.

Das Sexuelle kann jedoch auch eine dritte Funktion haben, nämlich die der Vereinigung. Es kann ein Mittel sein, zwei Menschen stärker als irgend etwas anderes zu vereinigen. Durch das Geschlechtsleben können zwei zu einem werden, körperlich und geistig. Diese vereinigende Funktion des Geschlechtslebens verschafft auch Lust, natürlich, aber es ist ein grundsätzlich anderes Vergnügen als das vorher beschriebene. Seine Befriedigung ist tiefer und länger andauernd. Dabei schenkt man sich selbst, während der Hedonismus hauptsächlich vom anderen etwas haben will. Während die hedonistische Erregung Abwechslung sucht und von dem Eindruck des Augenblickes abhängt, geht es bei dem Verlangen nach Vereinigung um Dauerhaftigkeit und zukünftiges Glück.

Bei dem persönlichen Gefühl der Liebe mögen alle drei Typen

[2] E. Wexberg: The Psychology of Sex. New York 1931.

der Geschlechtsfunktionen angewandt werden. Der erste und der dritte jedoch schließen ein sich lange hinziehendes Programm in sich ein, während der zweite, das heißt die Absicht, lediglich Befriedigung zu suchen, doch meistens die menschlichen und sozialen Werte vernachlässigt.

So scheint es, daß das Geschlechtsleben in unserer Zeit zwar zu einem großen Ausmaß seine erste, ursprüngliche Funktion verloren hat, daß aber die Menschen noch nicht die dritte Funktion gefunden haben, nämlich die Erfüllung der Vereinigung. Die Vorstellung, das Sexualleben sei etwas, das nur der Lust dienlich ist, herrscht vor, und damit werden die Menschen der tieferen Befriedigung, der langandauernden Liebe, der Treue und des Gefühls von Ergebenheit beraubt.

IV Die Wahl des Partners

Wie wir einen Partner wählen, ist eine entscheidende Prüfung für
unsere Auffassung von Liebe und Ehe. Im Augenblick unserer
Wahl setzen wir alles ein, was wir gedacht, erwartet und befürchtet
haben. Die Wahl eines unrichtigen Partners kann als der erste
Schritt zu ehelicher Zwietracht angesehen werden oder auch als der
letzte Schritt einer falsch geleiteten Annäherung an das andere Geschlecht. Viele Menschen machen überhaupt keinen Schritt. Zu
wählen oder nicht zu wählen – das ist die Frage, die sie ewig quält.

Der Akt der Wahl ist nicht nur höchst wichtig, sondern auch in
psychologischer und wissenschaftlicher Hinsicht äußerst bedeutsam. Wie ein Blitzstrahl erleuchtet er plötzlich die ganze Lage und
wirft ein grelles Licht auf die Kräfte, die den Pfeil abgeschossen
haben. Aber der Vergleich mit dem Blitz erklärt sogar noch mehr
von dem Vorgang der Wahl.

Unbewußte Verständigung zwischen zwei Personen

In dem Augenblick, da wir uns für jemanden entscheiden, schließen wir eine ganze Anzahl von Wechselwirkungen ab, die diesem
letzten Schritt auf beiden Seiten vorausgegangen waren. Zwei Personen, die sich das erste Mal begegnen, können sich in einem einzigen Augenblick ungeheuer viele Eindrücke, Meinungen und Versprechungen mitteilen und dabei zu einem gegenseitigen Verstehen
kommen, ohne daß sie sich ihrer Beteiligung am Spiel bewußt
werden. Sie sprechen mit den Augen und drücken dabei Bewunderung, Verdacht oder Ablehnung aus. Kleine Bewegungen der Hände und des Gesichts, unbedeutende Worte, der Ton der Stimme,
die Haltung und überhaupt die ganze Erscheinung enthüllen die
ganze Persönlichkeit und die Reaktion auf den anderen. Alles, was
zwischen zwei Menschen vor sich geht, ist gegenseitig und von
beiden hervorgerufen, mag es auch scheinen, als ob der eine von
ihnen den ersten Schritt getan habe und so für das Geschehen
verantwortlich sei.

Solch eine Folgerung ist jedoch ein Irrtum, der auf unzulängli-
cher Beobachtung beruht. Unsere ungenauen Augen legen den
Blitzstrahl so aus, als käme er von einer Seite allein, während wir
doch heute wissen, daß er eine blitzschnelle Folge gegenseitiger
Entladungen zwischen den beiden Polen ist.

Wir wissen mehr voneinander, als wir glauben. Unsere bewußten Eindrücke sind nur ein kleiner Teil unserer tatsächlichen Erkenntnis, die sich auf das gründet, was wir allgemein »Intuition«, »Vorahnung« oder einfach »Ahnung« nennen. Ein Vergleich mit dem Auge kann diesen Mechanismus deutlicher machen: Nur ein kleiner zentraler Teil der Retina, der Netzhaut im Auge, die das Sehen ermöglicht, erlaubt scharfe Unterscheidungen der Form und Farbe, während das weit größere periphere Gebiet der Netzhaut nur vage Eindrücke von der Stellung und Bewegung der Objekte vermittelt. Dadurch ist das Bild, das wir mit unserem Blick umfassen, viel weiter, reicher und tiefer als das, was wir durch scharfe Aufmerksamkeit erfassen können. Dies gilt ebenso für die anderen Sinne. Mit unserem Ohr erkennen wir einen Ton, ohne daß wir uns bewußt werden, daß seine Klangfarbe aus Obertönen kommt, die wir nicht direkt wahrnehmen können. Dieses Beispiel ist notwendig, um zu verstehen, daß sich die Annahme oder die Ablehnung eines anderen Menschen auf eine große Menge Wissen und Verständigung gründet, die unserer bewußten Beobachtung völlig entgehen. Ohne diese psychologischen Mechanismen bei dem Vorgang der Partnersuche zu erkennen, können wir die wesentlichen dabei beteiligten Probleme nicht verstehen.

Die Wahl dient geheimen persönlichen Erwartungen

Die geheimen Ziele und Erwartungen eines Menschen leiten ihn wie ein Kompaß. Unwillkürlich antwortet er nur auf solche Anreize, die zu seinen Plänen passen, und erkennt nur solche Möglichkeiten, die seine Erwartungen bestätigen. Ein Mädchen, das zu heiraten wünscht, wählt immer nur den Mann, der ihr das gibt, was sie verlangt. Ihre Ansprüche jedoch müssen sich nicht auf die vernünftigen Forderungen beschränken, die eine moderne Durchschnittsfrau gelernt hat, an den zukünftigen Ehemann zu stellen. Wenn auch der bewußte Ausdruck dieser Ehewünsche sich wandeln kann – so sucht das eine Mädchen nach Kameradschaft, ein anderes nach gesellschaftlicher und finanzieller Besserstellung oder Sicherheit, ein drittes nach Vergnügen und aufregenden Erlebnissen –, so wollen sie doch alle Zusammenarbeit, Verständnis, Rücksicht, Ergebenheit und Treue. Sehr wenige von ihnen jedoch wählen einen Mann, der fähig ist, sich so zu verhalten.
　　Und doch ist die Wahl niemals nur zufällig. Nein, tiefes persönliches Begehren beeinflußt die endgültige Entscheidung. Und

wenn es auch unglaublich klingen mag, ein jeder bekommt von seinem Partner gerade die Behandlung, die er unbewußt von Anfang an erwartete. Das Verlangen, das befriedigt wird, wenn wir plötzlich oder auch allmählich einen Menschen als unseren richtigen Gefährten ansehen, ist nicht konventionell – nicht so, wie man es allgemein meint. Wir fühlen uns angezogen, wenn wir jemandem begegnen, der uns durch seine Persönlichkeit die Möglichkeit bietet, unsere persönliche Eigenart zu verwirklichen, der unserer Lebens- und Weltanschauung entspricht, der uns erlaubt, Pläne, die wir seit der Kindheit mit uns getragen haben, fortzusetzen oder wiederzubeleben. Wir spielen sogar eine äußerst wichtige Rolle, wenn wir in dem anderen Menschen genau das Verhalten hervorrufen und anregen, das wir erwarten und nötig haben. In anderer Gesellschaft kann sich derselbe Partner völlig unterschiedlich betragen.

Die Vergangenheit beeinflußt die Gegenwart

Ein Faktor, der oft die Wahl eines gewissen Menschen beeinflußt, ist seine Ähnlichkeit mit anderen Menschen, die früher der Gegenstand unserer Zuneigung waren. Diese Ähnlichkeit mag in körperlichen Eigenschaften liegen oder in Eigenheiten des Benehmens, oder, was wichtiger ist, in Charakterzügen, die die Wiederkehr einer schon vertrauten Beziehung verheißen. Frühere Erlebnisse mit einem Menschen des anderen Geschlechtes beeinflussen unsere Haltung beim Zusammentreffen mit einer neuen Bekanntschaft. Je stärker diese früheren Erlebnisse waren, um so tiefer ist ihr Einfluß bei der Aufnahme neuer Bekanntschaften. Die Kraft dieser früheren Eindrücke kann nicht nur durch die Heftigkeit und Dauer der früher in uns erregten Gefühle gemessen werden, ob sie nun schön oder verwirrend gewesen waren, sondern auch durch den Einfluß, den sie auf unsere Lebensanschauung gewonnen hatten.

Diese Tatsache erklärt auch, warum frühe Kindheitserlebnisse, selbst wenn sie ziemlich zufälliger Natur und nicht mit starken Gefühlen verbunden waren, so häufig die Wahl des Partners beeinflussen. Sie spielen eine wichtige Rolle beim Aufbau unseres Lebensstils, eine Rolle, die spätere Beziehungen kaum ändern können. Ein Mann, der ein verwöhntes Kind war und sich auf die Hilfe anderer verließ, wird wahrscheinlich sein ganzes Leben lang von Frauen beeinflußt werden, die ihn ebenso behandeln. Je verwöhnter er war, je früher dies geschah und je länger es dauerte, um so mehr wird seine spätere Wahl der Frau gleichen, die ihn verwöhnte – im allgemeinen die Mutter oder eine ältere Schwester. Solche frühen Eindrücke führen oft zu einem ganz bestimmten Geschmack hinsichtlich des anderen Geschlechtes.

Der persönliche Geschmack

Unser augenblicklicher Geschmack in der Liebe kann sich oft auf Menschen des anderen Geschlechts zurückverfolgen lassen, die in der Vergangenheit unseren Wünschen entsprachen. Unsere gegenwärtige Haltung kann aggressiv oder verschlossen sein, mutig oder ängstlich, sie kann sich sogar von Zeit zu Zeit ändern. In irgendeinem gegebenen Augenblick kommen wir doch auf jene vergangenen Bilder zurück, wenn wir in Übereinstimmung mit unseren persönlichen Bedürfnissen und unserer Lebenslage unsere Wahl treffen.

Unsere Voreingenommenheit wird jedoch auch unsere Gedanken und Phantasien widerspiegeln, die sich nicht nur auf persönlichen Erlebnissen gründen, sondern durch unsere ganze Umgebung beeinflußt werden. Der persönliche Geschmack drückt nicht nur das Verlangen eines einzelnen aus, sondern auch die Wertbestimmungen der Gruppe, zu der er gehört. Der Partner, den wir als höchst begehrenswertes Ideal empfinden, folgt einem Muster idealer Erscheinungen, das durch die Vorstellungen der ganzen Gruppe geschaffen worden ist.

Ideale wandeln sich, wie sich die sozialen Beziehungen wandeln. Die Mode, der Kleidungsstil der Frauen und sogar ihre Gestalten werden durch die sozialen Verhältnisse und die Stellung der Frauen beeinflußt wie überhaupt durch alles, was das Leben der Gesellschaft beeindruckt. Der Krieg, Wohlstand, eine Depression – alles spiegelt sich unmittelbar im Stil der Kleidung wider, und es ist erstaunlich, wie schnell und genau kleine Änderungen in der gesellschaftlichen Stellung der Frau auch in der Mode sich zeigen. Die Haartracht, die Länge des Rockes, die Betonung oder Verhüllung der Umrisse und der Figur sind eine bezeichnende Reaktion.[1] Denn die Frau ändert, wenn sie mal den männlichen, mal den

[1] Eine verwirrende Mischung männlicher und weiblicher Züge ist für die amerikanische Mode kennzeichnend; in unserer Gesellschaft verbinden sich auf seltsame Weise zugleich Emanzipation der Frau und Unterdrückung der Frau, wie es in diesem Maße kaum anderswo zu finden ist. Die weibliche Mode ahmt

weiblichen Aspekt ihrer Erscheinung betont, nicht nur den Geschmack des Mannes, sondern sie drückt damit aus, wie sie die Meinung des Mannes bewertet.

Die große Volkstümlichkeit irgendeines Künstlers und sein Erfolg, der den erotischen Geschmack unzähliger Menschen beeinflußt, zeigt, daß dieser Künstler die allgemeine Grundrichtung der Gesellschaft ahnt und ihr Exponent wird, oft ohne daß er sich dessen bewußt ist. Die Filmstars und die Schaupieler ganz allgemein haben einen hervorragenden Anteil daran, die Wünsche der Masse zu verkörpern und Idealtypen zu formen. Es ist kaum möglich, den Beitrag einer einflußreichen Persönlichkeit und den Wunsch der Allgemeinheit auseinanderzuhalten. Einfluß und Antwort hängen wahrscheinlich eng miteinander zusammen.

Eine neue Entwicklung unserer Zeit, die zu denken gibt, nämlich eine bestimmte Neigung, einen älteren Mann oder eine ältere Frau als Partner zu wählen, sollte einer Betrachtung und Analyse wert sein. Zunächst: Die Männer von heute sind als Kinder öfter verwöhnt worden als die in früheren Zeiten. Zweitens macht die niedrigere Stellung der Männer sie eher dazu geneigt, die höchst verantwortungsvolle Stellung des überlegenen Mannes abzulehnen und statt dessen nach einer Mutter zu suchen.

Andererseits findet das Mädchen, das immer noch eine Sehnsucht nach solch einem überlegenen Mann hat – das ist ihr Kulturerbe aus der Vergangenheit –, ihn in der Person ihres Vaters, aber nicht mehr unter den Männern ihres eigenen Alters. Oft schaut es deshalb nach einem älteren Mann aus, der erfahren und in besserer Position ist, der ihr wie ein Vater Rücksicht und Schutz bietet, was unter den heutigen Männern, die mehr mit den Frauen wetteifern, nicht zu finden ist. Ältere Menschen ihrerseits sind eher gewillt, Verantwortungen auf sich zu nehmen, im Austausch für die Befriedigung, die ihnen ihre Überlegenheit über jüngere, die sie bewundern, bietet; ihre größere Erfahrung macht es für sie leichter, diese Überlegenheit zu erhalten, ohne mit ihrem Partner darum kämpfen zu müssen. Die Wahl eines viel älteren oder jüngeren Partners kann den konstruktiven Willen zu einer glücklichen Vereinigung verkörpern oder auch ein Streben nach billigem Erfolg: Alles hängt davon ab, ob es der Ausdruck von Mut oder von Angst ist.

entweder männliche Vorbilder nach oder sie betont besonders stark das weibliche Element, wobei sie durch diese Betonung die Angriffslust herausfordert.

Die Bedeutung der Schönheit

Eng mit dem Geschmack verbunden ist die Bedeutung der Schönheit. Künstler mögen sich um den Goldenen Schnitt bemühen, um ganz sachlich zu entscheiden, was schön ist; aber der Durchschnittsmensch beurteilt Schönheit noch ganz persönlich. Schönheit ist, was wir eben gerne haben – woran wir uns freuen, wenn wir es sehen. Weibliche Schönheit und männliche Kraft – denn die Kraft des Mannes gilt soviel wie Schönheit – sind entscheidende Umstände bei der Wahl eines Partners. Doch warum haben wir diese eigentümlichen Maßstäbe gewählt? Alte Theorien behaupten, daß diese zwei Attribute Gesundheit anzeigen; und da Gesundheit von hervorragender Bedeutung für die Fortpflanzung ist, so scheinen diese beiden eine gesunde Grundlage für die Partnerwahl zu versprechen. Diese Theorien aber erklären nicht, warum wir die Schönheit zu einem weiblichen Vorrecht gemacht haben, während die Kraft das Kennzeichen des Mannes ist.

Daß dies unsere Maßstäbe sind, beweist unser patriarchalisches Denken. Tatsächlich ist Gesundheit nicht die Ursache für die Hochachtung, in der Schönheit und Kraft stehen. Typen von morbider Schönheit sind erotisch nicht weniger anziehend, und Muskeln verbergen oft einen angeschlagenen Körper und mindere Gesinnung. Die Wahrheit ist, daß in einer patriarchalischen Gesellschaft Schönheit und Kraft soziale Werte sind; das weibliche Geschlecht muß deshalb das »schöne« sein, weil es mit seiner Erscheinung Handel treibt, denn es soll ja das Auge des wählenden Mannes gewinnen, der nachher, wenn er stolz die Schönheit seiner Frau zur Schau stellt, sich seiner Eroberung rühmen kann und den Neid der anderen Männer erregt.

Er seinerseits hat durch seine erobernde Kraft, die Schutz und Herrschaft gewährleistet, Eindruck auf seine Gefährtin gemacht. Ein hübscher Mann schaut etwas feminin aus, er operiert mit weiblichen Methoden, während eine muskulöse Frau männlich aussieht. So wurden Schönheit und Kraft die Grundelemente sexueller Anziehung, die heutzutage »Sex-Appeal« genannt wird. Die gegenwärtigen Wandlungen in der Beziehung der Geschlechter werden auch diese Werte verändern. Weibliche Schönheit verliert vielleicht ihren sozialen Wert und wird in mehr persönlicher, privater Weise bevorzugt, oder sie wird vielleicht künftig ganz ohne Bedeutung sein.

Was in dem Ausdruck »Sex-Appeal« steckt, ist ein Beispiel für eine solche Wandlung. Obwohl dieses Wort wohl zunächst körperlich gemeint ist, wird »Sex-Appeal« immer mehr ein Ausdruck von Vorgängen des Denkens und des Fühlens und nicht so sehr von körperlichen Eigenschaften. Dies wird immer deutlicher, denn die Anziehungskraft reiner Schönheit geht zurück. Aber was ist der Unterschied zwischen Sex-Appeal und Schönheit? Schönheit ruft bei den Männern Bewunderung hervor, Sex-Appeal Erregung. Ein Mädchen mit Sex-Appeal hat die Absicht zu erregen, ob sie sich dessen bewußt ist oder nicht. Und außerdem weiß sie, daß sie Erfolg haben kann. Das Fehlen körperlicher Reize ist kein Hindernis, denn Schönheit ist nur noch gelegentlich ein Vorzug. Jede Frau kann Sex-Appeal entwickeln, wenn sie auf erotische Eroberung abzielt und ihre Fähigkeit zu erregen entdeckt. Viele Frauen werden als Folge unerwarteter Aufmerksamkeit und Zuneigung, die ihre Ansicht über sich selbst verändert, plötzlich anziehend, Sex-Appeal bei Männern muß nicht eine »Kriegsbemalung« sein und verborgene Reize enthüllen, um die Einbildungskraft der Frauen anzuregen, sondern drückt eben denselben Willen zu erobern aus und das Vertrauen auf Erfolg, so wie die weiblichen Reize auch.

Trotz des großen Ansehens, das der Sex-Appeal genießt, ist es doch töricht, sich davon beeindrucken zu lassen. Menschen mit Sex-Appeal sind im allgemeinen keine guten Partner. Wenn ein Mädchen mit Sex-Appeal heiratet, dann behält sie entweder ihre Absicht, die Männer zu erregen, bei und macht ihren Mann eifersüchtig und unglücklich, oder sie findet in der Ehe Befriedigung und verliert damit ihren Sex-Appeal, aber auch ihren Mann, der sie ja aus diesem Grunde gewählt hat. In jedem Fall verschiebt sie das Gleichgewicht, das zur Zeit ihrer Heirat bestanden hatte. Die Gier zu erregen verrät einen Durst nach Befriedigung, der niemals gelöscht werden kann. Sie richtet sich mehr auf die Aufmerksamkeit und auf neue Eroberungen als auf Befriedigung und dauerhafte Kameradschaft.

Wenn Schönheit solche Verwirrungen stiftet, dann kann sie für den Erfolg einer Ehe eher eine Belastung als ein Vorteil werden. Schöne Mädchen verlassen sich mehr auf die Aufmerksamkeit, die sie erwarten können, als auf ihre Fähigkeit, einen konstruktiven Beitrag für die Gesellschaft zu leisten. Falscher Ehrgeiz und Eitelkeit, vereint mit der Abhängigkeit von der Meinung anderer, schaffen einen Mangel an Selbstvertrauen. So verhindert allzuhäufig Schönheit, wenn sie Verwöhnung hervorruft, die Entwicklung konstruktiver Eigenschaften und schwächt den Sinn für Zusammenarbeit. Deshalb haben viele schöne Frauen keinen Erfolg in ihren Ehen. Sie empfangen Aufmerksamkeit und Bewunderung, sie finden Vergnügen in erotischer Befriedigung; aber ihr Leben bleibt oft leer. Die Drohung des Alters hängt über ihrem Haupt. Das Reklamemädchen und der Don Juan sind nur zwei von vielen Typen unpassender Ehegefährten. Trotzdem werden diese Typen oft gewählt.

Geschmack und Voreingenommenheit können bewußt dazu verleiten, sich in einen bestimmten Partner zu verlieben. Jedoch drükken sie innere Beweggründe aus, derer sich keiner völlig bewußt ist. Der ganze Vorgang des Aussonderns und Wählens ist auf tiefere psychologische Vorgänge gegründet, die der Einsicht und der Selbstanalyse nicht zugänglich sind. Während jeder Mensch weiß und fühlt, was er will, was er begehrt und wünscht, bleiben ihm seine wirklichen Ziele, Bestrebungen und Absichten unbewußt, besonders wenn diese nicht dem gesunden Menschenverstand entsprechen und gegen soziale Konventionen und die logischen Forderungen einer gegebenen Lebenssituation gerichtet sind.

Ein sozial eingestellter Mensch mit Mut, Selbstvertrauen und Glauben an seine Zukunft und an sein Glück wird intuitiv einen Partner wählen, der Glück und harmonische Vereinigung verspricht. Ein entmutigter, pessimistischer Mensch mag wohl Liebe, Zuneigung und Zweisamkeit ersehnen, aber seine pessimistischen Erwartungen werden ihn in die Irre leiten. Entweder wird er eine gute Möglichkeit nicht erkennen, oder er wird davonlaufen, weil dies eben nicht in das Schema seiner Gangart paßt. Seine innere Abwehrhaltung kann ihn veranlassen, eine Vielart von Haltungen und Taten zu entwickeln, die Sexual- und Eheschwierigkeiten sowie Enttäuschungen hervorrufen und zu gleicher Zeit entschuldigen.

Errichtung von Distanz

Distanz ist eine charakteristische Waffe der Verteidigung. Einer, der völlige Selbsthingabe vermeiden will, kann Distanz auf verschiedene Art schaffen. Die eine besteht in der Verteilung der Liebesobjekte. Wenn man durch mehrere Personen des anderen Geschlechtes auf verschiedene Art angezogen wird, so macht dies einem es unmöglich, eine einzige Person *ganz* zu akzeptieren. Die Unterscheidung zwischen geistiger Liebe und sexueller Anziehung, zwischen Zuneigung und Sinnlichkeit erweist sich für diese Absicht als nützlich. Ein Mann liebt zum Beispiel eine höherstehende, kultivierte Frau, der er sich sexuell nicht zu nähern wagt.

Sie entspricht vielleicht tatsächlich seinem Bild von Mutter oder Schwester, wie Freud es betont,[2] aber diese psychologische »Entdeckung« geht an dem Hauptpunkt vorbei. Dieser Frauentyp wurde sehr wahrscheinlich von diesem Mann bewußt gewählt mit der Absicht, Distanz zu halten, oft genug zum Mißfallen des betreffenden Mädchens, das durch eine solche Verehrung ganz und gar nicht entzückt ist. Das Bild, das einer gebraucht, und der Zweck, den er dabei verfolgt, müssen auseinandergehalten werden. Wir mißverstehen die Sachlage, wenn wir uns mit der Entdeckung einer unvollständig überwundenen »inzestösen (blutschänderischen) Fixierung« auf Mutter oder Schwester begnügen.

Ebenso hat die ausschließliche Bevorzugung von sozial oder geistig unterlegeneren Fraun als Objekt sexueller Befriedigung wenig mit dem Vermeiden eines verehrten »Mutterbildes« zu tun, sondern sie will eher die männliche Überlegenheit aufrechterhalten und eine befriedigende Vereinigung in der Ehe verhüten. »Abwertung sowohl wie Idealisierung schaffen Distanz«[3]. Wenn wir uns von einer Person sexuell angezogen fühlen, die wir persönlich nicht schätzen können, während ein anderer Mensch uns Vertrauen und Bewunderung einflößt, aber uns nicht erotisch anregt, so ist es nicht der Fehler des anderen Menschen. In Wirklichkeit bieten wir uns selbst nur in Ratenzahlungen an. Wir akzeptieren den einen nur sexuell und den andern nur geistig – und tadeln den anderen, daß er uns nicht in doppelter Art angeregt hat. Was für ein Trick in dieser Vermischung von Ursache und Wirkung.

Die Wahl eines unpassenden Partners

Ein anderer vertrauter und allgemeiner Weg, Distanz zu gewinnen und völlige Vereinigung zu vermeiden, ist die Wahl eines Partners, der schon anderweitig gebunden ist. Dies ist eine sehr erfolgreiche Art, Verantwortungen aus dem Weg zu gehen. Viele Männer und Frauen haben einen unfehlbaren Instinkt für Partner, die nicht mehr frei sind. Sie sind über ihr »Pech« selbst erstaunt und verstehen nicht, warum sich bei jedem, zu dem sie sich hingezogen fühlen, herausstellt, daß er einem anderen gehört.

---

[2] S. Freud: Über einen besonderen Typus der Objektwahl beim Manne. Gesammelte Werke, Band VIII. London 1945.
[3] A. Adler: Das Problem der Homosexualität. Erotisches Training und erotischer Rückzug. Leipzig 1930.

Ein junges Mädchen beklagte sich über diese Art von Mißgeschick. Es gelang ihr nie, den Mann ihrer Wahl von früheren Bindungen zu lösen. »Wirklich nie?« war die Frage. »Ja, einmal«, gab sie zu. Aber unter was für Umständen! Sie war heftig verliebt in einen Mann, den sie verherrlichte. Plötzlich verschwanden ihre Gefühle für ihn. Sie hatte bis zur Beratung gedacht, daß der Grund, weshalb ihre Liebe entschwand, der war, daß sie seine schwachen Seiten bemerkte und entdeckte, daß sie ihn früher auf einen Sockel gestellt hatte, den er nicht verdiente. Was sie sich aber vorher nicht bewußt gemacht hatte, war, daß dieser Wandel ihrer Haltung gerade dann eintrat, als der Mann endgültig seine Beziehung zu einer früheren Freundin abgebrochen und sich entschlossen hatte, sich ihr ganz zuzuwenden. Die Gleichzeitigkeit solcher Vorkommnisse ist nicht zufällig. Denn jetzt müßte sie ihrer so feurig angelobten Ergebenheit entsprechend leben. Dies war die wahre Ursache ihres Gesinnungswechsels.

Diese Geschichte trifft eine Kernfrage. Eine Person, die psychologisch richtig handelt, wendet ihr Interesse von einem zukünftigen Gefährten dann ab, wenn sie bemerkt, daß unüberwindliche Hindernisse vorhanden sind. Für eine Person aber, welche die Vereinigung vermeiden will, ist dies die geeignete Gelegenheit, sich zu verlieben. Sie gibt sich selbst das »grüne Licht«. Andererseits verliert sie ihr Interesse, wenn die Umstände unerwartet günstig werden. Dann stellt sie das rote Licht ein.

Grünes Licht für die falsche Richtung

Ein Mann hatte bis zu seinen Vierzigern versucht, sich zu verheiraten. Er hatte sich ernsthaft bemüht, aber ohne Erfolg. Als er etwa zwanzig war, hatte er um ein Mädchen geworben, das zögerte, ihn zu heiraten. Er hatte sie verblüfft, indem er ihr gleich bei der ersten Begegnung diesen Antrag machte. Er stellte seine Anträge weiterhin, aber je mehr er in sie drang, um so mehr zögerte sie. Je mehr sie sich zurückzog, um so mehr rannte er hinter ihr her. Schließlich gab er es auf. Jahre später fand er heraus, daß er sie gerade in dem Augenblick fallengelassen hatte, als sie ernstlich daran dachte, ihn zu heiraten. Ist das nur ein zufälliges Zusammentreffen? Er verliebte sich dann in eine Frau, die verheiratet war. Jahrelang versuchte er vergebens, sie dazu zu bringen, ihren Mann zu verlassen. Sie zeigte keine Neigung dazu, und er gab es auf.

Einige Zeit lang konnte er keine andere mehr finden, bis er sich in eine Witwe verliebte. Sie kamen viele Jahre lang immer zusammen, aber auch sie lehnte es ab, ihn zu heiraten, obwohl sie zugab, daß sie ihn liebte. Aber sie wollte noch lieber die Pension ihres verstorbenen Mannes behalten, die ihr völlige Unabhängigkeit gewährte. Er konnte sich deutlich an den Tag erinnern, als er sich das erste Mal dessen bewußt wurde, daß er sie liebte. An einem Sonntagnachmittag im Sommer saßen sie im Garten eines Restaurants zusammen, und er sagte ihr, er würde sie gerne für einen Tag aufs Land mitnehmen, um seine Eltern zu besuchen. Sie zögerte und sagte dann »Nein«. Er fühlte einen plötzlichen Schmerz und wurde durch diesen Schock zur Einsicht gebracht, wie sehr er sie liebte. Er sah aber nicht, daß er in diesem Augenblick ihre Abneigung, ihn zu heiraten, gewahrte, die ja in ihrer Weigerung, mit seinen Eltern zusammenzukommen, ausgedrückt war. Dies war das grüne Licht für ihn – ein Zeichen, daß es keine Hoffnung für ihn gab, ein Zustand, der für jeden anderen ein rotes Licht bedeutet hätte.

Als er sie endlich verlassen hatte und zur psychologischen Beratung kam, war er verzweifelt, obwohl er immer noch heftig nach einer Frau Ausschau hielt. Es war schwierig, sich vorzustellen, wie er jemals eine finden könnte, denn er hatte sich ein geschicktes System von Einwänden aufgebaut, das er bei jeder neuen Aussicht, die ihm durch wohlmeinende Freunde oder Verwandte eröffnet wurde, anwandte. Wenn die Frau etwa seines Alters war, dann zog sie nicht sein Begehren an, und wenn es ein junges Mädchen war, dann fürchtete er, er könne es nicht befriedigen und es würde ihn hintergehen. Der Verdacht, betrogen und nur wegen seines Geldes und seiner finanziellen Sicherheit geheiratet zu werden, wurde durch ein armes Mädchen erregt, während ein Mädchen mit Geld oder Einkommen ihm durch seine Unabhängigkeit, die ihn seines Einflusses beraubt hätte, Furcht einflößte.

Eine Analyse enthüllte die folgende Geschichte. Er ist auf dem Lande in Österreich aufgewachsen, wo die Männer deutlich einen Vorrang haben. Durch die überlegene Rolle, die sein starker, herrischer Vater in der Familie spielte, war er sehr beeindruckt und tat sein Bestes, um seinem Vater nachzueifern. Seine Mutter und seine Schwester waren die Opfer der Tyrannei, womit der Knabe seine Männlichkeit zu bestätigen versuchte, oder, besser gesagt, seinen Begriff von Männlichkeit. Er wünschte, dieselbe Stellung wie sein Vater innezuhaben, aber er zweifelte an seiner Fähigkeit, jemals so stark zu werden, wie sein Vater zu sein schien. Das war sein tragischer Konflikt. Er wurde zögernd und übervorsichtig auf der einen Seite und überangriffslustig auf der andern. Er wünschte zu heiraten und der »Boß« zu werden, aber zur selben Zeit fürchtete er seine Untauglichkeit. Ohne sich dessen bewußt zu werden, überließ er sich anderen nur, solange sie ihn nicht heiraten wollten. So behielt er seine Absicht zu heiraten, während er sein Alleinsein bewahrte.

Während der Behandlung begann der Klient, sich selbst zu verstehen. Er verlor seine Gespanntheit und die nervösen Symptome, die sie begleiteten. Einige Monate nach der Behandlung kam er, um mir zu erzählen, daß er verlobt sei. Ich war sehr neugierig zu hören, wie er, der immer fragte, wie und wo ein passendes Mädchen zu finden sei, es endlich fertiggebracht hatte, einem zu begegnen. Er erzählte mir die folgende Geschichte:

»Während ich einen Zirkus besuchte, entdeckte ich unten in der ersten Reihe ein gut aussehendes junges Mädchen, das mich sehr anzog. Während ich überlegte, wie ich mich ihr nähern könnte, bemerkte ich, daß sie von einem jungen Mann begleitet war, der mir einigermaßen bekannt vorkam. So nahm ich eine Gelegenheit wahr, sie anzusprechen, und hatte tatsächlich mehr Glück, als ich erwartet hatte. Denn als ich mich dem Mann vorstellte, fanden wir heraus, daß wir uns auf einer Reise schon einmal begegnet waren – und daß dieser Mann ›nur‹ der Bruder des Mädchens war. Einige Wochen später war ich dann mit dem Mädchen verlobt.«

Diese Geschichte ist bezeichnend, weil sie das Problem veranschaulicht. Wenn die Leute fragen: »Wie kann ich jemanden kennenlernen?« – sollen wir ihnen dann sagen: »Geh' in den Zirkus«? Das Leben bietet uns allen eine Menge günstiger Gelegenheiten, aber an uns liegt es, den richtigen Gebrauch von ihnen zu machen. Nur falsche Einstellungen und Erwartungen sind die Ursache, wenn wir überhaupt niemand finden oder nur die falschen Leute treffen.

Die Anziehungskraft von Fehlern

Sehr viele Menschen verlieben sich in einen Menschen oder fühlen sich zu einem hingezogen, der ihnen die Möglichkeit zu einer harmonischen Vereinigung am wenigsten bietet. Sehr oft werden gute Eheaussichten zugunsten einer sehr fraglichen Wahl übersehen. Zwei verborgene Motive sind hauptsächlich dafür verantwortlich: das Begehren, seine Überlegenheit aufrechtzuerhalten, und die Erwartung von Leiden. Das eine verführt uns zu der Wahl eines geringeren oder unzulänglichen Partners; das andere zur Wahl eines solchen, der trotz gewisser Qualitäten Enttäuschungen, ja sogar Qual und nur den Trost des Märtyrertums bietet.

Sehr oft wird ein Partner seiner Fehler wegen gewählt. Es ist gar nicht schwer zu entdecken, warum Menschen, die in einer elenden Ehe zusammenleben, sich gewählt haben. Die Klagen, die einer über seinen Partner vorbringt, zeigen genau die Eigenschaften an, die vor der Ehe Anziehung und Liebe erregt haben.

Eine Frau lebte in einer außergewöhnlich unglücklichen Ehe. Ihr Mann spielte, hatte nie eine fest Anstellung, nahm ihr das Geld mit Gewalt, log, wenn nötig, und war ganz ohne Verantwortungsgefühl. Sie war eine feine, aufrichtige und gütige Frau und verstand nicht, warum sie unter allen Menschen so einen Lebensgefährten haben mußte – sie, die allezeit sich nach einem ruhigen Heim und nach einem anständigen Mann gesehnt hatte. Sie gab jedoch nach einigen Rückfragen zu, daß zu der Zeit, als sie ihrem Mann begegnete, ein anderer Mann ihr einen Antrag gemacht hatte. Nach ihrer Beschreibung war dieser der Typ eines Mannes, der ihr Sicherheit und Wohlbehagen, Kameradschaft und Ergebenheit geboten hätte. Aber sie zog ihren jetzigen Mann vor, der schon damals ein Taugenichts war, ein Spieler und Schürzenjäger. Sie fühlte sich mehr zu ihm hingezogen und wußte doch selbst nicht, warum; sie dachte, er habe sie nötig, sie sei imstande, ihn zu wandeln und die guten Eigenschaften, die sie in ihm spürte, zu entwickeln. Dies waren ihre vernunftgemäßen Erklärungen; die wirklichen Gründe aber kannte sie nicht. Als Kind war sie ihren Brüdern zuliebe vernachlässigt worden, und da sie sich ihnen gegenüber in einem Punkt – dem ihres Geschlechts – unterlegen fühlte, hatte sie versucht, in anderer Hinsicht überlegen zu werden, indem sie härter als ihre Brüder arbeitete, zuverlässiger war und über ihre Verpflichtungen hinaus Verantwortung auf sich nahm. Als erwachsene Frau hatte sie dieses Gefühl von Überlegenheit noch nötig – daher ihre Wahl eines schwachen, unbeständigen Mannes.

Häufig bleibt ein Mensch in der Erinnerung zurück als ein idealer Lebensgefährte – als das eine verlorene Glück des ganzen Lebens. Warum erkennen wir etwas, das uns angemessen war, erst nachdem die Gelegenheit verloren ist?

Ein Patient erzählte mir, daß er in ein Mädchen verliebt gewesen sei, das so fein und gleichgesinnt war, daß er nie zu hoffen wagte, ihresgleichen noch einmal zu finden. Sie wäre wohl die ideale Frau gewesen. Er konnte nur nicht verstehen, warum er immer, so oder so, in Streit mit ihr geriet. Obwohl sie ihn gern hatte und er sie liebte, brachen sie wegen der unaufhörlichen Streitereien die Verbindung ab. Er gab jetzt zu, daß er, während er ihr den Hof machte, oft gedacht habe, sie sei zu intelligent und tüchtig für ihn und er selbst nie fähig, sich auf ihre Stufe zu erheben. Kurz darauf verliebte er sich in ein unbedeutendes, verdorbenes und flatterhaftes Mädchen, das ihm jedoch die Gelegenheit bot, seine eigene Überlegenheit zu beweisen. Er heiratete dieses Mädchen, und natürlich war sein Leben mit ihr erbärmlich.

Ein anderer Patient beklagt sich über seine Frau, weil sie gar nicht unternehmungslustig und tüchtig sei. Sie sei zu passiv und nehme keine Verantwortung auf sich. Der Patient versichert, daß er trotz seiner nervösen Verfassung Erfolg gehabt hätte, wenn seine Frau nur tüchtiger und selbstsicherer wäre. So wie es stehe, habe er sich um alles selber zu kümmern, innerhalb und außerhalb des Hauses. Sie sei eher ein Hindernis als eine Hilfe, könne nicht wirtschaften und auch kein gemütliches Heim schaffen. Warum um alles in der Welt hat er dann gerade sie geheiratet? Er sagte, er habe damals nicht gewußt, wie sie sei.

Ich bat sie zu einer Aussprache. Sie ist eine scheue Person, aber aufrichtig und offen. Sie erzählte, daß er ihre Aktivität zügelt und ihr jede Gelegenheit nimmt, sich nützlich zu machen. Ehe sie überhaupt mit etwas beginnt, hat er sie entmutigt und die Aufgabe selbst in die Hand genommen. Sie hat beobachtet, daß er ärgerlich und reizbar wird, wenn sie irgend etwas selbständig unternimmt. Um Reibereien zu vermeiden, muß sie alles ihm überlassen. Sie glaubt, daß er wünscht, sie solle von ihm abhängig sein, und damit hat sie wahrscheinlich recht.

Dies erklärt, warum er sie heiratete: Er verliebte sich in sie, gerade weil sie untüchtig und passiv war. Dies wollte er ja – eine unterlegene Person, die zu ihm aufschauen würde. Wenn sie anders wäre, dann wäre seine häusliche Überlegenheit in Gefahr; mehr noch, er hätte keine Entschuldigung, keinen Prügelknaben für sein eigenes Versagen in der Welt im ganzen. Er war ein erstgeborener Sohn, der der Erste bleiben wollte. In seiner Familie hatte er seine Stellung; aber er fand es schwierig, seinen Ehrgeiz außerhalb der Familie zu verwirklichen.

Ein Mann beklagt sich über seine ihn tyrannisierende Frau, die ihm nur kleine Freiheiten erlaubt, ihn nie alleinläßt, nörgelt und an ihm herumkritisiert. Es ist sehr wahrscheinlich, daß er sie eben wegen dieser Eigenschaften geheiratet hat. Als verwöhntes Muttersöhnchen war er scheu im Kontakt mit Mädchen. Als er zuerst diese eine traf, war er über ihre Besorgtheit erfreut. Sie machte ihm Vorschläge hinsichtlich seiner Kleidung und seines Benehmens.

Anstatt kostspielig auszugehen, zog sie ruhige Abende zu Hause vor, um Geld zu sparen. Sie war ganz anders als die Mädchen, denen er bisher begegnet war. Und er liebte dies. Als sie dann heirateten, mochte er das, was er doch selbst hervorgerufen hatte, nicht mehr leiden. Wußte er denn wirklich nicht, wie sie war? Oder hatte sie sich geändert? Nicht im geringsten. Aber er wäre wahrscheinlich mit keiner anderen Frau glücklicher geworden.

Sehr oft führen Enttäuschungen mit dem einen Typ von Partner zur Wiederheirat mit dem entgegengesetzten Typ. Manche Menschen mit einem ziemlich starren Lebensstil wählen immer wieder denselben Typ und lernen nie, mit ihm auszukommen. Die Mutigeren wählen das andere Extrem, was sich jedoch für ein Eheglück auch nicht als brauchbar erweist. Eine Frau, die durch einen gewissenlosen, rücksichtslosen Gatten sehr tief enttäuscht worden war, verliebte sich nach ihrer Scheidung in einen sehr methodischen und verläßlichen Mann, der so vorsichtig war, daß er sie nie heiratete. Ein Mann, der von seiner ersten Frau beherrscht wurde, heiratete später ein kleines, flatterhaftes Mädchen, das keinen Sinn für Ehe, Haushalt oder Kinder hatte. Die Extreme haben den gleichen Effekt – Uneinigkeit und Reibereien statt Zusammenarbeit.

So aufrichtig die Klagen auch sein mögen, es würde nichts helfen, wenn der eine oder andere Partner sich ändern würde, um damit zu einer besseren Harmonie zu kommen. Störende Eigenschaften wirken nicht nur anziehend, sondern werden während der Ehe immerzu aufs neue hervorgerufen. Sogar wenn einstige Tugenden als Fehler angesehen werden, dienen diese Fehler dazu, das einmal erreichte Gleichgewicht aufrechtzuerhalten. Sparsamkeit beim Verlobten wird beim Ehemann als Geiz angesehen; Großzügigkeit als Extravaganz; Selbstvertrauen als Herrschsucht; Ordnungsliebe wird zur Pedanterie; Vorliebe für Häuslichkeit erscheint langweilig und hausbacken. Trotzdem wäre es für die kritisierten Personen gefährlich, ihr Verhalten zu ändern. Der Mann, der sich so bitter über die Unfähigkeit und Untüchtigkeit seiner Frau beklagt, ist gegen jedes Zeichen von Selbstsicherheit an ihr überempfindlich. Der Pantoffelheld würde sich ohne die »gebührende« Rücksicht vernachlässigt fühlen. Die Frau, die die Schulden ihres Mannes, der ein Spieler ist, bezahlt, würde die Befriedigung durch ihre Verantwortlichkeit und ihre aufopfernde Güte vermissen, wenn ihr Mann ordentlich oder »fade« würde. Der Ehemann, der sich über den Flirt seiner Frau ärgert, würde wahrscheinlich sein Interesse an ihr verlieren, hörte sie auf, die Bewunderung und Aufmerksamkeit anderer Männer auf sich zu ziehen. Ein jeder ist zutiefst daran interessiert, daß sein Partner die Fehler beibehält.

Die Lebensstile entsprechen einander

Die Faktoren, die zur Wahl eines Partners führen, stehen in Wechselbeziehung mit den Konflikten, die sich während der Ehe ergeben. Diese Beziehung ist nicht lediglich eine der bewußten Wahl und der logischen Schlüsse aus dieser Wahl; sie ist tief in der gegenseitigen Ergänzung zweier Persönlichkeiten begründet. In dem Augenblick, da sich zwei Personen entschließen zu heiraten, fühlen sie das Zusammenpassen der beiderseitigen Lebensformen. Selbst eine Ehe, die in sinnloser Leidenschaft und sexueller Erregung geschlossen wurde, stellt ein tieferes Zusammenklingen zweier Persönlichkeiten dar, als man allgemein denken möchte. Wenn auch eine solche Wahl als rein zufällig betrachtet wird und im allgemeinen zu Enttäuschung und rascher Auflösung führt, so ist sie doch ein echter Spiegel der beiden Persönlichkeiten. Die Grundrichtung ihres Lebens war eine ähnliche, einerlei, wie lange diese Übereinstimmung anhielt.

Übereinstimmung zweier Persönlichkeiten und Übereinstimmung ihrer beiden Lebensformen bedeutet noch nicht deren Gleichheit. Im Gegenteil, sie verlangen Unterschiede, die sich ergänzen. Zwei Menschen, die beide herrschen wollen, passen kaum zusammen. Auch zwei Märtyrer würden nicht zusammenpassen. Es muß aber zwischen psychologisch unbedeutenden Eigenschaften und dem überaus wichtigen Lebensstil unterschieden werden. Ehemann und -frau können beide sehr ehrgeizig oder sehr reizbar sein und können doch miteinander auskommen; ihre gleichen Eigenschaften können sie noch enger verbinden. Aber der entscheidende Punkt sind weder die Eigenschaften noch die gemeinsamen Interessen, wie viele glauben, sondern tatsächlich das grundlegende Lebensvorbild, die Methode, mit der sie Überlegenheit oder Leiden, Erfolg oder Sicherheit anstreben. Dies erklärt, warum so oft ein ältestes Kind ein jüngstes heiratet, ein herrschsüchtiges Individuum ein unterwürfiges, warum der Rohling eine Heilige findet und der Lump sein beschützendes Opfer. Diese so vereinten Typen bilden in verschiedenen Abstufungen das Durchschnittsehepaar. Dabei sind Extreme nicht so außergewöhnlich, wie man glauben möchte.

Frau F. entwickelte ihre Persönlichkeit im Wettstreit mit einer jüngeren Schwester, der sie in Begabung, Wissen und gesellschaftlicher Stellung überlegen war. Sie hielt ihre Position der Ersten aufrecht, vor allem indem sie ihre Rivalin unterdrückte und damit den Beifall der Eltern gewann. Ohne dies zu wissen, trug sie so zur absoluten Untüchtigkeit ihrer Schwester bei. Sie heiratete einen Mann, der im Schatten einer überehrgeizigen älteren Schwester aufgewachsen war. Trotz der dauernden Streitigkeiten und dem tiefen Elend ihrer Ehe, trotz ihrer gegenseitigen Klagen über ihre »Unverträglichkeit«, paßten sie doch vollkommen zueinander. Obwohl die Frau fand, daß der Mangel ihres Mannes an geistigem Interesse und gesellschaftlichem Schliff unerträglich sei, war es doch unverkennbar, daß sie daraus Gewinn zog – und damit wahrscheinlich das erhielt, wonach sie ausgeschaut hatte.

Frau O. wuchs als einziges Mädchen unter mehreren Brüdern auf. Sie empfand starken männlichen Protest und wollte immer die Rolle des Mannes spielen. Ihr Ehemann andererseits hatte einen älteren Bruder mit sehr männlichen Tendenzen. So entwickelte er selbst früh die Vorstellung, daß er nicht ein »wirklicher Mann« sei. Während er jeder männlichen Auseinandersetzung aus dem Wege ging und seine Zuflucht in der Kunst fand, focht seine Frau seine Kämpfe mit der männlichen Welt aus, nicht jedoch ohne seinen Mangel an Stärke und seine weiblich wirkende Natur für ihre beiderseitige Unzufriedenheit und ihre gesellschaftlichen wie auch finanziellen Schwierigkeiten verantwortlich zu machen. Sie lagen dauernd im Streit miteinander, obwohl sie sicher zusammenpaßten.

Die folgende Ehegeschichte mag phantastisch klingen, und doch betrifft sie ein Paar, das von Freunden und Bekannten als eine gewöhnliche Durchschnittsfamilie betrachtet wurde. Sowohl der Mann als auch die Frau ist sehr intelligent, und beide behalten ihre Geheimnisse für sich. Das Mädchen hatte den Liebhaber ihrer Mutter geheiratet. Wieso konnte sie sich in ihn verlieben? Sie haßte ihre Mutter, zum Teil sicherlich, weil sie ihr ihre Untreue und Mißachtung des Vaters übelnahm, in der Hauptsache aber, weil die Mutter ganz offensichtlich ihre jüngere Schwester ihr vorzog. Seit der Kindheit hatte sie sich zugunsten ihrer Schwester zurückgesetzt und vernachlässigt gefühlt und hatte in rein sinnlichen Befriedigungen verschiedenster Art einen Ausgleich gesucht. Obwohl sie hohe Achtung und Bewunderung für ihren Gatten bezeugte, hat sie doch wahrscheinlich das genaue Kaliber dieses Mannes erkannt, der die Tochter seiner Geliebten »verführte«. Sie hätte sich denken können, was sie erwartete, als sie ihn mit allen Mitteln dazu brachte, sie zu heiraten.

Unmittelbar nach ihrer Hochzeit zeigte er einen starken Widerwillen gegen sie und sagte ihr unverblümt, daß ihm an ihr nichts liege; er fühlte, daß sie ihn in die Ehe hineinbugsiert hatte. Sie akzeptierte diese Einstellung ruhig, hielt ihre Liebe lebendig und wartete auf seine Rückkehr, als er sie kurz darauf verließ. Und gewiß kam er zurück – weil sie ja zusammenpaßten. Aber er brachte ihr ein Geschenk mit: Gonorrhöe (Tripper). Doch auch dies störte ihre Liebe zu ihm nicht. Dann verließ er sie ein zweites Mal, kurz nachdem sie ein Kind geboren hatte. Sie wartete dennoch geduldig, bis er wieder zurückkam – dieses Mal mit Syphilis. Auch dies war kein Grund für sie, ihn zu verlassen. Die wenigen Menschen, die die Situation kannten, konnten ihre geduldige Unterwürfigkeit nicht verstehen. Einige versuchten, dies durch sexuelle Hörigkeit zu erklären. Natürlich war sinnlicher Genuß ihr einziges Ideal, und sie war gewillt, dafür zu leiden. Aber zu gleicher Zeit benützte sie ihr Leiden als ein Mittel, ihren Mann zu strafen, so wie sie früher ihre Mutter mit demselben Trick bestraft hatte. Denn sie errang ja dadurch die Überlegenheit über ihren schuldbeladenen Quäler. Viele kleine Vorfälle enthüllten, wie sie Mißhandlungen von ihrem Mann provozierte, wo nur ein klein wenig gesunder Menschenverstand genügt hätte, ihn wieder in die Schranken zu weisen. Ihre heimliche Absicht, ein »unschuldiges« Opfer zu sein, war der Grund, warum sie diesen Mann als Gatten gewählt hatte und warum sie immer noch an ihm hing, nachdem er sie so brutal behandelt hatte. Tatsächlich war in dieser Ehe das Hauptproblem nicht der Mann, wie man glauben könnte, sondern die »heilige« Frau.

Die wirklichen Gründe für eine Anziehung

Die wirklichen Gründe, warum wir einen Partner wählen, bleiben im allgemeinen verborgen und werden durch Rationalisierungen ersetzt. Viele glauben, in einer Ehe versorgt zu sein. Aber es gibt keine Sicherheit, die durch die Ehe errungen werden könnte. Es gibt überhaupt keine Sicherheit im Leben. Die Ehe löst nicht irgendein Problem; sie bleibt selbst ein Problem, das gelöst werden muß, und fügt lediglich eine neue Aufgabe den anderen hinzu, denen wir uns im Leben gegenübersehen. Einige heiraten, um sich sozial oder finanziell zu verbessern. Natürlich kann vor allem eine

Frau in die Stellung ihres Partners aufsteigen, und auch die Männer erfreuen sich manchmal des Geldes ihrer Frauen.

Aber auch diese Tendenzen, einen Vorteil aus Stellung oder Reichtum des Gefährten zu gewinnen, zeigen ein mehr persönliches und allgemeines Ziel an, das weit über die sichtbaren sozialen und wirtschaftlichen Ziele hinausragt. Es gibt Männer, die so dumm sind zu heiraten, weil sie glauben, daß die Ehe sie billiger zu stehen käme, als sich Freundinnen für sexuelle Befriedigung zu halten. Keiner kann sich aber davor drücken, den Preis zu bezahlen für das, was er erhält. Wenn er also billiger einzukaufen gehofft hatte, so fühlt er sich meistens am Ende getäuscht. Der wirkliche Grund jedoch, warum die Menschen heiraten, ist, abgesehen von ihren bewußten Vernunftsgründen, ein tiefes Sehnen nach Vereinigung, das menschliche Grundbedürfnis »dazu zu gehören«.

Da sich unsere Persönlichkeit durch die Bemühungen des Kindes, sich den anderen anzuschließen, entwickelt hat, so zieht uns unser fertig gebildeter Lebensstil zu solchen Personen hin, die zu unserer persönlichen Art sozialer Beziehungen passen. Das Geschlechtsleben und die soziale Einrichtung der Ehe machen die Ehewahl intimer als irgendeine andere menschliche Beziehung; daher zeigt sich auch die Grundstruktur der einzelnen Persönlichkeit bei der Gattenwahl deutlicher als bei irgendeiner anderen menschlichen Vereinigung.

Liebe auf den ersten Blick

Unsere Fähigkeit, in einem kurzen Augenblick die Persönlichkeit eines anderen Menschen zu erkennen und festzustellen – wenn auch unbewußt –, daß er in unsere Pläne hineinpaßt, wird durch die wohlbekannte Erscheinung der »Liebe auf den ersten Blick« bewiesen. So wie ein Homosexueller es sofort merkt, wenn er einem anderen Homosexuellen begegnet, so fühlen wir alle sofort, wie weit jemand unserem Verlangen entspricht.

Eine junge Frau, sehr anziehend und intelligent, war mit einem reichen Geschäftsmann verheiratet, der ihr tief ergeben war. Sie hatten ein schönes Heim und ein kleines Kind, das sie beide vergötterten. Die Ehe schien glücklich zu sein. Sie war eine aktive Frau, und er gab ihr volle Freiheit. Sie machte häufig Reisen durch ganz Europa in Begleitung ihres Kindes. Auf einer dieser Reisen verlor sie völlig ihr Gleichgewicht; sie konnte nie verstehen, wie so etwas hatte geschehen können. Sie begegnete einem Mann und verliebte sich sofort in ihn, so heftig, daß sie alles für ihn aufgab – ihren Gatten, ihr Heim, sogar ihr geliebtes Kind. Um ihre Verwirrung noch zu steigern, war der Bursche, der diese heftige Erregung verursacht hatte, ein ziemlich einfacher, langweiliger und keineswegs stattlicher Mann. Er hatte eine unsichere Anstellung als Pianist in einem Orchester und nur eine durchschnittliche Bildung. Er war keines tieferen Gefühles fähig. Für jedes Mädchen war er eine kümmerliche Wahl, und niemand konnte verstehen, was sie zu ihm gezogen hatte. Sie selbst konnte es gewiß auch nicht erklären. Es war eben eines der Mysterien der Liebe.

Nachdem sie beträchtlich gelitten und der Mann sie trotz aller ihrer Opfer verlassen hatte, bat sie um psychologische Hilfe. Die Analyse ihrer Geschichte löste das Rätsel. Sie war das einzige Kind eines reichen Vaters, der sein Leben ihr gewidmet hatte. Als Kind erhielt sie alles, was sie wollte. So wünschte sie immer mehr und bekam es auch. Ihrem Verlangen, hervorzuragen und angebetet zu sein, kam an Stärke nur ihr tiefer Zweifel an sich selbst gleich. Sie verlangte fortgesetzt einen Beweis ihrer Überlegenheit über andere. Dies war nötig, um ihr dauerndes Gefühl der Unzulänglichkeit zu beruhigen, denn sie hatte ja nie irgendeine Arbeit getan oder durch eigene Anstrengung irgendeinen Erfolg oder Anerkennung errungen. Als daher ihr Mann, noch ehe sie zwanzig Jahre alt war, ihr einen Heiratsantrag machte, nahm sie ihn an, denn er paßte vollkommen in ihren Lebensplan. Seine Ergebenheit war eine Anerkennung ihrer Überlegenheit, sein Einkommen bot ihr nicht nur eine gesellschaftliche Stellung, sondern auch die Befriedigung eines jeden Wunsches.

Ihre Anstrengungen, ihre Macht über ihn zu erproben, waren grenzenlos. Je mehr sie verlangte, um so weniger gab sie – und er gab nach. Sie ließ ihn monatelang allein und reiste durch die Welt, nicht aus Verlangen nach Abenteuern – sie langweilte sich ja überall –, sondern weil sie sich auf diese Weise seine Unterwürfigkeit am besten beweisen konnte. Aber je mehr er nachgab, um so unzufriedener wurde sie. Sie begann, ihm ihre Abhängigkeit von seiner Güte übelzunehmen. Während sie ihn zu beherrschen versuchte, wurde er tatsächlich immer größer und sie immer unbedeutender. Und doch gestattete sie sich nie, sich zu tief in die Bewunderung anderer Männer verstricken zu lassen, weil ihre moralischen Grundsätze ja auch dazu dienten, ihre Überlegenheit aufrechtzuerhalten. Schließlich traf sie diesen Pianisten, der sie völlig aus ihrem Gleichgewicht brachte.

Es ist nun nicht schwierig zu verstehen, was sie angezogen hatte.

Hier fand sie einen Menschen, dem sie wirklich in jeder Hinsicht überlegen war. Sie machte vollen Gebrauch von dieser Möglichkeit, die sie instinktiv bei der ersten Begegnung erkannte. Sie war ja von keiner seiner Handlungen abhängig. Ihre Überlegenheit war auf ihren eigenen Beitrag gegründet. Natürlich konnte sie nicht viel tun, denn sie hatte keinerlei Ausbildung, und so bestand ihr Beitrag lediglich aus ihren Opfern. Ihr Geben war ein Aufgeben, nämlich von Kind, Mann, Heim, Gesellschaftsleben und Hunderten von Annehmlichkeiten. Diese sehr gut aussehende, reiche Frau trat in das Leben dieses Niemands wie eine Göttin. Er fühlte sich geschmeichelt und nahm sie auf wie eine Gabe des Himmels. Aber als sie Ansprüche stellte, lehnte er jede Verpflichtung seinerseits ab. Die Folge war Streit. Eine Zeitlang konnte sie ihn unter der Fuchtel halten. Aber er empörte sich gegen ihre Tyrannei und fühlte sich natürlich zu Recht mißbraucht. Seine Flucht bedeutete den schließlichen Zusammenbruch ihres Strebens nach Überlegenheit. Ihr Lebensstil mußte sich ändern, wenn sie in das Leben und die Gesellschaft zurückkehren wollte.

Dieser Fall beweist nicht nur, wie sehr ein Mensch in einem Augenblick sich über einen andern klarwerden kann, sondern auch, wie geheime Neigungen zu einer bestimmten Wahl führen. Ja, wie können wir dann überhaupt sicher sein, daß wir den richtigen Partner gewählt haben? Zuerst müssen wir uns erinnern, daß Liebe und Heirat nur *ein* Lebensproblem darstellen. Unsere Haltung dem anderen Geschlecht gegenüber entspricht unserer allgemeinen Einstellung zum Leben – zu jedem Problem, mit dem uns das Leben konfrontiert. Wenn wir uns in der richtigen Richtung bewegen – in Einklang mit der Entwicklung, mit Mut, Sinn für die Gemeinschaft, für Zusammenarbeit mit andern, mit dem Bemühen, unsere Probleme zu lösen –, dann wird unsere Wahl ganz von selbst die richtige sein. Wenn jedoch unsere Richtung falsch ist, wie können wir dann erwarten, weise zu wählen? In der Frage der Partnerwahl wird unsere ganze persönliche Anpassung an das Leben auf die Probe gestellt.

Gefühle sind nicht mehr als verläßliche Diener

Unsere Gefühle sind immer der wahre Ausdruck unserer allgemeinen Bewegungsrichtung. Wir können uns auf unsere eigenen Gefühle in dem Sinn verlassen, daß sie genau das hervorbringen, was wir erwarten. Sie können uns in das Elend führen, aber das ist nicht ihr Fehler; sie sind nur Diener, die das Verlangen ihres Meisters erfüllen. Die verantwortlichen Meister sind unsere Absichten und Erwartungen, unsere Lebensanschauung. Unsere Handlungen – und die Wahl unseres Partners ist eine von diesen – können uns unsere Richtung bewußt werden lassen. Lieben wir jemanden wegen seiner Fehler oder wegen seiner Tugenden? Wählen wir ihn, weil wir Schutz oder andere materielle Vorteile erwarten. Oder weil wir einander verstehen? Beruht unsere Liebe lediglich auf dem Vergnügen, das wir aus ihr schöpfen, oder auf dem Gefühl menschlicher Nähe? Solche Fragen können uns fehlerhafte Haltungen erkennen lassen und uns dazu bringen, unsere Lebensanschauung in Frage zu stellen und zu ändern.

Ist der Verstand eine richtige Grundlage für die Wahl?

Es erhebt sich jetzt die Frage, welche Rolle der Verstand bei der Wahl eines Lebensgefährten spielen soll. Da unsere Gefühle uns nicht mit Sicherheit auf die richtige Spur führen, könnte man geneigt sein, den Verstand als bessere Grundlage für eine Ehe anzusehen als die Liebe. Der Verstand kann jedoch nichts nützen, wenn er nicht durch das Gefühl unterstützt wird. Wenn eine Wahl gesund ist und sich auf sozial richtige und kooperative Tendenzen gründet, dann werden die Gefühle folgen. Vielleicht wird solch ein Gefühl nicht so stürmisch und überwältigend sein wie eine Leidenschaft, die den gesunden Menschenverstand und Einwände zu überwinden und eine ungesunde Wahl zu verherrlichen hat. Gefühle, die mit unserem Verstand in Einklang stehen, sind von anderer Art; ruhige Zuneigung und tiefe Innigkeit scheinen eine zuverlässigere Grundlage zu sein als heftige Leidenschaft.

Aber eine Wahl, die durch keinerlei Gefühl unterstützt wird, kann niemals vernünftig sein, weil Berechnung immer persönliche Ablehnung verrät. Der Partner, der nur durch den Verstand gewählt wird, ohne daß irgendwelche Gefühle erregt werden, nicht einmal ein starkes Gefühl der Sympathie, erweist sich als ungeeignet. Er ist wahrscheinlich aus dem Wunsch nach Distanz heraus gewählt worden. Solch eine Ehe bietet eine Fülle von Distanz, denn sie verschafft weder Nähe noch Wärme oder Hingabe. Gelegentlich wird jedoch die geistige und seelische Abgeschlossenheit, die der »vernünftige« Partner als einen Verteidigungsmechanismus gebraucht, im Verlauf der Ehe aufgegeben, wenn es einem geschickten Gefährten gelingt, Vertrauen und Mut zu entwickeln.

Dieser Typ von Vereinigung war fast die Regel in früheren Zeiten, als die Ehe, die von den allmächtigen Eltern geplant wurde, allgemein auf Übereinkunft beruhte. Jahrhundertelang ist Liebe einer Ehe nicht vorangegangen, sondern hat sich nach der Hochzeit entwickelt. In unserer Ära der persönlichen Unabhängigkeit wartet derjenige, der eine Ehe nur aufgrund kühler Berechnung eingeht, darauf, sich zu verlieben – aber in jemand anderen. Eine solche »unvorhergesehene« Leidenschaft ist dann sehr dienlich, eine immer größere Distanz in der Ehe zu schaffen und beizubehalten und jede Bemühung des anderen Partners um aufrichtige Zusammenarbeit zu vereiteln.

Es ist unmöglich zu sagen, ob Liebe oder Verstand eine zuverlässigere Grundlage für eine glückliche Ehe bilden, denn das eine ohne das andere beweist eine fehlerhafte Haltung. Liebe allein ist bestimmt nicht vertrauenswürdig, wenn sie nicht durch Übereinstimmung mit dem Verstand konstruktive Tendenzen aufweist; und der Verstand wird unvernünftig, wenn er nicht von aufrichtigen Gefühlen begleitet ist. Diese einfachen Wahrheiten würden leichter verstanden werden, und die Frage »Verstand oder Liebe?« würde sich nicht so häufig erheben, wenn unsere Generation nicht durch die augenblicklichen Wandlungen in unserer Kultur verwirrt wäre, besonders hinsichtlich der Beziehungen der Geschlechter. Die neue Unabhängigkeit des einzelnen Menschen im allgemeinen und der Frau im besonderen schafft eine Sehnsucht nach einer »Freiheit«, die tatsächlich eher ein Widerwille gegen Verpflichtungen ist als eine wirkliche Unabhängigkeit. Die Betonung der Liebe ist weniger das Begehren, einen Menschen des anderen Geschlechts völlig zu akzeptieren, als eine Entschuldigung, jemanden abzuweisen, der unsere Liebe nicht erregt.

Flucht vor der Ehe

Ohne ihre falsche Haltung zu erkennen, versuchen viele Männer und Frauen wie verrückt einen Partner zu finden – und es bleibt bei diesem Versuch; und so viele bleiben einsam und ohne ein Gegenüber. Sie können nicht lieben, oder zumindest tun sie es nicht; sie gehören niemandem an, und niemand gehört zu ihnen. Selten erkennen sie die tatsächlichen Gründe ihres *Erfolges* bei der Flucht vor der Ehe. Mädchen geben zum Beispiel ihrer Armut oder ihrem Reichtum die Schuld. Das arme Mädchen beklagt die Tatsache, daß ihr Mangel an hübscher Kleidung und ihre Unfähigkeit,

Freunde zu bewirten, die Ursache seien, daß sie nicht dem richtigen Mann begegne; das reiche Mädchen beklagt sich, daß alle Männer nur ihr Geld wollen und nicht sie selbst. Das eine Mädchen meint, sie sei zu häßlich, um einen Mann zu interessieren, eine andere jammert, daß ihr gutes Aussehen die Quelle ihrer Enttäuschungen sei. Tatsächlich werden manchmal Mädchen Arbeitsstellen verweigert, weil sie zu schön sind. Schöne Mädchen neigen oft dazu, die Aufmerksamkeit der Männer nicht als Ausdruck persönlicher Hochachtung anzusehen; sie fühlen sich mißbraucht, weil niemand ihre Gedanken und Neigungen beachtet – nur ihre Reklameschönheit.

Diese Gründe mögen ganz gut klingen, aber nicht einer davon ist wahr. Es gibt arme und reiche Mädchen, die glücklich verheiratet sind; häßliche, die sich sehr nette Jungen »geangelt« haben, und schöne, die Erfolg mit ihrer Ehe haben. Der Irrtum wird deutlicher, wenn das eine Mädchen sich als zu klein betrachtet und wenn eine andere ihrer Größe die Schuld gibt – eine ihrer Nase, eine andere einer leichten Krümmung ihrer Wirbelsäule oder anderen unbedeutenden Defekten.

Männer geben ebenfalls gute Gründe an für ihre Unfähigkeit, Partnerinnen zu finden, obgleich sie, da sie ja in einer Welt des Mannes leben, immer noch die wählenden Käufer sind. Dementsprechend geben sie selten ihren persönlichen Mängeln die Schuld, vielmehr ihren finanziellen oder familiären Umständen, und am häufigsten den Fehlern des anderen Geschlechts. Da die Frauen den gleichen Status wie die Männer erringen und männliche Methoden nachahmen, werden auch sie kritisch und trachten danach, ihre Einsamkeit mit dem Mangel wahlwürdiger Männer zu erklären. In Wirklichkeit sind sie alle, Frauen wie Männer, nur scheu und entmutigt. Sie fürchten die Ehe wie eine Prüfung, die sie nicht zu bestehen glauben. Sie verlangen Sicherheit von dem Partner, weil sie keine in sich selbst haben. Dies ist die Grundlage ihrer heuchlerischen Haltung und ihres nur kurz dauernden Interesses. Ihre Ansprüche sind zu groß – keine Eigenschaft und kein Wert können tatsächlich Wohlbehagen und Übereinstimmung garantieren.

Ausschau nach Vollkommenheit

Ihre Haltung wird in folgenden Anekdoten gut veranschaulicht: Zwei Männer begegnen sich auf der Straße. »Hallo, Bob, was ist los mit dir? Warum schaust du so belämmert aus?« Bob gestand, daß er gerade das Mädchen getroffen habe, nach dem er immer gesucht hatte: die vollkommene Frau. Er schwärmte von ihrer Schönheit, ihrem Charme, ihrer Intelligenz, ihrer Gutmütigkeit, ihrem Verständnis und ihrer Bescheidenheit. Und sie war reich noch dazu. Endlich unterbrach ihn der Freund: »Ja und was stimmt denn dann nicht?« – »Alles stimmt, nur *ich* bin nicht gut genug; denn sie hält Ausschau nach dem perfekten Mann!«

Gibt es »vollkommene« Männer und Frauen? Ein Redner erklärte einmal, daß Vollkommenheit nicht gefunden werden könne, und um diese Behauptung zu beweisen, fragte er seine Zuhörer, ob einer schon jemals von einer vollkommenen Frau gehört habe. Kein einziger Mann hatte dies. Oder von einem vollkommenen Mann? Da ließ sich eine kleine, dünne Stimme hören: »Ja, mein Herr, ich habe von einem solchen gehört.« In einer Ecke stand ein kleines, schwächliches und unterwürfiges Männchen. »So, Sie hörten von einem vollkommenen Mann?« sagte der Redner. »Wer war denn das?« Und die Stimme kam zurück: »Der erste Mann meiner Frau.«

Vollkommenheit gibt es in Wirklichkeit nie, nur in unseren Träumen und, wenn wir so töricht sind, so zu denken, in der Vergangenheit. Aber der Begriff der Vollkommenheit ist sehr real und hat eine sehr große Macht, alles, was gerade da ist, herabzusetzen.

Wünsche oder wirkliche Absichten?

Ein sehr starkes Verlangen nach Ehe zeigt noch lange nicht die echte Absicht an. Nur Taten zählen.

Ein junges Mädchen hatte seit frühester Kindheit Tagträume von ihrer glücklichen Rolle als Frau und Mutter. Tagträume zeigen im allgemeinen eine Lage, die als unerreichbar betrachtet wird. Vertrauen führt zu Taten, nicht zu Träumen. Warum mißtraute das Mädchen ihrem zukünftigen Eheglück? Sie war tief entmutigt durch die unglückliche Ehe ihrer Eltern und war seit der Kindheit von der demütigenden Rolle der Frau in der Ehe überzeugt. Ihre tatsächliche Meinung, die ihre Träume und Absichten Lügen strafte, kam zum Ausdruck, als sie ihre beste Freundin davor warnte, sich jemals zu verheiraten. Obwohl sie dachte, ihre Gründe für diesen Rat seien ausgezeichnet, hatte sie selbst die feste Absicht, so bald wie möglich zu heiraten. Gegen den Rat ihrer Freunde und

Verwandten ließ sie sich mit einem jungen Mann ein, von dem sie erwartete, daß er sie heiratete.

Jahre vergingen – der junge Mann zeigte immer weniger Neigung, sie zu ehelichen, und schließlich verließ er sie ganz, als sie sich schon jenseits des heiratsfähigen Alters glaubte. Sie wußte tatsächlich nie, warum sie unter all denen, die sie hofiert hatten, gerade an diesem Mann hängengeblieben war. Kann da noch ein Zweifel sein, daß sie eine riesige Furcht vor der Ehe hinter dem vorgetäuschten Verlangen danach verbarg und schon ganz früh in dem jungen Mann eine ähnlich tief eingesessene Abneigung gegen die Ehe entdeckt hatte?

Ein Vorfall endlich bewies ihr ihre unbewußte Abneigung gegen die Heirat. Sie konnte es sich nie erklären, warum sie gerade, ehe sie sich trennten, sich zu einer sexuellen Beziehung mit diesem Mann hergegeben hatte. Sie leugnete jede Absicht, vielleicht versucht zu haben, durch Befriedigung seiner Wünsche seine Zuneigung zu behalten. Sie wußte, die Affäre war vorbei. Warum lockerte sie also ihre moralischen Hemmungen gerade dann, als nichts mehr zu hoffen war? Es war ihr »moralischer Selbstmord«. Jetzt, so glaubte sie, habe sie ihr Recht auf Heirat eines anständigen und netten Mannes verwirkt. Sie hatte sich ein neues und dauerhaftes Alibi durch ihren »Fall« geschaffen. Nach erfolgreicher Therapie änderte sie ihre persönliche Haltung gegen die Männer und die Ehe und war später sogar glücklich verheiratet.

Ablehnung der Ehe

Neben Menschen, die ein Verlangen zur Ehe bekennen, ohne sich jedoch jemals nach der geeigneten Richtung hin zu bewegen, gibt es auch eine große Zahl, die offen ihre Absicht zugeben, ganz die Ehe zu meiden. Einige machen aus ihrer Fehlhaltung eine Tugend, sie setzen die ganze Institution der Ehe herab und betrachten die freie Liebe und zwanglosen Geschlechtsverkehr als Ausdruck eines mutigen Lebens. Dadurch verkehren sie Feigheit in Heldentum. Einige Männer sehen die Weiblichkeit als die Ursache jeden Übels an oder als etwas, das übersehen oder verachtet werden muß. In den Zeiten, da die Männer sehr hart um die Erhaltung ihrer männlichen Überlegenheit zu kämpfen haben, ist es bezeichnend, daß ein allgemeiner Zuwachs an homosexuellen Neigungen besteht – wie im alten Griechenland, als die heraufkommende Demokratie Gleichberechtigung der Frauen verlangte.

Frauen, die ihre Überlegenheit als Frauen bekunden wollen, sind ebenfalls zu homosexuellen Erlebnissen bereit und bestärken einander darin, daß sie den Mann als brutal, gefühllos und als flegelhaftes Wesen bezeichnen. Sexuelle Perversionen drücken ein Verlangen aus, »normale« sexuelle Beziehungen zu vermeiden; das heißt, sie äußern damit die Flucht vor dem anderen Geschlecht.[4] In Fällen, wo der Rückzug nicht vollständig ist, können sich Impotenz oder Frigidität entwickeln. Diese hindern nicht das Interesse, die Zuneigung und sogar die sexuelle Anziehungskraft, aber machen eine völlige Vereinigung, wenigstens im körperlichen Sinne, unmöglich.

Wie finden wir den richtigen Partner?

Wenn es uns nicht gelingt, einen Partner zu wählen, führt dies immer zu persönlichem Unglück, zu Enttäuschung und Einsamkeit. Obwohl Verlassenheit sich nicht auf unverheiratete Personen beschränkt, so vermehrt doch das Alleinleben Enttäuschung und Unbehagen.

Die verwirrende Frage ist für viele die, wie der richtige Lebensgefährte zu finden ist oder wie man wissen kann, ob eine Person eine gute Wahl bedeutet. Unglücklicherweise gibt es keine Regel, an die wir uns halten können.

Wenn wir unseren Neigungen und Abneigungen folgen, bleiben wir im Einklang mit unserer Persönlichkeit. Was können wir sonst noch tun? Wir müssen uns mit der Tatsache versöhnen, daß alles, was wir finden, eben so gut ist, wie wir es verdienen. Das Problem ist weniger das Angepaßtsein des anderen Menschen an uns als vielmehr unsere eigene Fähigkeit und unser guter Wille, aus dem,

[4] Abweichendes Sexualverhalten, besonders Homosexualität, ist gegenwärtig Gegenstand wissenschaftlicher Diskussionen. Einige reihen sie in die biologischen Abnormitäten ein, andere sehen sie als eine Störung der sexuellen Kraft. Der Widerstand des Patienten gegen die Therapie rührt von dem starken Gefühl her, sich für seine Neigungen rechtfertigen zu müssen. Diese Überzeugung verbirgt mit Erfolg seine Tendenz, auszuweichen und sich zurückzuziehen, und hilft, die heldenhafte, aber unglückliche Rolle, auf die er stolz ist, aufrechtzuerhalten. Was die »latente Homosexualität« betrifft, so scheint mir dieser Ausdruck ohne Sinn, wenn wir uns vergegenwärtigen, daß menschliche Sexualität von Grund auf amorph, ohne eine bestimmende Form ist und auf jede Befriedigung gerichtet werden kann, die eben dieser Mensch zu suchen gewillt ist.

was man ist und was man hat, das Beste zu machen. Groß ist die Verwirrung hinsichtlich dessen, wer die richtige Person ist. Diese Verwirrung wird noch vermehrt durch Literatur, Theater und Kino. Poetische, religiöse und romantische Begriffe tragen zu der Annahme bei, daß »Ehen im Himmel geschlossen werden«, daß das Schicksal – weniger genügt nicht! – die Menschen zusammenwirft und daß keine Kraft dies aufhalten kann. So warten und warten die Menschen auf ihr »Schicksal«, und finden es entweder nicht oder versäumen, es zu erkennen. Einfach weil da keiner ist, der so richtig für sie geschaffen ist.

Es gibt niemanden auf der ganzen Welt, der als die eine Hälfte nur darauf wartet, daß die andere Hälfte sein Leben vervollständige. Immer wenn man sich verliebt, denkt man, daß es der Richtige sei. Wenn dies wahr wäre, dann würden nicht so viele aus ihren Träumen mit Kopfschmerzen aufwachen. Der »Richtige« ist ein Tagtraum, durch Ideale, Poesie, Magie und Mystik geformt. Die Wissenschaft versucht zu beweisen, daß die eine Wahl besser sein kann als die andere.[5] Die gewonnenen Erkenntnisse sind weniger romantisch als praktisch. Der soziale Hintergrund, Übereinstimmung in der Erziehung, in der Religion und gemeinsame Interessen sind keine mystischen Vorbestimmungen. Nach der wissenschaftlichen Forschung ist eine große Anzahl von Menschen des anderen Geschlechts eine gute und passende Wahl; und sogar die ungünstige Wahl bedeutet nur eine geringere Wahrscheinlichkeit von Eheglück – aber nicht die Unmöglichkeit. Der Hauptfaktor einer passenden Wahl ist der gute Wille, überhaupt zu wählen. Dazu gehören gesunder Menschenverstand und Entschlossenheit, das Beste aus dem zu machen, was man bekommt. Die so handeln, werden immer den richtigen Partner finden – die anderen werden nie zufrieden sein.

Je weniger einer Mut hat, um so armseliger wird die Wahl sein, denn dann hält er mehr nach Entschuldigungen als nach Gelegenheiten Ausschau. Aber jede noch so schlechte Wahl erlaubt eine günstige Wendung. Niemand ist ganz schlecht – so wie niemand vollkommen ist. Alles hängt davon ab, was wir in unserem Partner sehen und aus ihm »herausholen«.

[5] E. W. Burgess und L. S. Cotrell: The Prediction of Success or Failure in Marriage. New York 1939.

Korrektur einer schlechten Wahl

Können zwei Personen in einer unglücklichen Ehe den Irrtum ihrer schlechten Wahl dadurch berichtigen, daß sie sie auflösen, oder werden sie nur einen neuen Fehler machen, indem sie eine menschliche Beziehung, die sie schon errichtet haben, wieder lösen? Es ist leichter, vorhandene Ehebande zu zerschneiden, als neue und bessere zu knüpfen. Die aus einer neuen Wahl sich ergebende Aufgabe ist nicht leichter als der Versuch, sich der gegenwärtigen Situation anzupassen. Wir selbst sind die Quelle des Erfolges oder des Versagens. Wir können nicht vor uns selbst davonlaufen und unsere Lebensbedingungen durch Flucht verbessern. Wenn unsere Beziehung zu dem anderen Geschlecht unglücklich ist, dann müssen wir zuerst uns selbst besser kennenlernen. Wenn jemand in einer lieblosen Ehe friert, dann braucht er nicht einen neuen Ehegefährten zu suchen, um seine Gefühle zu erwecken; er kann versuchen, seinen jetzigen Gefährten besser kennenzulernen, und mit mehr Verständnis mag sich dann die zweite Wahl des gleichen Menschen als glücklicher erweisen.

Es gibt Umstände, unter denen die Trennung die einzige Möglichkeit zu einem menschenwürdigen Weiterleben bietet, aber die Ehescheidung beweist nicht immer die Unverträglichkeit. Viele Ehen könnten erhalten bleiben, und manch eine fehlerhafte Wahl könnte in eine richtige verwandelt werden, wenn die Menschen es besser verstünden zusammenzuleben.

V Das Zusammenleben

Die Logik des Zusammenlebens

Für den Psychologen bieten sich alle Eheprobleme unter zwei Aspekten dar. Der erste betrifft die einzelnen Menschen und ihre persönlichen Probleme, der zweite die Technik und die Methoden, die sie verwenden, um miteinander auszukommen. Es ist möglich, die Gründe der Handlungen eines Menschen und die Natur seiner Schwierigkeiten dadurch zu erkennen, daß man seine persönliche Entwicklung versteht, seinen Lebensstil, seine Erziehung und den Grad seines Auffassungsvermögens. Und ähnlich, da ja alle Schwierigkeiten sozialer Natur sind und da deshalb jede Schwierigkeit in den Erlebnissen eines Menschen nicht seine ausschließliche Sache ist, ist es auch nötig, die menschlichen Handlungen und Beziehungen in ihrer ganzen Verwobenheit zu erkennen, welche die gegenwärtigen Umstände und die soziale Atmosphäre bewirkt.

Alfred Adler war der erste, der alle Einzelprobleme und Konflikte in ihrer im wesentlichen sozialen Natur aufgedeckt hat. Bei dem Versuch, die einzelnen Patienten zu verstehen, hat er die »eiserne Logik des Zusammenlebens«[1] entdeckt, die der neurotische Patient mißachtet und verletzt. Adler formulierte gewisse Gesetze, die im Gruppenleben beachtet werden müssen, wenn die Menschen miteinander auskommen wollen. Bestimmte Regeln der Zusammenarbeit sind unentbehrlich, um jegliche harmonische menschliche Beziehung zu bewahren. Alles Versagen im Leben, alles Unglück und alle Enttäuschung können darauf zurückgeführt werden, daß die nötigen Regeln der Zusammenarbeit mißachtet und verletzt wurden.

Was heißt Mitarbeit? Ist dies, wie viele meinen könnten, eine moralische Verpflichtung unserer Mitmenschen uns gegenüber? Wir können es leicht erkennen, wenn sie bei den andern fehlt, und wir erkennen dann sogar ihre Wichtigkeit. Aber es ist schwierig, Mangel an Zusammenarbeit bei uns selbst zu bemerken. Obwohl wir bestimmte Vorstellungen haben, was Mitarbeit bedeutet, wenden wir sie nur in begrenztem Grade auf uns selbst an.

[1] A. Adler: Menschenkenntnis. Leipzig 1927.

Die Wissenschaft von der Zusammenarbeit

Zusammenarbeit als ein Gegenstand der Untersuchung schließt offenbar die Betrachtung von Werten ein, die weniger der Wissenschaft als der Religion und der Ethik zugehören. Es ist leicht für die Naturwissenschaften, Werte zu ignorieren. Die Psychologie jedoch kann dies nicht tun, denn der Hauptgegenstand ist ja der Mensch, der Werte schafft. Sie muß vorsätzlich versuchen, das Vorurteil zum Forschungsobjekt zu machen und sein Vorhandensein während der Forschung sogar zu akzeptieren und Mittel zu finden, seine unerwünschten Wirkungen zu überwinden. Die Psychologie als Wissenschaft muß frei sein von Subjektivität, soweit dies menschenmöglich ist; sie muß sich hüten vor persönlicher Bewertung – aber sie muß sie analysieren.

Wir können eine belanglose und unerwünschte Bewertung vermeiden, wenn wir Mitarbeit unter Ausschluß der Moral und Ethik erklären, indem wir nicht zu bestimmen suchen, ob eine bestimmte Handlung »gut« oder »schlecht« ist. Wenn wir jedoch die Folgen aufdecken, zu welchen eine besondere Handlung führt, bleiben wir objektiv und können eine gute Beschreibung der Mitarbeit geben.

Solche Akte, welche die menschlichen Beziehungen stören, können wir als unvereinbar mit den Regeln der Mitarbeit betrachten. Alle Handlungen, die darauf ausgehen, Reibereien und Gegensätzlichkeiten aus den menschlichen Beziehungen zu beseitigen, sind wohl im Einklang mit den Regeln der Mitarbeit. Mitarbeit ist eine geregelte Wechselwirkung, harmonisches Zusammenwirken für ein gemeinsames Ziel, Einverständnis und gegenseitige Unterstützung. Alle Handlungen, die diese Bedingungen anregen oder vermehren, kann man als in Einklang mit den Regeln der Mitarbeit betrachten, und alles, was Meinungsverschiedenheiten, Reibereien und Gegensätze schafft, als Handlungen, die diese Regeln verletzen. Eine klare Erkenntnis dieser Regeln kann sehr hilfreich sein, um die so lebenswichtige Zusammenarbeit zu verbessern und unglückliche Irrtümer zu vermeiden.

Die Untersuchung aller Faktoren, die daran beteiligt sind, ist jedoch noch nicht abgeschlossen. Wir können hoffen, ein klareres Bild zu erreichen durch die integrierte Forschung der Psychologie, der Sozialwissenschaften und wahrscheinlich auch der Anthropologie. Schon aber kennen wir einige der Grundlagen, auf denen Zusammenarbeit beruht. Besonders für das Eheglück ist es zwingend notwendig, diese Regeln zu beachten, da die Ehe die engste Art des Zusammenlebens ist – die intimste Verbindung zweier menschlicher Wesen.

Die menschliche Natur ist im wesentlichen sozial, und die menschlichen Eigenschaften gehen aus dem sozialen Verkehr hervor. Wenn Menschen eine längere Reihe von Jahren einsam geblieben sind – zum Beispiel ein schiffbrüchiger Seefahrer – so verlieren sie alle typisch menschlichen Qualitäten. Die Empfänglichkeit für menschlichen Anschluß ist jedoch auf ein angeborenes Gemeinschaftsgefühl gegründet. Dieses, das Ergebnis von mehreren hunderttausend Jahren gemeinschaftlichen Lebens, ist als Möglichkeit vererbt und muß in jedem Kind aufs neue zu dem hohen Grad entwickelt werden, der für die verwickelte soziale Ordnung unserer Kultur von heute nötig ist. Die Fähigkeit zur Zusammenarbeit gründet sich in erster Linie auf den Grad des Gemeinschaftsgefühls, den eine Person während der Kindheit und später entwickelt hat.

Gemeinschaftsgefühl bedeutet soziale Teilnahme; es ist der Ausdruck eines Gefühls des Zusammengehörens. Wo ein genügendes Maß von Gemeinschaftsgefühl fehlt, da schränkt es die Zusammenarbeit ein: Die Mitmenschen erscheinen dann allzuleicht als böse Widersacher, gegen die man sich verteidigen muß. Daraus ergibt sich ein Gefühl der Feindseligkeit, und das verhindert die Zusammenarbeit so, wie das Gemeinschaftsgefühl sie ermöglicht.

Das Gefühl des Zusammengehörens setzt Vertrauen in die anderen voraus, die als Mitgeschöpfe erkannt und akzeptiert werden, und Vertrauen zu uns selbst als einer Quelle von Kraft, die uns befähigt, jedem möglichen Geschehnis gegenüberzutreten. Angst ist das Haupthindernis der Mitarbeit. Der Mensch entwickelt Gemeinschaftsgefühl und arbeitet so lange mit anderen zusammen, wie Angst nicht seine natürlichen Neigungen zunichte macht. Der Wunsch nach Zusammenarbeit wird nur durch das Gefühl der Minderwertigkeit gehemmt, das einen Zwang zur Selbstverteidigung hervorruft. Sehr häufig wird eine solche Abwehrhaltung ganz ohne Not einer eingebildeten Gefahr gegenüber eingenommen, gewöhnlich wenn einer seine persönliche Geltung als bedroht betrachtet. Jeder will lieber zusammenarbeiten und leidet daran, wenn er es nicht kann.

Da Angst das Haupthindernis für die Mitarbeit ist – wie kann man sie vermeiden? Offensichtlich ist der Aufbau eines Gefühls von Sicherheit eines der Mittel. Aber Sicherheit an sich gibt es nicht. Tod, Krankheit und Unglück bedrohen uns dauernd – und immer wird es so sein. Wir können keine Sicherheit herstellen, weil wir diese Bedrohungen nicht vollkommen unter Kontrolle haben. Wir können jedoch das Vertrauen zu uns selbst und zu unseren Mitmenschen pflegen. Wir können alles das entwickeln, was uns in ihren Augen günstige Aufnahme verschafft, und können alles annehmbar finden, was sie an Qualitäten bieten. Nur Selbstvertrauen kann uns helfen, möglichen Ereignissen, die außerhalb unserer Kontrolle liegen, die Stirn zu bieten. Selbstvertrauen, das sich unter Belastung zeigt, ist Mut. Mut und Selbstvertrauen bilden die einzig mögliche Grundlage für ein Sicherheitsgefühl, das auf der Überzeugung beruht, daß wir mit allem, was kommt, irgendwie fertigwerden und das Beste daraus machen können.

Die Grundhaltungen für oder gegen Zusammenarbeit

So sehen wir zwei gegensätzliche Gruppen von Eigenschaften oder Haltungen:

> Gemeinschaftsgefühl – Feindseligkeit
> Vertrauen in andere – Mißtrauen und Argwohn
> Selbstvertrauen – Minderwertigkeitsgefühle
> Mut – Angst

Gemeinschaftsgefühl bedeutet Vertrauen in andere. Das ist ohne Selbstvertrauen, das sich in Mut ausdrückt, unmöglich. Diese vier Qualitäten sind der Grundquell aller Zusammenarbeit, während ihre Gegensätze die allgemeinen Ursachen für den Mangel an Mitarbeit darstellen. Aus diesen Grundhaltungen ergeben sich gewisse Verhaltensweisen, die man oberflächlich »Charakterzüge« nennt. Haß, Neid, Eifersucht, Voreingenommenheit, Einbildung und Ablehnung sind Abwehrmechanismen, die dazu benützt werden, die eigene Unlust daran, Mitglied einer sozialen Gruppe zu sein, zu stärken. Milde, Herzensgüte, Großzügigkeit und Duldsamkeit auf der anderen Seite drücken den Willen zur Mitarbeit aus.

Solange Menschen zusammenleben, wird es Zwiespalt und Konflikte geben, werden Verschiedenheiten von Interessen und Neigungen unvermeidlich sein. Dies muß aber nicht in Gehässigkeit oder Feindseligkeit ausarten. Solange man sich verbunden und geschätzt fühlt, werden alle noch so schweren Konflikte im Einvernehmen gelöst werden können. Wir haben aber nicht gelernt, wie man Übereinstimmung herbeiführen kann. Zu sehr sind wir noch in den Fesseln einer autokratischen Vergangenheit. Solange es

Herrscher und Unterlegene gab, wurden alle Konflikte durch ein Machturteil gelöst. Der Stärkere bestimmte die Bedingungen, und der Schwächere mußte sie annehmen. Solange der Vater der Herrscher in der Familie war, mußten sich Frau und Kinder seinem Diktat fügen. Dann gab es wenig unlösbare Konflikte in der Familie.

Das wurde nun ganz anders im Gefolge der demokratischen Entwicklung und der damit verbundenen Gleichwertigkeit aller Familienmitglieder. Die Frauen erkennen die Macht des Mannes nicht mehr an; und als der Vater seine Macht über die Mutter verlor, verloren beide Elternteile ihre Macht über die Kinder. Jeder bestimmt, was er machen will; und jeder Versuch, eine Lösung des Konfliktes durch Machtkämpfe herbeizuführen, hat wenig Aussicht auf dauernden Erfolg. Wer heute verliert, wird morgen den Kampf wieder aufnehmen, und keiner kann sich einer dauernden Überlegenheit erfreuen.

In einer demokratischen Beziehung können Konflikte nur durch Übereinstimmung gelöst werden, auf der Basis von gegenseitiger Achtung. Die meisten Leute wissen aber nicht, wie man das macht. Entweder streiten sie und kämpfen, wobei sie die Achtung vor dem Partner verletzen, oder sie geben nach und verlieren dabei ihre eigene Würde. Die meisten wissen nicht, was man sonst machen sollte. So kämpfen sie weiter. Aber brauchen wir feindliche Gefühle, um Konflikte zu lösen? Die meisten Menschen sind geneigt, dies zu glauben. Wie unrecht haben sie doch! Konstruktive Änderungen bedürfen keiner Feindseligkeit. Im Gegenteil, feindselige Handlungen verderben im allgemeinen mehr als sie bessern, weil mehr Reibereien und Uneinigkeit die Folgen sind. Wir entwickeln nicht feindliche Gefühle um der Besserung willen. Feindseligkeit tritt nur auf, wenn wir das Vertrauen in unseren Erfolg verlieren. Solange einer glaubt, daß er eine Besserung herbeiführen kann, wird er sich nicht gegen die gegenwärtige mißliche Lage auflehnen. Sobald er aber an einer möglichen Lösung zweifelt, beginnen die Feindseligkeiten. Selbst wenn man das Verhalten des Mitspielers nicht billigt, kann man seine Gefühle »beherrschen«, solange noch Hoffnung auf eine mögliche Lösung der Konflikte besteht. Wenn man sich aber verletzt, zurückgesetzt oder vernachlässigt fühlt, verliert man jede Hoffnung. Besserung ist nur möglich, wenn man sich gegenseitig akzeptiert, wenn das Verhältnis auf gegenseitiger Achtung und Vertrauen aufgebaut ist.

Akzeptieren ist nicht dasselbe wie Einverständnis. Wenn wir nur etwas akzeptieren, was wir völlig billigen, dann würde wenig zu akzeptieren übrigbleiben. Niemand hat nur solche Eigenschaften, die wir gerne haben; aber bedeutet das, daß wir niemanden akzeptieren können? Akzeptieren ist mehr als Übereinstimmung. Es ist der Ausdruck einer positiven Haltung zu etwas oder zu jemandem, trotz seiner Fehler oder Mängel. Unsere Fähigkeit, einen Einfluß auszuüben, erfordert eine freundliche und verständnisvolle Haltung. Nur dann sind wir fähig, andere zu einer besseren Zusammenarbeit zu beeinflussen; nur dann können wir konstruktive Pläne entwickeln, um Hindernisse zu überwinden. Der Mann wird sich freudig den Wünschen seiner Frau anpassen, wenn er sich von ihr völlig akzeptiert fühlt. Aber er wird wahrscheinlich ihren Wünschen entgegenhandeln, wenn er ihren Ärger oder ihre Ablehnung fühlt.

Nur wenige unserer Zeitgenossen sind darauf vorbereitet, auseinanderlaufenden Interessen in einem Geist der Zusammenarbeit zu begegnen. Ihr Mangel an Gemeinschaftsgefühl, an Mut und Vertrauen ist schuld an ihrer fehlerhaften Überzeugung, daß eine Lösung durch Streit oder Nachgeben erzielt werden könne. Eine richtige Haltung ist nötig, um Gegensätze ohne Verletzung der Würde und Selbstachtung der beteiligten Menschen beizulegen.

Beziehungen beruhen auf Wechselwirkung

Was immer zwischen zwei Menschen geschieht, es ist der Ausdruck eines gewissen Gleichgewichtes, das bald nach ihrer ersten Begegnung hergestellt wurde und nur zeitweilig einem Wandel unterworfen ist. Dieser ändert selten die Struktur der Beziehung; er verursacht nur kleine Verschiebungen oder Wechsel der Methoden. Kein Zwischenfall, der die Verbindung berührt, mag er nun störend oder angenehm sein, kann einem Teil allein zugeschrieben werden. Beide Teile spielen immerfort einander in die Hände, gleichgültig, wie aktiv der eine und wie passiv der andere erscheint. Der, der den anderen quält, ist nicht schuldiger als der Märtyrer, der die Grausamkeit geschehen läßt. Tyrannei in der Ehe kann ohne nachgiebige Unterwürfigkeit des anderen Teils nicht aufrechterhalten werden; Mut und Selbstachtung werden ihr immer ein Ende setzen.

Statt mit ihm zu streiten und dann, geschlagen, nachzugeben, kann man dem Tyrannen seine Meinung lassen und doch selbst tun, was man für richtig findet. Es zahlt sich niemals aus, Angst zu haben. Der Tyrann verliert seine Macht, wenn er nicht mehr Angst einjagen kann.

Unglückseligerweise kennt niemand seine eigene Rolle und den Einfluß, den jeder auf andere hat. Es ist wie ein Dialog, in dem man nur die Zeilen *eines* Schauspielers liest und die des anderen ausläßt. Das hat keinen Sinn. Aber das geschieht gerade dann, wenn man einen Mann über seine Frau oder die Frau über den Mann sich beklagen läßt. Das Verhalten des Gegenspielers scheint dann vollständig sinnlos, ungerechtfertigt und ganz einfach schlecht zu sein. Warum? Weil jeder nur die Worte kennt, die sein Gegenspieler spricht, nicht aber seine eigenen Sätze.

Es ist interessant zu beobachten, wie sehr alle Partner ein vollständiges gegenseitiges Verständnis und eine vollkommene Mitarbeit *unter allen Umständen* herstellen. Man ist nicht gewöhnt, das zu sehen. Man spricht über Verständnis und Mitarbeit im allgemeinen nur, wenn sie positiv sind. Beide bestehen aber genauso, wenn man kämpft. Selbst zum Kämpfen braucht man volle Mitarbeit des anderen; und in jedem Fall zeigt man dem Partner deutlich an, ob man zum Kämpfen oder zum Frieden bereit ist. Keiner kann seine Haltung und Verhaltensweisen beibehalten, wenn der andere nicht mehr mitmacht. So besteht in jeder Familie ein bestimmtes Gleichgewicht zwischen allen Mitgliedern. Welche Rolle auch immer ein jeder spielt, es kommt zu einem geheimen, unbewußten Einverständnis aller Mitglieder. Jeder Wandel in dem Benehmen des einen wird weitreichende Folgen auf die andern haben. Diejenigen, die in Persönlichkeit, Charakter und Interesse einander ähnlich sind, können als Verbündete angesehen werden, während die andern, die verschieden voneinander sind, in einem Konkurrenzkampf leben. Sie fordern sich gegenseitig heraus und sind immer bereit, den andern für die Konflikte verantwortlich zu machen. Freundlichkeit oder Verärgerung wird entweder Akzeptanz oder Ablehnung hervorrufen.

Unglücklicherweise sind diese chaotischen Beziehungen ein besonderes Kennzeichen unseres Familienlebens von heute, wo gegenseitige Konkurrenz vorherrscht, zwischen Mann und Frau, zwischen Eltern und Kindern, zwischen älteren und jüngeren Geschwistern. Demzufolge kann kein Problem oder Konflikt, der den Familienfrieden stört, »logisch« verstanden werden, das heißt von dem Gesichtspunkt aus, wer recht oder unrecht hat. Wir müssen uns über die psychologische Bedeutung des Problems für die Personen, die es hervorrufen, klar werden. Es spielt keine Rolle, ob die Konflikte geringfügig und nichtssagend oder entscheidend und verheerend sind; wir müssen zwischen dem logischen Inhalt und der psychologischen Bedeutung unterscheiden. Und die Lösung muß sich ebenso mit den allgemeinen Regeln menschlichen Betragens befassen wie mit der psychologischen Struktur der Beteiligten.

Logische oder psychologische Bedeutung

Hier ist ein einfaches Beispiel, ein Vorfall, der in jeder Familie vorkommen kann:

Der Ehemann kommt von der Arbeit nach Hause, erschöpft, nach einigen unliebsamen Erlebnissen in seinem Amt. Seine Frau war den ganzen Tag zu Hause und hat sich auf den Abend gefreut, an dem sie mit ihm einige Freunde besuchen wollte. Er möchte aber nicht, er ist zu müde. Sie gibt ihm scharf zur Antwort: »Ja, ich weiß, du bist immer zu müde, wenn ich ausgehen will. Aber diesmal bestehe ich darauf, daß du mitkommst.« Und schon kommt es zum Streit. Sie weint oder schmollt, er gibt schließlich nach, zieht sich um und geht mit ihr aus. Aber das ist keine Lösung, ob sie nun ausgehen oder zu Hause bleiben. Wenn er nachgibt, dann fühlt er sich als Opfer, und ärgerlich, wie er ist, kann er sich kaum an der Party erfreuen. Wenn er andererseits weiter kämpft, streiten sie wahrscheinlich den ganzen Abend und haben womöglich eine schlaflose Nacht, von der sie sich am nächsten Morgen erheben, bereit zu neuem Streit.

Alle Elemente eines typischen Konfliktes können aus diesem kleinen Vorfall ersehen werden. Die Zusammenarbeit ist entschieden gestört, aber es wäre nun nicht richtig, entweder dem Gatten oder der Frau oder den sich widerstreitenden Interessen die Schuld zu geben. Wenn der Mann und die Frau miteinander auf gutem Fuße stünden, dann würde bei keinem von ihnen das Gefühl entstehen, der andere habe kein Verständnis für ihn und schenke ihm keine Beachtung. Logischerweise sind beide Ansprüche gerechtfertigt. Aber es ist einerlei, wer nun recht hat und wer unrecht. Wenn sie freundlich zueinander wären, so könnten sie leicht zu einer Verständigung kommen, je nachdem, wie wichtig der Wunsch jedem der beiden ist. Wenn der Besuch eine ganz außergewöhnliche Gelegenheit ist, dann kann der Mann seine Müdigkeit überwinden und diese Ablenkung sogar genießen. Wenn aber seine Erschöpfung und seine Entmutigung sehr beträchtlich sind, dann wird eine verständnisvolle Frau es ihm lieber behaglich machen als gleichgültige Freunde besuchen. Sind aber sowohl die Wichtigkeit des Besuches wie auch die Erschöpfung des Mannes außergewöhnlich, dann mag eine Entscheidung schwierig sein; aber eine Entscheidung, die zum Streit führt, würde nicht den Druck vermindern. Der gute Wille eines jeden, den Gesichtspunkt des anderen zu verstehen, wird mit mehr Wahrscheinlichkeit zu einer Verständigung führen, als wenn beide nur immer ihren eigenen Standpunkt verteidigen.

Die psychologische Bedeutung des Problems kann jedoch tiefer liegen – in dem allgemeinen Widerwillen des Mannes gegen Geselligkeit und in der Unfähigkeit der Frau, ihr Leben den Tag über erfreulich und sinnvoll zu gestalten. Oder sie gehört zu jenen, die nicht damit zufrieden sind, daß der Mann für Geld und Unterhalt sorgt, sondern die seine ganze Aufmerksamkeit und Zeit in Anspruch nehmen, wenn er nicht gerade damit beschäftigt ist, sie für den Unterhalt seiner Frau zu verwenden. Dann ist der beschriebene Vorfall lediglich eine Gelegenheit, die tiefere Verärgerung aufflammen zu lassen.

Immer wenn ein Konflikt entsteht, ist gewiß die erste Entscheidung, die beide Teile – wenn auch unbewußt – treffen, ob sie diese Vorfälle zu einem Streit benützen wollen, um zu verletzen und verletzt zu werden, oder ob sie versuchen, aufrichtig das Problem zu lösen. Wenn die Neigung zu einem Kampf besteht, dann ist keine Lösung möglich, solange keiner diese Neigung aufgibt. Hier begegnen wir nun einem der wichtigsten Hindernisse gegen Eheglück: dem allgemeinen Glauben, daß durch Streit etwas gewonnen werden kann. So tadeln und beschimpfen sich beide und regen sich auf – und bereiten damit nur das Feld für den nächsten Kampf vor. Sie sind weniger daran interessiert, eine Lösung zu finden, als »recht« zu haben.

Ob sie in diesem Kampf gewinnen oder verlieren, wird nichts nützen. Das, was helfen könnte, ist Gemeinschaftsgefühl – das Gefühl des Zusammengehörens – das jeden Konflikt zu einem *gemeinsamen* Problem macht, nicht zu einer Frage, was *er* wünscht oder was *sie* will. Das Gemeinschaftsgefühl schafft ein »Wir«, von dem er oder sie ja nur ein Teil sind. Sich widerstreitende Interessen werden dann Gelegenheiten, durch beiderseitiges Bemühen die Einheit zu bekräftigen und Bedingungen zu schaffen, an denen beide sich erfreuen können – in diesem Fall entweder indem sie zu Hause bleiben oder indem sie ausgehen. Das Vertrauen des einen zum andern regt den Glauben aneinander und die Bereitwilligkeit an, sich gegenseitig zu helfen. Wenn *er* sein Wohl in ihre Hände legt, so wird *sie* wahrscheinlich eher seine Wünsche berücksichtigen als ihre eigenen. Dies trifft besonders bei Kindern zu, die aus eigenem Antrieb dickschädlige Verstocktheit in gutwillige Mitarbeit ändern, wenn man sie fragt, was getan werden sollte. Erwachsene sind nicht viel anders.

Veto stärker als Wünsche

Viele Leute glauben, daß Gewalt hilft. Wenn sie einen Streit nicht durch physische Gewalt beenden können, wie sie es so oft mit ihren Kindern machen, dann tun sie es mit moralischer oder geistiger Gewalt. Hier müssen wir den Unterschied zwischen aggressiver Gewalt und passivem Widerstand erkennen. Aktives Erzwingen bedeutet immer, die Achtung von jemandem zu verletzen. Widerstand andererseits ist selten ein Zwang; er dient lediglich dazu, Selbstachtung zu behalten. Die alten Römer zeigten ein feines Verständnis für die Regeln der Zusammenarbeit, indem sie forderten, daß ihre beiden Konsuln nur dann handeln konnten, wenn beide einig waren. Das Veto des einen war immer stärker als der Wunsch des anderen. Dies sollte eine Regel auch für das Familienleben sein. In unserem Fall ist es die Frau, die auszugehen wünscht, während der Mann lieber zu Hause bleiben würde; sie wünscht, etwas zu tun, und er ist nicht damit einverstanden. Sein Veto sollte also stärker sein. Es stellt mehr Härte für ihn dar, zu tun, was er nicht gerne tut, als für sie, auf das zu verzichten, was sie gerne täte, es sei denn, sie könnte ihn dafür gewinnen.

Leider wird die alte Regel des Vetos selten angewandt, da die meisten es schwierig finden, zwischen Zwang und dem bloßen Nichtnachgeben zu unterscheiden. Wenn sie nicht bekommen, was sie *wünschen*, dann fühlen sie sich mißbraucht und gezwungen. (Diese Haltung ist für verwöhnte Kinder typisch; daß sie auch unter Erwachsenen vorherrscht, zeigt an, wie wenige wirklich erwachsen sind.) Im Falle von widerstreitenden Interessen ist es ratsam, daß jeder tut, was er will: keinen Zwang ausüben, sich aber auch nicht zwingen lassen. Nur zu oft vermögen wir nicht den Unterschied zwischen diesen zwei Dingen zu erkennen, und auch nicht die praktische Anwendung dieses Prinzips. Hinter dieser Schwierigkeit liegt der Mangel an Achtung, der so oft zwischen den nächsten Verwandten gefunden wird. Sie achten einander einfach nicht, trotz all ihrer unbestreitbaren Liebe und Ergebenheit.

Quellen gegenseitiger Mißachtung

Es gibt viele Gründe, warum es oft so schwer fällt, andere Familienmitglieder mit der richtigen Achtung zu behandeln. Was auch der Grund sein möge, er kann von persönlichen Angst- und Minderwertigkeitsgefühlen abgeleitet werden. Wir alle neigen dazu, Fehlern der Familie kritischer gegenüberzustehen, weil wir uns mit ihr identifizieren. Ihr Versagen wirft auf unseren eigenen Wert und unsere Stellung ein schlechtes Licht. Wir schämen uns ihrer Fehler, als wenn sie unsere eigenen wären. Wenn wir selbstsicherer wären, sicherer unseres eigenen Wertes und unserer Stellung, könnten wir unser eigenes Versagen und das der uns nahestehenden Menschen bereitwilliger hinnehmen; wir würden sie dann nicht als Ausdruck unseres eigenen Wertes und unserer eigenen Bedeutung betrachten.

Ein Mensch mit Selbstvertrauen ist fähig, Fehler, Schwächen und Unzulänglichkeiten in ihrer richtigen Perspektive zu sehen, ohne sie unberechtigterweise zu einem Prüfstein des sozialen Wertes zu machen. Die Achtung vor den Familienmitgliedern ist daher eng verbunden mit der Selbstachtung. Wer Schande und Demütigung in der weiten Welt fürchtet, ist überempfindlich gegen die Unvollkommenheiten seiner Familie. Ja noch mehr: Wenn man sich angesichts solcher Fehler hilflos fühlt, so ärgert man sich über sie und gibt seinem Ärger Ausdruck, entweder passiv und mürrisch oder in einer offen beleidigenden und aggressiven Art. Beides führt zu Mißachtung von Würde und Wert der anderen.

Ein weiterer Grund für den Mangel an Achtung in vielen Familien liegt in dem Konkurrenzverhalten, das unser Leben bestimmt, in der äußeren Welt ebenso wie im engen Familienkreis. Wir haben schon beschrieben, warum Männer und Frauen heute im allgemeinen sich gegenseitig als Konkurrenten betrachten. Auch Kinder sind eindeutig im Wettstreit miteinander. Sie kämpfen um die Liebe und Aufmerksamkeit ihrer Eltern. Jeder betrachtet den andern als eine Bedrohung seiner eigenen Stellung und entwickelt einen Sinn für den Konkurrenzkampf. Indem man einander abwechselnd besiegt, kommt oft ein Element von Unruhe und Streit in das Familienleben hinein.

Dieselbe Konkurrenz besteht zwischen Eltern und Kindern. Auch die beiden Generationen tragen einen Familienkampf um Prestige aus. In einer Welt, die so wenig Sicherheit und Gewißheit für persönliche Anerkennung bietet, versuchen natürlich die Eltern diejenigen, die den geringsten Widerstand zu bieten scheinen, mit ihrer Überlegenheit zu beeindrucken. Viele Eltern erkennen nicht die Akte der Feindseligkeit und des Kampfes, die so oft als überschwengliche Liebe und überwältigende Zuneigung maskiert sind. Demütigung und Verletzung charakterisieren die Beziehung von Eltern und Kindern häufiger als Achtung und Menschenwürde. Es wäre lohnend, unsere Verwandten und Kinder – und Eltern – so zu behandeln, wie wir Zufallsbekannte behandeln, denen wir in Gesellschaft begegnen. Wir sind alle ziemlich gut geschult, uns in der Gesellschaft höflich und mit der erforderlichen Achtung füreinander zu benehmen. Könnten wir diese Technik und dieses Wissen nicht auch in unserer eigenen Familie anwenden?

Vertrautheit kann Freundlichkeit erschweren

Familienbande allein gewährleisten noch nicht freundliche Beziehungen. Umwerben und charmant sein ist nach der Heirat nicht weniger nötig als vorher, trotz des mißverstandenen Sprichworts, daß es sinnlos sei, einer Straßenbahn nachzujagen, die man schon bekommen hat. Im Gegenteil verlangt eine enge Bindung mehr Beachtung und Verständnis, um Freundschaft und Zuneigung zu bewahren. Es ist viel leichter, mit Leuten zurechtzukommen, die wir selten sehen. Die Distanz erleichtert die Harmonie. Es ist nötig, sich in der Ehe auch ungewaschen und ungekämmt zu akzeptieren und gern zu haben.

Die Eltern machen den gleichen Fehler, wenn sie Liebe von ihren Kindern nur deshalb erwarten, weil sie sie gezeugt haben. Ehrerbietung und Achtung der Kinder müssen ebenfalls immer aufs neue gewonnen werden. Eine freundliche Atmosphäre innerhalb der Familie ist in vieler Hinsicht leicht zu erkennen. Der Ton der Stimme, in dem Vater, Mutter und Kinder miteinander sprechen, enthüllt, ob Freundlichkeit und Achtung herrschen oder Reibereien, Demütigung und Gewalt. Wir sollten unsere Ohren schärfen, um diese feinen Zeichen gestörten Zusammenlebens zu erkennen. Leider können wir selbst nicht hören, wie wir in den Ohren des anderen tönen. Eine Entdeckung, die uns befähigen würde, uns selbst zu hören, hätte sicherlich ein Anrecht auf den Friedensnobelpreis.

Güte schließt jedoch Festigkeit nicht aus. Im Gegenteil, es kann nur gütig sein, wer seiner selbst sicher ist, sicher des Eindrucks, den er macht, und sicher des schließlichen Erfolges. Fest zu sein erfordert dasselbe Selbstvertrauen. Festigkeit hat nichts mit Zwang zu tun. Je weniger fest und sicher wir sind, um so mehr neigen wir dazu, bange zu machen und Zwang auszuüben. Diese gegenseitige Einschüchterung findet man im Familienleben nur allzu häufig.

Natürlich flößen wir nicht mit Bedacht Angst ein. Aber wir selbst sind voll Angst. Wenn zwei Männer sich unerwartet um Mitternacht in einer dunklen Straße begegnen, fürchtet jeder, daß der andere ihn berauben will, und denkt nicht daran, daß der andere ebenfalls vor Furcht zittert. So leben manche Männer und Frauen in Furcht voreinander, in der Furcht vor Vernachlässigung, Mißachtung und Demütigung, in der Angst, zu kurz zu kommen, beherrscht oder mißbraucht zu werden. Sie geben ihre Furcht Dritten gegenüber zu, aber es ist schwierig, sie zu überzeugen, daß der Partner ebenfalls Angst hat. Keiner erkennt die Furcht seines Gegenübers, besonders nicht vor seiner relativen Unterlegenheit. Wir alle neigen zu dem Verdacht, daß der andere uns überlegen sei oder es wenigstens sein wolle. Natürlich werden die Methoden und Waffen dieses Krieges klar erkannt, aber nur soweit sie von unserem Gegenspieler gebraucht werden; uns selbst betrachten wir als harmlos und voll guter Absichten und können nicht glauben, daß die anderen Anlaß haben, sich gegen uns zu verteidigen.

Logik als Waffe

Alle Ehestreitigkeiten zeigen grundsätzlich den gleichen Aufbau. Wenn man dem Mann und der Frau zuhört, dann ist man sicher, daß der, der zuletzt gesprochen hat, im Recht ist. Und sie sind auch beide im Recht oder glauben es wenigstens zu sein. Sonst würden sie ganz anders handeln. Die Logik wird nur zu einer Waffe, die von jedem, der kämpft, gebraucht werden kann und auch gebraucht wird. Aber im Grunde genommen ist der Streit niemals eine Frage von Recht oder Unrecht – vielmehr nur von Anerkennen oder Bekämpfen, von Zustimmung oder Widerspruch. Der Zankapfel spielt im allgemeinen eine zweitrangige und zufällige Rolle. Die Streitfrage, ob Recht oder Unrecht, stellt sich nur dann, wenn das Zusammenleben gestört ist und jeder dem anderen die Schuld für diese Zwietracht zuschieben will. Wir sind bemerkenswert geschickt und erstaunlich gewandt, um Gründe für die Rechtfertigung unseres Benehmens zu finden. Wenn jemand Ränke schmieden will, so fordert er den anderen mit unbedeutenden Dingen heraus, was diesen wiederum zu drastischen Handlungen reizt, die dann das Recht zu offener Feindschaft geben.

Fordern statt Zustimmung gewinnen

Methoden, um Wohlwollen zu erwecken, stehen ausreichend zur Verfügung, aber sie werden selten benützt. Wenn wir gefallen wollen, sind wir alle imstande, das zu tun, obwohl manche so entmutigt sind, daß sie diesen Versuch aufgegeben haben, weil sie nicht glauben, man könne sie jemals lieben. Wir alle haben Hunderte von kleinen Mitteln, Zuneigung zu zeigen und sie hervorzurufen. Jedoch im Familienleben beharren wir zuerst auf gesetzlichen Rechten und versuchen zu bekommen, ehe wir gewillt sind zu geben. Sonst fühlen wir uns mißbraucht. Wenn wir nicht bekommen, was wir wünschen oder was wir zu verdienen glauben, so strafen wir, obwohl wir auf diese Weise die Bereitschaft des andern, seinen Teil beizutragen, verringern.

Schuld auf andere schieben

Da wir uns selbst nicht kennen und unsere wahren Absichten auch nicht zugeben und da wir weder wissen, was wir für einen Eindruck machen, noch uns klar werden, wann wir herausfordernd sind, wie können wir da sicher sein, ob wir die Grundregeln des Zusammenlebens verletzen oder sie beachten? Wir sind nur dann fähig, uns selbst richtig einzuschätzen, wenn wir auf die *Folgen* unserer Handlungen schauen. Dann können wir feststellen, ob wir eher Reibereien und Spannungen hervorrufen oder ein besseres Verstehen fördern.

Dieses Verfahren jedoch verlangt, daß wir alle Hoffnung aufgeben, bei einem Familienzwist die Schuld auf Faktoren außerhalb von uns selbst zu schieben. Aber auch Selbstvorwürfe helfen nicht. Schuld, Ausreden, Klagen – all dies zeugt nur von Entmutigung und Verärgerung. Wenn wir an uns selbst irgendein Zeichen solcher Neigungen entdecken, können wir sicher sein, daß wir die Regeln der Zusammenarbeit verletzen werden. Unsere eigenen Gefühle sind gute Führer, wenn wir sie als Zeichen unserer eigenen Absichten betrachten und nicht, wie es viele törichterweise tun, als eine »natürliche Reaktion« auf einen Reiz von außen. Wenn wir die volle Verantwortung für unsere Gefühle übernehmen, so beraubt uns dies bequemer Entschuldigungen, aber es befähigt uns, die Sachlage zu meistern. Wenn wir feindselige Gefühle als wohlerwogene Kriegswaffen erkennen, so können sie uns zu einer Neuorientierung bewegen, zu einer neuen Bewertung von Lebensverhältnissen und Familienmitgliedern, so daß neue bessere und mutigere Gefühle sich entfalten können. Richtig verstanden, wird der angebliche Mangel an Zuneigung nicht mehr eine Entschuldigung für vernachlässigte Menschenpflichten sein, sondern eine Aufforderung, ein neues Gemeinschaftsgefühl zu entwickeln.

Zahllos sind die Entschuldigungen, wenn man nicht mehr liebt. Eine Frau beklagte sich, daß sie ihren Mann nicht länger lieben und akzeptieren könne, und zwar nur aus dem Grunde, weil er keinerlei Fehler habe. »Sie können es sich nicht vorstellen, wie schrecklich es ist, mit einem Manne zu leben, der vollkommen ist. Ich kann es wirklich nicht länger aushalten. Wenn er nur endlich einmal etwas falsch machen würde! Wenn er sich nur ein Mal über mich ärgern würde! Aber nein, was immer ich tue, alles ist recht; was immer ich nicht tue, ist auch recht. Er verliert nie seine Geduld. Kann man mit einem Engel zusammenleben?« So unglaublich es klingen mag, aber man hört solche Klagen nicht allzu selten. Man sieht also, einen Grund zur Opposition kann man immer finden. Sogar ein Mangel an Fehlern dient diesem Zweck, ebenso wie zu viele Fehler.

Die Frage erhebt sich nun, ob persönliche Fehler tatsächlich Ursachen ehelicher Reibereien sind. Ist es wahr, daß wir jemanden um seiner Fehler willen ablehnen? Ich glaube nicht. Solange wir jemanden akzeptieren und lieben, sind seine Fehler nicht wichtig; wenn wir uns weigern, ihn zu akzeptieren, dann allerdings geben uns seine Fehler einen guten Grund für unsere Feindseligkeit. Wir entdecken Fehler, die wir vorher bereitwillig übersahen, als sie noch in unseren Stil paßten. Warum lehnen wir also einander ab und verursachen dadurch endlosen Schmerz, sowohl für uns selbst wie für andere? Es ist immer nur die Frage unserer eigenen Wichtigkeit, die unser Glück und unsere Zusammenarbeit behindert. Solange wir uns anerkannt, geschätzt, verehrt – und verwöhnt – fühlen, ist alles gut. Aber sobald wir uns unterlegen und nicht gleichwertig fühlen, wird unser bester Freund zum Feind.

Dieses Minderwertigkeitsgefühl hat im allgemeinen keine reale

Grundlage; doch kann es in verschiedener Weise zu Kompensation, nämlich nach einem Zustand der Überlegenheit, führen. Die Haltung eines gequälten Märtyrers mag manchem Beobachter als ein Zustand endgültiger Unterlegenheit und Demütigung erscheinen; aber die Person, die diesen Zustand für sich hervorruft, findet dabei Gelegenheit, sich moralisch überlegen zu fühlen. Sogar das Erleiden von physischer und psychischer Qual kann den moralischen »Sieg« erhöhen, und Märtyrer und Quäler kommen mit dieser Verteilung der Macht glücklich zurecht. Der eine erfreut sich seiner persönlichen Gewalt und der andere seiner Rechtschaffenheit. Aber der Märtyrer, der sich über die Grausamkeit und Niedertracht seines Partners beschwert, hat wohl schon von Anfang an gewußt, in welche Situation er sich einläßt. Und je »besser« er wird, desto schlechter wird der andere. In jedem Fall besteht zwischen den Partnern ein Gleichgewicht des Vorgehens. Jeder weiß, was er von dem andern erwarten kann, und bringt es unbewußt hervor. Im Grunde fühlen sich beide minderwertig, der Gute, weil er nicht so stark wie der andere ist, und der Schlechte, weil er die Güte des andern als persönliche Erniedrigung empfindet. Diese »Gegensätze« widersprechen sich gar nicht, sondern sind Teil einer gemeinsamen Transaktion.

Gegensätze werden nicht durch äußere Störungen verursacht, wirtschaftlicher oder sozialer Druck oder Unglück können Mann und Frau normalerweise noch enger zusammenbringen. Aber wenn das Gleichgewicht zwischen dem Ehepaar durch dieses Unglück erschüttert wird, dann gibt es Schwierigkeiten. Meistens sind solche Widerwärtigkeiten nicht die Ursache von Störungen der Ehe – sie sind lediglich ein Test für die Fähigkeit zur Zusammenarbeit. Sie legen verborgene Konflikte und Störungen bloß und zeigen damit, daß das Gefühl der Zusammengehörigkeit bei beiden Partnern unzureichend ist, daß sie nicht gewillt sind, in der Not zusammenzustehen. Sie schauen nur nach einer Gelegenheit aus, die Schuld für diese Rückschläge dem andern zuzuschieben.

Wir entscheiden unsere Reaktion

Es ist nur allzu menschlich, andere zu kritisieren, wenn wir unter unseren eigenen Fehlern zu leiden haben. Dann interessieren wir uns für die Fehler anderer. Gewöhnlich setzt uns unser natürliches Gemeinschaftsgefühl in den Stand, die guten Eigenschaften unserer Mitmenschen zu sehen und uns ihrer zu erfreuen. Jeder hat Tugenden wie auch Fehler. Ob wir seine Fehler betonen oder seine Tugenden, hängt von unserer Einstellung zu ihm ab. Dies gilt sowohl für Menschen als auch für das Leben im allgemeinen. Beide sind so reich und farbig, daß wir uns aussuchen können, was wir wollen, das Gute oder das Schlechte. Die Vorzüge und Nachteile, die wir im Leben und bei den Menschen finden, spiegeln nur unsere eigene Haltung wider.

Wie sehr es an uns selbst liegt, ob wir uns ärgern oder ob wir akzeptieren, zeigt der folgende Fall:

Ein Patient lebte in einer sehr seltsamen Ehe. Er hatte seit Jahren keine sexuellen Beziehungen zu seiner Frau gehabt, obwohl beide ziemlich jung waren. Sie errege seine Phantasie nicht, so sagte er, und er lehne sie körperlich ab. Er machte kein Geheimnis daraus, daß er Freundinnen habe, ja, er prahlte mit ihren Geschenken und anderen Zeichen ihrer Anhänglichkeit. Wie konnte sich dieser Zustand entwickeln? Er war in Konkurrenz mit einer älteren Schwester aufgewachsen und suchte von Kindheit an, seine »männliche Überlegenheit« zu beweisen. Unglücklicherweise wurde sein Wunsch, sich als starker Mann zu fühlen, niemals befriedigt. Der dominierende Vater, den er nachzuahmen versuchte, gab ihm zu mächtige Beweise seiner eigenen Unzulänglichkeit. Deshalb entwickelte er ein besonderes System, andere zu tyrannisieren und zu bezaubern, damit sie seinen Launen nachgaben, wobei er sehr sorgsam jede Situation vermied, wo seine befürchtete Minderwertigkeit ans Licht kommen könnte. Er heiratete ziemlich jung, als er ein Mädchen fand, das ihm tief ergeben war und gewillt, für ihn zu leben und zu sterben. Sie war eine wundervolle Hausfrau und bereitete ihm einen komfortablen »Tempel«, wo er wie ein Gott inthronisiert war.

Nach wenigen Jahren jedoch wurde er reizbar und rebellierte. Als Hohepriesterin des Heiligtums übte sie einen gewissen Druck auf ihn aus – nur im Interesse seiner Bequemlichkeit und seines Wohls natürlich, aber sie schuf damit in ihm das Gefühl, gelenkt zu werden. Ihre Beflissenheit für sein Wohl stieß ihn zurück. Ihre moralische Überlegenheit schien ihm bedrohlich und vermehrte seine Furcht, beherrscht zu werden. Plötzlich entschloß er sich, sie zu verlassen. Sie wurde hysterisch, fiel buchstäblich vor ihm nieder, umarmte seine Knie und flehte ihn an, sie wenigstens als seine Sklavin zu behalten. Er könne tun, was er nur wünsche, solange sie bei ihm bleiben und ihm dienen dürfe. Sein Gefühl der Überlegenheit war gerettet – und so blieb er. Um seine Macht zu beweisen, ignorierte er ihre häuslichen Anstrengungen, indem er die Wohnung mit schmutzigen Schuhen betrat und ähnliches. Es brach ihr das Herz, aber sie litt schweigend. Er ging mit anderen Frauen aus, nicht ohne ihr von seinen Erlebnissen und Erfolgen zu erzählen. Sie hungerte nach seiner Liebe und Zuneigung, und deshalb versagte er ihr beides.

Während der Behandlung erkannte er seine falschen Vorstellungen von Überlegenheit und die Vergeblichkeit seiner Anstrengungen, jeglichen Druck der äußeren Welt zu vermeiden. Dies hatte sich in verschiedenen nervösen Symptomen ausgedrückt, die ihn zur therapeutischen Behandlung führten. Eines Tages kam er und berichtete, sichtlich betroffen, von einer unerwarteten sexuellen Beziehung mit seiner Frau in der vergangenen Nacht. Er verstand sich selbst nicht mehr. Viele Jahre lang hatte er sie als widerlich und sexuell abstoßend betrachtet. Wie konnte er sich plötzlich angezogen fühlen? Hatte sie sich geändert? Sicherlich nicht. Er hatte sich geändert, nicht allein in seiner Einstellung zu ihr, sondern auch zum Leben im allgemeinen, so daß er sie mit anderen Augen sah und gewillt war, sich hinzugeben, ohne dabei länger Angst zu haben, an Geltung zu verlieren. Von diesem Augenblick an hielten die normalen Beziehungen an. Er gab seine Freundinnen auf, deren Bewunderung – und sogar Geschenke – er nicht länger als Beweis seiner männlichen Überlegenheit bedurfte.

Die Ehe ist nicht der Himmel

Es ist für zwei Menschen schwer, Tag und Nacht Freunde zu sein, im Einverständnis zu leben und in allen Lebensdingen zusammenzuarbeiten. Den vielen verwickelten und fast unlösbaren Problemen kann niemand sich völlig gewachsen fühlen. Manche tragen Feindseligkeit und Sorgen aus der äußeren Welt zurück in ihr Haus und gehen dann wieder in die Welt hinaus, ruhelos und in vermehrter Spannung. Die Enttäuschung ist um so größer, je mehr einer erwartet, in der Ehe einen Zufluchtsort zu finden. Es ist ein schwerer Irrtum, die Ehe als eine Lösung anzusehen. Sie ist eine *Aufgabe*.

Viele, besonders Frauen, die im Leben entmutigt sind, hoffen, Sicherheit in der Ehe zu finden, werden jedoch nur schreckliche Enttäuschungen erleben. In früheren Zeiten war die Ehe eine Lösung für die Probleme der Frau. Ohne Gatten zählte die Frau nicht – verheiratet zu sein war das Wichtigste. Heutzutage ist das ganz anders. Einem entmutigten Mädchen die Ehe anzuraten ist nicht gut. Wer sich der Arbeit und den sozialen Verpflichtungen nicht gewachsen fühlt, muß auch Fehlschläge erwarten in der noch schwierigeren Zusammenarbeit, die in der Ehe mit ihrer engen menschlichen Bindung von ihm verlangt wird.

Nicht daß man jemandem den Mut zur Ehe nehmen sollte. Niemand kann der Sexualität und der Liebe entfliehen, ohne noch tiefer enttäuscht zu werden. Was immer man aus Angst oder Feigheit tut, dafür muß man bezahlen. Ob man versucht, der Ehe zu entrinnen oder in die Ehe zu fliehen, der Fluch der Feigheit folgt nach. Mut und Gemeinschaftsgefühl, sofern sie nicht schon vorher entwickelt wurden, müssen bewußt gepflegt werden, um eine Ehe vorzubereiten oder aus einer schon geschlossenen Ehe das Beste zu machen.

Auf den Geist kommt es an

Es erscheint zwecklos, besondere Ratschläge für ein glückliches Leben zu geben. Viele Bücher sagen, was man tun und was man nicht tun soll. Der Nachteil ist, daß die Ratschläge, ganz gleich wie gut sie sind, im allgemeinen nicht helfen. Ein mutiger Mensch mit genügend Gemeinschaftsgefühl braucht keinen Rat, während ein angstvoller oder feindseliger Mensch den besten Rat nicht beachten wird. Daher haben wir in diesem Kapitel grundsätzliche Haltungen betont und weniger besondere Techniken. Keine Methode allein kann Eheglück bewahren – keine Regel zur Behandlung wirtschaftlicher, sozialer oder sexueller Probleme kann einem Fehlschlag vorbeugen. Auf den Geist kommt es an und nicht auf die Methode.

Der gute Wille zur Zusammenarbeit kann jedes Hindernis überwinden, und ohne diesen grundsätzlich guten Willen können selbst kleine Hindernisse nicht bewältigt werden. Alles, was bei Mann und Frau das Gefühl der Zusammengehörigkeit steigert, stärkt ihre Widerstandskraft gegen Gefahren, die von innen oder außen drohen. Jede Lebensanschauung, die auf Glauben und Vertrauen gegründet ist – religiös oder weltlich – vermehrt die Tauglichkeit und Fähigkeit zu harmonischer Zusammenarbeit und erzeugt eine Atmosphäre echter Güte und Toleranz. Die Probleme, denen sonst offen Schuld an einem Bruch des Eheglücks gegeben wird, dienen dann nur als Prüfungssituationen, durch welche irrige Haltungen ans Licht gebracht werden können.

Die Tatsache, daß Eifersucht sehr eng mit der volkstümlichen Vorstellung von der Rolle der Sexualität in Zusammenhang gebracht wird, weist darauf hin, daß das ganze Thema einer Klärung bedarf. Die Bedeutung und die Folgerungen, die mit den Begriffen »Treue« und »Besitz« verknüpft werden, stören oft die menschliche Kameradschaft von Mann und Frau und lassen die persönlichen Probleme, die Verständnis und Harmonie bedrohen, noch ungeheuer anwachsen. Nicht nur drückt Eifersucht die Konkurrenz zwischen Mann und Frau, zwischen Mann und Mann und zwischen Frau und Frau aus; sie steigert noch diesen Wettstreit. Weil die Untersuchung dieses Themas so gute Gelegenheit bietet, die Grundlagen vieler Ehekonflikte zu erforschen, und auch wegen der Unterschiede zwischen ihrem logischen und ihrem psychologischen Gehalt, ist es nützlich, mit diesem Gegenstand eine Analyse konkreter Probleme zu beginnen.

Ist Eifersucht ein Zeichen der Liebe?

Es wird im allgemeinen angenommen, daß Eifersucht und Liebe untrennbar zusammengehören, so daß Liebe ohne Eifersucht unmöglich erscheint. Eifersucht wird häufig als echter Maßstab für den Grad und die Tiefe der Liebe betrachtet, und viele merken erst, wenn sie eifersüchtig werden, daß sie verliebt sind. Ihnen hat sich die überwältigende Macht der Liebe niemals eindrucksvoller dargetan als durch das brennende Elend der Eifersucht. Sie überlegen sich nicht, wieviel Wut, Feindschaft und Widerspenstigkeit sie so brauchen, um ihre Liebe zu entdecken. Wenn auch kaum jemand dem schmerzhaften Erlebnis der Eifersucht entrinnt, so versteht doch kaum einer ihre wahre Bedeutung und ihre wesentliche Struktur. Wir verlieren unseren gesunden Menschenverstand, wenn wir in der Gewalt der Eifersucht sind, und selbst wenn wir wieder klar und gefaßt urteilen, können wir ihre Natur nicht verstehen.

Die Natur sich widerstrebender Gefühle verhindert im allgemeinen, die ihnen unterliegenden Tendenzen zu erkennen, weil diese Tendenzen mit unserem Verlangen, eine anständige Meinung von uns selbst zu haben, unvereinbar sind. So entschuldigen wir eine der verwerflichsten Neigungen – nämlich jemand, den wir lieben, zu verletzen –, indem wir sie auf die am meisten geschätzten Lebenswerte beziehen: auf Liebe, Ergebenheit, Keuschheit und Vertrauenswürdigkeit. Der Eifersüchtige drückt seine Sorge um diese ethischen und moralischen Aspekte aus, während er die einfachsten Regeln des Anstandes verletzt.

Über eines sollten wir uns im klaren sein: Wir können eifersüchtig sein, ohne zu lieben. Das gibt es nicht nur bei Beziehungen zwischen Freunden, zwischen Familienmitgliedern und zwischen zwei Menschen, deren Beziehung nicht sexueller Art ist; Frauen und Männer, die praktisch kein erotisches Interesse füreinander haben, können eifersüchtig werden, ohne irgendein Zeichen tieferer Verehrung. Ein Mädchen, das die Aufmerksamkeit vieler Bewerber auf sich zieht, kann ausgesprochen eifersüchtig sein, wenn einer durch den Charme eines anderen Mädchens bezaubert zu werden droht. Andererseits muß Untreue an und für sich nicht notwendig Eifersucht bei dem Liebenden hervorrufen. Mancher Mann liebt seine Frau wegen ihres Erfolges bei anderen Männern, was ihm seinerseits angenehme Erregung verschafft. Der psychologische Hintergrund von Eifersucht ist komplizierter und durchaus nicht unmittelbar mit dem Problem der Treue verbunden.

Das Problem der Treue

Treue ist eines der Hauptprobleme in der Ehe. Obwohl sie als Voraussetzung und absoluter, unbestrittener Wert akzeptiert ist, scheint ihre Verwirklichung heutzutage doch fragwürdiger und verwirrender zu sein als jemals zuvor. Es gab Zeiten, wo tatsächlicher körperlicher Besitz einer Frau möglich war – durch die Macht eines strengen Gesetzes, beispielsweise im Harem, oder durch Unbarmherzigkeit, beispielsweise in der Sklaverei. Selbst dann hat die ziemlich geringe Möglichkeit der Untreue heftige Eifersucht nicht verhütet.

Heute ist der Besitz einer anderen Person, sei es körperlich oder in Gedanken, völlig unmöglich. Es gibt keinerlei Sicherheit hinsichtlich der Treue des Partners. Man muß sogar die Frage stellen, ob die Menschen überhaupt zur Treue fähig sind. Es erheben sich Zweifel, besonders über die monogame Natur des männlichen Geschlechtes. Die Wissenschaftler beziehen sich auf den biologischen Unterschied, welcher einem Mann erlaubt, beinahe unzählige Kinder hintereinander zu zeugen, während die physiologischen Bedingungen die Frau auf eines im Jahr einschränken – mit Ausnahme von Mehrfachgeburten. Wenn man einen psychologischen Unterschied zwischen Mann und Frau aufgrund der Verschiedenheit physiologischer Mechanismen macht, ist dies immer ein zweifelhaftes Verfahren – aber es wird allgemein angewandt, um die männlichen Vorrechte zu rechtfertigen.

Die unbestreitbaren biologischen Unterschiede haben einen nur geringen Bezug auf die Gebräuche und Gewohnheiten. Die biologische Fähigkeit eines Mannes, fünfzig Kinder zugleich zu haben, bedeutet praktisch nichts; wenn er neunundvierzigmal das Verlangen nach anderen Frauen unterdrücken kann, so kann er ebensogut das eine letzte Begehren nach einem Flirt beherrschen, zu dem er sich berechtigt glaubt. Die Feministinnen, die das Recht der Frauen auf sexuelle Freiheit fordern, könnten ebensogut darauf hinweisen, daß eine Frau physiologisch öfter zur sexuellen Befriedigung fähig ist, als ein Mann es ihr zu bieten vermag. Wir dürfen nicht vergessen, daß die menschlichen Lebensverhältnisse nicht durch Naturkräfte wie die biologischen und physiologischen Triebe und Impulse regiert werden, sondern durch soziales Übereinkommen. Daher hat Monogamie nichts mit der eigentlichen Natur des Menschen zu tun.

Der Mensch kann monogam oder polygam leben. Monogamie hat sich entwickelt, als die Sippengemeinschaft der regionalen Gruppe das Feld überließ und das Individuum sowie die Familie als kleinster Baustein der Gesellschaft etabliert und erkannt wurden. Solange der Mann das herrschende Geschlecht war, hat es wirkliche Monogamie gar nicht gegeben. Das Christentum, das zum ersten Mal volle Gleichwertigkeit aller Menschen proklamierte, versuchte, die Frau von der Macht des Mannes zu befreien. Nach dem Zerfall der demokratischen Ansätze im Altertum jedoch wurde die Frau wieder aller ihrer Rechte beraubt und in eine Keuschheit gezwungen, die man aber keineswegs vom Mann verlangte. Nur in der letzten Zeit, wo die demokratische Entwicklung zu einer zunehmenden Gleichwertigkeit aller führte, lehnen sich die Frauen gegen die doppelte Moral auf, daß dem Mann erlaubt sein sollte, was er ihnen versagt. Heute gibt es wahrscheinlich mehr Monogamie als jemals zuvor in der Geschichte unserer Zivilisation.

Dieses Ideal immerwährender, unverbrüchlicher Ergebenheit und Treue ist in den letzten Jahrhunderten erhalten und sogar verstärkt worden, obwohl wir alle noch weit von der Vollendung entfernt sind. Nicht allein soziale Bedingungen und Sitten weisen auf die Monogamie hin; eine tiefe psychologische Sehnsucht nach völliger, dauernder Vereinigung erhebt die Monogamie zu einem Traum der Menschheit. Aber auch aus psychologischen Gründen ist die Monogamie in ihrer wahren Bedeutung immer noch mehr Traum als Wirklichkeit, obwohl sie gesetzlich gefordert und beaufsichtigt wird.

Ursachen der Untreue

Das Problem der Treue ist so unübersichtlich, weil wir uns über die Natur der Treue nicht im klaren sind. Vom materialistischen Gesichtspunkt aus besteht die Treue in physischer Keuschheit – eine Haltung, die sehr schwierige und seltsame Unterscheidungen notwendig macht, falls das christliche Ideal der Monogamie unter den gegenwärtigen Verhältnissen gewahrt werden soll. Es bleibt strittig, wann der Ehebruch beginnt. Manche sind geneigt, ein warmes Händeschütteln oder einen tiefen Blick in die Augen des anderen als eine Überschreitung der Grenzen anständigen Betragens zu betrachten. Andere haben keinen Einwand gegen einen Kuß oder gar eine leidenschaftliche Umarmung. Wenn wir noch Träume und Gedanken als Kriterium miteinschließen wollen, so könnten wirklich wenige unserer Ideale aufrechterhalten werden.

Das Christentum selbst fand Mittel, um den geistigen Wunsch nach Keuschheit mit der psychologischen Unwilligkeit des Menschen, sie zu leben, zu vereinigen. Die Unterscheidung zwischen dem Willen des Geistes und der Schwachheit des Fleisches ist nur ein Ausdruck des Konfliktes in uns selbst. Aber heißt dies, daß wir unsere menschliche Natur überwinden müssen, um treu zu sein? Manche denken so. Sie glauben an den unversöhnlichen Gegensatz zwischen der unbeschränkten Befriedigung des Geschlechtstriebes und der sozialen Verpflichtung der Keuschheit.

In Wirklichkeit ist die Sehnsucht nach sexueller Abwechslung, wie wir schon ausgeführt haben, so eng mit den sozialen Bestrebungen verknüpft wie die Treue zu einer Person. Die Feindschaft, die Angst, die Opposition, welche völlige Ergebenheit und Hingabe verhindern und dieses Verlangen nach Abwechslung schaffen, stammen nicht aus sexuellen Nöten. Feindseligkeit und Widerstand können vielmehr sexuelle Fähigkeiten in der Verfolgung antisozialer Tendenzen benützen. Das »schwache Fleisch« ist ein Ausdruck des begrenzten Gemeinschaftsgefühls der Menschheit in einer Welt, die auch jetzt es den Menschen schwermacht, enge menschliche Beziehungen und ein Gefühl der vollen Zugehörigkeit zu entwickeln. Psychologische Faktoren, welche die menschlichen Beziehungen gefährden, stehen da bedingungsloser Zusammenarbeit und einem vorbehaltlosen gegenseitigen Akzeptieren entgegen. Sie machen wahre Monogamie heutzutage eher zu einer Ausnahme und behindern ein ausschließliches und beständiges sexuelles wie menschliches Interesse an einem Partner.

Unsere Anfälligkeit gegenüber Versuchungen erwächst aus Enttäuschung, Streitigkeiten und Gegensätzen, die so oft in der Ehe vorkommen. Die Sehnsucht nach Abwechslung kommt nicht von ungefähr, sondern tritt immer in unmittelbarem Zusammenhang mit gewissen Ehekonflikten auf. Polygame Tendenzen erheben sich, wenn eine Person in ihrer Liebe entmutigt ist, wenn sie sich zurückziehen oder strafen oder Vorrechte und die Rechte ihres Geschlechtes herausstellen möchte. Kein Mensch, der völlige Befriedigung in seiner Ehe findet, schaut sich anderswo um. Aber da unsere Liebesfähigkeit durch allgemeine Entmutigung und Kummer begrenzt ist, fühlt fast jeder in gewissen Perioden seines Lebens die Sehnsucht nach Abwechslung. Besonders wenn wir älter werden, ist es das Verlangen, unsere Fähigkeit des Eroberns und Gewinnens zu beweisen, was oft zu Sehnsucht nach anderen Erlebnissen führt. Der legale Ausdruck dieses Verlangens ist Scheidung, die ja Gelegenheit zu sexuellen Abwechslungen gibt, ohne offen das Prinzip der Monogamie zu verletzen.

Ist »Freundschaft« zwischen Mann und Frau möglich?

An diesem Punkt scheint eine Erörterung der platonischen Freundschaft angezeigt. Die Häufigkeit, mit der diese Frage gestellt wird, beweist die allgemeine Skepsis. Freilich gibt es einige natürliche Hindernisse einer solchen Freundschaft. Wenn ein Mann und eine Frau einander ergeben sind, wenn sie viele gemeinsame Interessen haben, wenn sie sich nahe und freundschaftlich verbunden fühlen, dann kommt ganz natürlich das Erotische dazu. Wenn dies der Fall ist, sprechen wir nicht mehr von Freundschaft, sondern von Liebe.

Es ist ziemlich seltsam, zwischen Liebe und Freundschaft zu unterscheiden, als wenn sie sich widersprächen und als wenn aufrichtige Liebe nicht auch Freundschaft einschließen würde. Jedoch wenn wir von Freundschaft zwischen den Geschlechtern sprechen, so meinen wir eine »platonische« Beziehung ohne augenfällige sexuelle Anziehungskraft. Eine Schule des Denkens, die Freudsche

Psychoanalyse, hält dafür, daß jede Art von Sympathie und persönlich ergebenem Interesse, sogar zwischen zwei Personen des gleichen Geschlechts, auf einem sozusagen verborgenen sexuellen Verlangen beruht. Die Gültigkeit dieser Theorie wird sehr in Zweifel gezogen. Sicherlich bietet sie keinen Platz für menschliche Freundschaft als solche. Sie erklärt nicht den offenbaren Unterschied zwischen einer lediglich menschlichen und einer sexuell getönten Beziehung.

Die Frage, inwieweit eine enge persönliche Verbindung zwischen Mann und Frau beiderseits frei von sexuellem Interesse ist, kann nur beantwortet werden, wenn wir erkennen, daß wir selbst die Meister unserer Gefühle sind und je nach unseren eigenen Neigungen solche schaffen oder unterdrücken können. Wir können tatsächlich jede Art von Verbindung mit einem Menschen des gleichen oder des anderen Geschlechtes herstellen. Wir können sexuelle Reaktionen entweder entwickeln oder unterdrücken. Eine reine Freundschaft zwischen Mann und Frau kann sich zum Beispiel entwickeln, wenn beide jemand anderem in Liebe verbunden sind. Dies scheint die günstigste Bedingung zu sein, um an einer »platonischen« Freundschaft festzuhalten, obwohl sich jede Art von Freundschaft zwischen Menschen verschiedenen Geschlechtes ohne sexuelles Verlangen aufrechterhalten läßt, wenn beide entschlossen sind, den andern nicht als mögliches Objekt erotischer Befriedigung zu betrachten.

Diese Tatsache jedoch wird eifersüchtige Leute nicht hindern, eine echte Freundschaft zwischen dem Lebensgefährten und einer anderen Person des anderen Geschlechtes übelzunehmen. Der Hinweis auf mögliche Untreue ist nur eine bequeme Entschuldigung, denn Eifersucht ist nicht auf die sexuelle Sphäre beschränkt. Eifersucht kann auch durch die Familienmitglieder, durch irgendein äußeres Interesse des Partners, sogar durch seine Arbeit erweckt werden. Daher brauchen einseitige Freundschaften nicht die Eheharmonie zu zerbrechen oder in Gefahr zu bringen. Ehefrauen und Ehemänner können ihre Freundschaften so lange beibehalten, wie sie selbst einander vertrauen, vorausgesetzt, daß keiner den anderen vollständig zu besitzen begehrt.

Die Reaktion auf Untreue

Die Frage, wie man Treue pflegen kann, stellt eines der schwierigsten Probleme im ehelichen Zusammenleben dar. Leider sind wir nicht nur unserer Partner nicht sicher, sondern auch unser selbst nicht. Solange beide Partner das Vertrauen haben, sich gemeinsam und offen den Problemen zu stellen, wird tatsächlich kein Problem die eheliche Verbindung stören. Einerlei, wie schwierig ein Problem auch sein mag – und Untreue ist sicherlich kein leichtes –, es soll und kann gemeinsam gelöst werden, vorausgesetzt, daß beide Glauben, Mut und Verlangen nach einer Lösung haben. Je größer das Problem ist, das den Menschen gemeinsam zu lösen gelingt, um so enger wird ihre Verbindung werden, weil sie in ihren Schwierigkeiten einander brauchen und auch finden können. Nachdem die Gefahr vorbei ist, vertieft ein Gefühl der Dankbarkeit für das gegenseitige Helfen und Verstehen das so über alles wichtige Gefühl des Zusammengehörens.

Viele sehen in der Eifersucht eine den untreuen Neigungen des Gefährten angemessene Reaktion. Sie glauben, daß es sonst nichts anderes gebe, als die Augen zu schließen und sich ein unerschütterliches Nichtwissen zu bewahren, was vielleicht bequemer ist, aber nicht das Problem löst. Sie vergessen, daß auch Eifersucht niemals ein Problem löst. Anstatt den unternehmungslustigen Partner zurückzugewinnen, vermehrt sie nur die Distanz und gefährdet die Einheit. Mißtrauen und Furcht, welche unvermeidlich zu offener Feindseligkeit führen, erschweren nur das Problem, das zuerst den Partner dazu verführte, außerhalb der Ehe nach erotischen Abenteuern Ausschau zu halten.

Sollen wir denn dann die Gefahr, den Partner zu verlieren, nicht beachten? Oder ihm erlauben, untreu zu sein? Niemand könnte dies empfehlen; aber tatsächlich wird die Gefahr niemals durch Eifersucht vermieden. Wir können leicht erkennen, wie töricht eine Frau ist, die dauernd Furcht hat, ihr gesunder Ehemann könnte eines Tages sterben, und in jeder kleinen Unpäßlichkeit mögliche Komplikationen sieht. Offensichtlich ist ihre Furcht der Ausdruck anderer Störungen als der tatsächlichen Sorge um einen möglichen, aber nicht sehr wahrscheinlichen Verlust. Das gleiche gilt für die Eifersucht. Die Furcht, den Partner zu verlieren, braucht noch nicht Eifersucht hervorzurufen. Ebensowenig tut dies der tatsächliche Verlust des Partners. Ein Mann, der sehr darunter leidet, daß seine Frau ihn wegen eines anderen Mannes verlassen hat, kann seine Gefühle rational ausdrücken, indem er darauf besteht, er könne nicht ohne sie leben. Dieser Fehlschluß würde sofort klar zutage treten, wenn man ihn fragte, wie er sich fühlen würde, wenn sie gestorben wäre. Er würde dann zugeben, daß diese Möglichkeit zwar schrecklich wäre, aber doch ... Hier könnte er innehalten und entdecken, daß es eine sonderbare Art von Liebe ist, welche ihn lieber ihren Tod als ihr Zusammenleben mit einem anderen wünschen läßt.

Untreue ist oft nur ein Schreckgespenst. Jeder Blick des Ehemanns könnte unheilvolle Verwicklungen heraufbeschwören. Leichte Neigungen zu Untreue sind sicherlich nicht seltener oder gefährlicher als eine gewöhnliche Erkältung. Sie kann zu einer gefährlichen Lungenentzündung führen, aber im allgemeinen tut sie das nicht. Wenn man jemanden beim ersten Niesen ins Bett steckt, so ist das ebenso töricht, als wenn man ihn bei Fieber im Regen herumlaufen läßt.

Eine einfache Erkältung braucht zweckmäßige Pflege. Aber sie entweder ganz zu vernachlässigen oder überängstlich zu sein kann nachteilig wirken. Die ersten Zeichen unpassender außerehelicher Interessen zeigen eine Störung an. Sie zu vernachlässigen oder sie zu übertreiben kann diese Unpäßlichkeit komplizieren. Ein geschickter und verständnisvoller Mensch wird viele kleine Wege finden, seinen gern auf Abenteuer ausgehenden Partner zurückzugewinnen, ohne seinen Wunsch nach Freiheit und Unabhängigkeit zu unterdrücken. Eifersucht bedeutet weder eine Hilfe, noch ist sie nötig.

Wenn Furcht vor Verlust und Furcht vor Untreue nicht notwendigerweise Eifersucht nach sich ziehen, was sind denn dann ihre Ursachen? Um ein menschliches Gefühl zu verstehen, müssen wir seine tatsächlichen Auswirkungen entdecken und damit seine Absichten. Eifersucht verhindert niemals Verlust, auch nicht Untreue. Diese Tatsache allein beweist überzeugend, daß sie es psychologisch mit keinem von beiden zu tun hat. Was aber wird überhaupt durch Eifersucht erreicht?

Der Zweck der Eifersucht

Da unsere Gefühle uns davon überzeugen, daß unsere Haltung und unser Verhalten richtig ist, finden wir es schwierig, eine psychologische Auslegung unserer eigenen Eifersucht hinzunehmen. Eifersucht kann verschiedene Bedeutungen haben; alles hängt von dem Zweck ab, für welchen die Eifersucht benützt wird. Beunruhigende Gefühle werden nur als Unterstützung eines sozial beunruhigenden Verhaltens angetroffen. Solch ein Verhalten ist im allgemeinen nach einer der folgenden vier Richtungen hin ausgerichtet:

123

- Entschuldigung für eigene Fehler
- Erregen von Aufmerksamkeit
- Gewinnen von Überlegenheit
- Vergeltung.

Entschuldigung für eigene Fehler

Der Zweifel an sich selbst ist ein sehr wesentlicher Faktor. Solange wir nicht an unserer eigenen Fähigkeit, an unserem Einfluß und unserer Anziehungskraft zweifeln, können wir niemals eifersüchtig sein. Selbst eine Situation, die uns hart auf die Probe stellt, wird in einem mutigen Menschen nicht Verdacht und Sorge hervorrufen, denn er ist sich seiner Fähigkeit sicher, die Gefahr zu überwinden.

Wir werden eifersüchtig, wenn wir die Frage stellen, ob wir selbst genügend geben. Wir befürchten, daß ein anderer mehr zu bieten hat – wir werden dann eifersüchtig, provozieren Streitereien und Enttäuschungen, die ihrerseits dazu dienen, uns noch unsicherer über unsere Stellung im Leben des anderen zu machen; und dieses verstärkte Gefühl von Unzulänglichkeit steigert noch unsere herausfordernde Eifersucht. In diesem Teufelskreis ist Eifersucht das Mittel, das uns in den Stand setzt, feindselig und angriffslustig zu handeln, obwohl wir es besser wissen sollten. Mit gesundem Menschenverstand könnten wir erkennen, daß wir eigene Mängel gutmachen müßten. Unser Mangel an Mut läßt uns dies jedoch nicht zugeben. Da wir fürchten, unfähig zu sein, uns besser zu verhalten, brauchen wir Eifersucht als Entschuldigung.

Das Gefühl von Unzulänglichkeit kann sich auf den persönlichen Wert im allgemeinen beziehen oder auch darauf, ob man als Mann oder Frau genügt, oder schließlich auf unsere Stellung innerhalb unseres eigenen Geschlechts. Die Frage des persönlichen Wertes beherrscht die Menschen, die von Kindheit an die Neigung haben, ihrem eigenen Wert zu mißtrauen. Manche seltsamen Wege werden gesucht, um diesen Mangel an Glauben zu verbergen. Im einen mag es ein Verlangen nach Vollkommenheit sein, und kein Verdienst, kein Talent, keine Bewunderung hindern einen solchen Menschen daran, sich minderwertig zu fühlen. Sicherheit wird zwar erstrebt, aber niemals erreicht. Da nichts als der Tod sicher ist, ist das Streben nach Sicherheit hoffnungslos. Das Gefühl der Unsicherheit wird zur Qual und verlangt Kompensation. Die Eifersucht bringt nun die Rechtfertigung für Forderungen, die der gesunde Menschenverstand nicht zulassen würde. Derjenige, der eine Garantie für Sicherheit will, soweit sie seinen Partner betrifft, ist dauernd eifersüchtig, einerlei, was er dabei erreicht.

Zeitweilige Eifersucht entsteht oft gerade in dem Augenblick, da wir unserer Mängel hinsichtlich unserer ehelichen Verpflichtungen gewahr werden. Das Verlangen anzuklagen will oft vermeiden, selbst angeklagt zu werden. Dieser psychologische Mechanismus führt zu seltsamen Zuständen. Sehr oft wird man unmittelbar, nachdem man selbst die Treue gebrochen hat, eifersüchtig. Die folgende Geschichte steht nicht allein:

Eine junge Frau lebte in sehr unbefriedigender Ehe. Sie kümmerte sich wenig um ihren Mann, dessen Eigenschaften und Verhalten sie verachtete. So entschloß sie sich schließlich, sich scheiden zu lassen. Ehe sie jedoch völlig miteinander brachen, ging sie in Ferien, um zu sehen, wie die zeitweilige Trennung auf sie beide wirken werde. Sie hatte eine großartige Zeit, fühlte sich der Sorgen entbunden und erholt, und ohne tieferes Interesse begann sie eine Affäre mit einem jungen Mann. Als sie nach Hause zurückkehrte, war ihr Gatte, wie sie erwartet hatte, nicht am Bahnhof, um sie zu begrüßen. Aber sie war verletzt, erregt und wurde das erste Mal eifersüchtig. Sie bildete sich ein, daß er es mit einer anderen Frau habe und sie vernachlässige. Dieses neue Gefühl änderte nicht ihre Haltung gegen ihn, und so ließen sie sich bald scheiden; aber dieser seltsame Vorfall blieb ihr lange rätselhaft. Für einen Augenblick hatte sie den Verdacht, sie könne ihn unbewußt lieben. Aber das war nicht echt, und so trieb sie die Scheidungsformalitäten voran. Allerdings wurde sie zum ersten Mal unsicher, ob sie sich in ihrer Beziehung zu ihm korrekt betragen habe, ob sie ihre Verpflichtung als Frau erfüllt habe. Ohne diesen Zweifel an sich selbst würde sie nicht gehofft haben, daß ihr Mann, der nie zuvor rücksichtsvoll und ihr jetzt fast ganz entfremdet war, sie am Zug abholen würde; und ohne Eifersucht hätte sie sich keinerlei Recht zugestanden, von ihm etwas zu verlangen, nachdem sie doch selber Fehler gemacht hatte.

Ein häufiges Element der Eifersucht ist die Konkurrenz mit dem gleichen Geschlecht. Unsere Einstellung zum eigenen Geschlecht färbt sehr stark auf unsere Beziehung zu einer Person des anderen Geschlechts ab. Frauen, deren Leben sich auf Männer konzentriert und die deshalb jede andere Frau als ihre Todfeindin betrachten, denken an ihren eigenen Mann wie an einen armen Gimpel, der durch alle diese intriganten Katzen gefährdet ist.

Bei der Konkurrenz zwischen Männern geht es mehr um Geschäfte und Arbeit, und die Frauen spielen eine zweitrangige, aber durchaus nicht zu vernachlässigende Rolle. Männer, die Zweifel an ihrer Männlichkeit haben, die andere Männer beneiden und sie als »wirkliche Männer« betrachten, so wie sie selbst es niemals sind, noch jemals sein werden, neigen dazu, auf Gunstbezeigungen, die ihre Frauen anderen Männern gewähren, empfindlich zu reagieren. Der andere Mann scheint dann oft viel wichtiger zu sein und erregt mehr Gefühle als die Frau, deren Untreue der Grund für all diesen Aufruhr zu sein schien. Die Eifersucht konzentriert sich durchaus nicht auf sie, und feindselige Handlungen, durch entsprechende Gefühle noch verstärkt, werden nicht in erster Linie gegen sie gerichtet, sondern gegen den Konkurrenten, von dem man fürchtet, daß er tatsächlich oder möglicherweise überlegen sei.

Als ein Ausdruck reiner Entmutigung, ob nun im Wettstreit mit dem Partner oder mit jemandem des eigenen Geschlechtes, dient die Eifersucht zur Entschuldigung für die Verstärkung des Kriegszustandes und der Aggressionen oder Unhöflichkeiten, die ein anständiger, liebevoller Mensch sich sonst niemals gestatten würde. Der Schuldige, der diese Handlungen begeht, schiebt die Schuld daran auf sein Opfer.

Erregen von Aufmerksamkeit und Machtgewinn

Das Gefühl der Unzulänglichkeit und Minderwertigkeit verstärkt das Kompensationsstreben. Die leichteste und naheliegendste Methode ist der Versuch, Aufmerksamkeit zu erregen. Menschen, die unsicher sind, ob sie genügend geliebt und geschätzt werden, verlangen dauernd Zeichen von Ergebenheit. Eifersucht ist dafür sehr dienlich. Jedes Interesse, das Zeit und Aufmerksamkeit vom Partner verlangt, erscheint gefährlich – jede Aufmerksamkeit, die einem anderen Menschen bewiesen wird, scheint das eigene Recht zu beeinträchtigen. Dieses ständige Begehren nach Aufmerksamkeit führt häufig zu Tyrannei, besonders wenn das ursprüngliche Verlangen nach unbegrenzter Aufmerksamkeit nicht völlig befriedigt wird.

Daraus folgt das Gefühl, vernachlässigt zu werden, und das führt zu verstärkten Ansprüchen. Unter dem Vorwand der Liebe und Ergebenheit schaut die eifersüchtige Person auf jeden Schritt ihres Partners. Und Gott möge beiden helfen, wenn der so beaufsichtigte Partner das ihm Auferlegte nicht genau beachtet! Wenn er nicht die Verantwortung für Ausbrüche von Schmerz, Leid und Gewalt auf sich nehmen will, so sollte er besser darauf bedacht sein, dem Verlangen des Eifersüchtigen nachzugeben. Dieser natürlich ist völlig »unschuldig«, nur durch Gefühle getrieben, die stärker sind als seine »besten Absichten«; und vor allem »entlastet« ihn sein tatsächlicher, unbezweifelbarer Schmerz von jeder Ungezogenheit.

Frau O. ist als einziges Mädchen unter mehreren Brüdern aufgewachsen. Sie stand immer im Mittelpunkt der Aufmerksamkeit und hat es verstanden, diese Stellung sich zu erhalten. Als sie heiratete, litt sie sehr an ihrem Gefühl der Eifersucht, das, wie sie erkannte, ungerechtfertigt war. Sie fragte ihren Mann immer wieder über seine früheren Erlebnisse mit Frauen aus, obwohl – oder vielleicht weil? – er ihr immer wieder versicherte, wie viel anziehender sie für ihn sei und daß er sie mehr liebe, als er jemals eine andere geliebt habe. Sie zweifelte trotzdem an ihrer Fähigkeit, mit der Schönheit anderer Frauen konkurrieren zu können. Sie machte kein Geheimnis aus ihrer Eifersucht und verbrachte viele Stunden in ziemlich quälenden Auseinandersetzungen mit ihrem Mann. Mit ihrer Eifersucht kontrollierte sie fast jede seiner Tätigkeiten. Immer wenn sie sich vernachlässigt fühlte, rief sie ihn im Geschäft an und versuchte, ausfindig zu machen, ob er gerade mit einer anderen Frau zusammen war. Unter dem Druck ihrer Eifersucht verhinderte sie, daß er sie allein ließ, und sei es selbst unter Mißachtung seiner beruflichen und gesellschaftlichen Verpflichtungen, die ihn von ihr ferngehalten hätten. Einmal, als ihre Bemühungen, ihn zu Hause zu halten, versagten, benützte sie die Eifersucht als eine Waffe gegen ihn, indem sie sofort ein Rendezvous mit einem andern Mann verabredete, um ihn auch eifersüchtig zu machen. Sie verließ sich also auf Eifersucht in jeder Hinsicht, indem sie entweder daran litt oder sie hervorrief.

Vergeltung

Wenn dieser gesteigerte Kriegszustand mit Tyrannei und Ausbrüchen von Klagen nicht die Position verstärkt und Macht gewährleistet – und er tut das nie, weil er nur die Opposition vermehrt und Empörung auf der Gegenseite hervorruft –, dann ist die letzte Phase offener Feindschaft erreicht. Die Eifersucht wird als schreckliche Vergeltungswaffe angewandt. Erfinderisch entdeckt die eifersüchtige Person den Punkt, wo der »geliebte« Feind am tiefsten verletzt werden kann. Unter dem Schutz der Wut werden die wildesten Anschuldigungen ausgestoßen, die verletzendsten

Bemerkungen greifen raffiniert die Würde und die Selbstachtung des Opfers an; was übrigbleibt, ist ein zuckendes Bündel von Hoffnungslosigkeit, ein Wesen ohne alle menschliche Würde.

Erregen von Eifersucht beim Partner

Nicht selten rufen wir Eifersucht hervor, ohne daß wir es selbst merken. Wenn wir unseren Partner im Ungewissen lassen, indem wir uns ihm nicht völlig hingeben, so schaffen wir wahrscheinlich ein tiefes Gefühl der Unsicherheit und Unzulänglichkeit. Manchmal erregt man Eifersucht beim Partner, um Anteilnahme und Aufmerksamkeit zu gewinnen oder wiederzugewinnen. Gelegentlich rufen wir Eifersucht hervor, um einen Grund zum Streiten zu haben, oder mit irgendeiner anderen Absicht, die wir uns selbst nicht eingestehen.

Einer meiner Studenten beklagte sich einmal bitterlich über die Eifersucht seiner Frau. In den letzten Monaten hatten sie täglich Streit miteinander. Sie beschuldigte ihn, seine Zeit mit anderen Frauen zu verbringen oder zuviel Aufmerksamkeit seiner eigenen Familie zuzuwenden und sie zu vernachlässigen. Eine kurze Analyse der Lage und besonders der Umstände, unter welchen diese Streitereien begonnen hatten, enthüllte eine erstaunliche Tatsache. Er stand vor einer schwierigen, entscheidenden Prüfung. In diesem Augenblick begann die Eifersucht seiner Frau. War dies nur ein Zufall? Bestimmt nicht. Ohne sich dessen bewußt zu werden, hatte er tatsächlich sein Verhalten ihr gegenüber so verändert, daß sie nicht anders als argwöhnisch werden konnte. Während er zuvor ein sehr aufmerksamer und zuverlässiger Gatte gewesen war, vernachlässigte er sie nun wirklich. Er kam später nach Hause, als er versprochen hatte, und zeigte kein Interesse mehr an ihren Problemen, war überempfindlich und angriffslustig. Wen wundert also, daß sie eine andere Frau argwöhnte. Und er, anstatt ihren Argwohl zu zerstreuen, vermehrte ihn noch, indem er mit ihr zankte und sie beschimpfte, ohne seine wirklichen Schwierigkeiten zu erwähnen.

Diese Situation könnte lediglich als ein Mißverständnis zwischen Mann und Frau betrachtet werden; aber sie war mehr als das. Durch die wiederholten Klagen, die Eifersucht seiner Frau mache es ihm ganz unmöglich, zu studieren und sich zu konzentrieren, enthüllte er, wie zupaß ihm diese Eifersucht gekommen war. Sie konnte ein etwaiges Versagen entschuldigen und gleichzeitig seiner Eitelkeit schmeicheln. Einer, der nicht mit den Schlichen des menschlichen Gemütes vertraut ist, wird es für unmöglich halten, daß er absichtlich, wenn auch unbewußt, seine Frau eifersüchtig gemacht hatte. Diese Auslegung mag phantastisch klingen, aber die Entwicklung zeigte doch, wie richtig sie war. Kurz nachdem er eingesehen hatte, daß er, ohne es zu wissen, Streitigkeiten und Mißstimmung erregt hatte, um später eine Entschuldigung für seine Unzulänglichkeit zu haben, wandelte sich die Lage zu Hause. Er war sich nun seiner geheimen Pläne bewußt, und es war ihm unmöglich, sie weiter zu verfolgen. Ohne daß er etwas Besonderes tat oder sich anstrengte, hörte seine Frau sofort mit ihrer Eifersucht auf. Er selbst war verblüfft über diese Veränderung zu Hause, nachdem er seine Furcht vor dem Examen überwunden hatte und nicht mehr nach Entschuldigungen Ausschau hielt.

Verständnis und Hilfe für einen eifersüchtigen Partner

Es ist nötig, die Psychologie eines eifersüchtigen Menschen zu verstehen, sonst bleiben wir blind für die tatsächlichen Ursachen. Die psychologische Unterweisung muß sehr sorgsam gehandhabt werden, wenn noch schlimmeres Unheil vermieden werden soll. So wollen wir noch einen Augenblick dabei verweilen, den Wert der vorhergegangenen Abschnitte zu betrachten. Für einen eifersüchtigen Menschen sind sie kaum von Nutzen; er kann sich selbst nicht klar sehen, wenn er seinen Gefühlen nachgibt.

Jeder, der mit einem eifersüchtigen Menschen zu tun hat, wird es nicht schwer finden, die psychologischen Hintergründe zu erkennen. Aber welchen Nutzen wird er daraus ziehen? Das ist der entscheidende Punkt für jede psychologische Unterweisung. Wir müssen uns vergegenwärtigen, daß die Psychologie wie jede andere menschliche Erfindung zum Guten oder zum Schlechten angewandt werden kann. Sie kann eine ungemein mächtige Waffe der Zerstörung sein, oder sie kann die Grundlage für Sympathie und Verständnis bilden. Wenn sich das Opfer einer eifersüchtigen Person auf die Erkenntnisse der Wissenschaft bezieht und seinem Gegner auseinandersetzt, er benütze seine Gefühle nur dazu, Aufmerksamkeit zu erregen oder jemanden zu tyrannisieren, so wird das Ergebnis wirklich alles andere als heilsam sein. Es würde den Betreffenden nur um so mehr in Wut versetzen und das Verhältnis noch unglücklicher machen. Psychologische Einsicht kann eigentlich nur so richtig angewandt werden, indem man es peinlichst vermeidet, das, was man weiß, in Worte zu fassen. Man sollte statt dessen diese Erkenntnis in geschicktes Verhalten und hilfreiches Handeln umsetzen.

Können wir einem Partner, der eifersüchtig ist, helfen? Was kann ein Mann tun, der eine eifersüchtige Frau hat? Die meisten Leute, die in diese mißliche Lage kommen, verneinen, daß irgend etwas getan werden kann. Sie weisen vielleicht darauf hin, daß der andere für »Vernunft« nicht empfänglich sei. Sie wissen nicht, daß sie mit Vernunft einen völlig sinnlosen Überredungsversuch meinen. Weil sie zu falschen Methoden greifen, betrachten sie den Zustand als unheilbar.

Wir wollen uns eine ganz gewöhnliche Situation vorstellen. Der Mann, der am Abend nach Hause kommt, findet seine Frau in vorwurfsvollem Schweigen. Sie antwortet nicht auf seinen Gruß. Spannung liegt in der Luft. »Was ist denn los mit dir?« Sie antwortet immer noch nicht. Offenbar ist sie verärgert. Er wird jetzt auch ärgerlich und verlangt eine Erklärung. Schließlich bricht es aus ihr heraus: »Du kannst zu deiner Freundin zurückgehen. Warum gibst du dir überhaupt noch Mühe, nach Hause zu kommen?«

Was tut nun im allgemeinen ein Mann in solch einer Lage? Wenn er gütig und rücksichtsvoll ist, versucht er vielleicht, ihr diese Sache auszureden und sie davon zu überzeugen, daß sie unrecht hat. Sehr bald wird er den typischen Fehler begehen, sich für seine Verspätung zu entschuldigen. Sie wird ihm nicht glauben, einerlei, was er sagt. Er selbst wird nun immer aufgeregter und ärgerlicher werden. (Die Leute sprechen zuviel in Ärger, in Bitterkeit. Sprechen kann die Menschen zusammenbringen, wenn sie in einer freundlichen Stimmung sind; aber wenn sie miteinander streiten und ärgerlich werden, dann sind Worte so schlimm wie Schläge und Peitschenhiebe und verletzen mehr als irgendein körperlicher Angriff.)

Dies ist der gewöhnliche Vorgang bei einer Eifersuchtsszene. Der Angeklagte versucht sich zu entschuldigen. Wir alle glauben so viel an Logik und verstehen so wenig von Psychologie! Anstatt nun psychologisch zu handeln, versuchen wir, logisch zu reden.

Logik ist bei weitem nicht so wirksam, wie wir meinen. Wir können vollkommen im Recht sein, aber wir sind im Unrecht, wenn wir zu erklären versuchen, daß wir im Recht sind. Wir vergessen, mit in Betracht zu ziehen, ob die Umstände für logische Überlegungen günstig sind oder nicht. Es ist unwichtig, ob wir recht haben oder nicht. Und bestimmt genügt es nicht, im Recht zu sein. Selbst wenn wir im Unrecht sind, können wir Erfolg haben, wenn wir psychologisch richtig handeln. Aber wir werden niemals

Erfolg haben, wenn wir logisch recht haben, aber psychologisch falsch handeln. Die Haltung unseres Gegenspielers, verstärkt durch heftige Gefühle, wird nie durch Argumente, ob logisch oder nicht, geändert werden. Für jedes geschickte Argument, das wir benützen, wird der andere drei bessere haben. Das Ergebnis kann dann nur beiderseitige Verstimmung und Ärger sein – ein Streit bis zu dem bitteren Ende, daß beide erschöpft sind und es ihnen leid tut, daß sie einander so aufs äußerste verletzt haben.

Ein anderer Fehler ist auch typisch, wenn wir es mit einer eifersüchtigen Person zu tun haben. Weil wir nicht verstehen, was in ihrem Kopf vor sich geht, können wir nicht erkennen, was ihr jetziges Leiden verursacht hat. Wir sehen nur die Ungerechtigkeit, die uns angetan wird. Wir fühlen uns ohne Grund beschuldigt, verletzt ohne Berechtigung. Unsere eigene Unfähigkeit in dieser peinlichen Lage macht uns ärgerlich. Da wir nicht wissen, was wir tun sollen, werden wir feindselig und streiten auch. Statt daß nur eine Person im Unrecht ist, sind es jetzt alle beide.

Oft genug können wir nämlich eifersüchtige Gefühle geschickt und leicht beschwichtigen – wenn wir unser selbst sicher sind und uns selbst nicht als gedemütigt oder mißbraucht ansehen. Ein kleines Lächeln, ein gütiger Ausdruck der Geduld, ein Kuß voll Zartheit, ein Wort aufrichtiger Zuneigung kann Wunder tun. Vielleicht finden wir eine angenehme Ablenkung, die die Aufregung besänftigt, wenn wir ein wenig warten können. Aber Schelten und Streiten wird nie eine richtige Entspannung fördern. Erst nachdem die Atmosphäre wieder gereinigt und die Spannung vorbei ist, ist die Gelegenheit für wirksame Hilfe gekommen.

Und der eifersüchtige Partner bedarf unserer Hilfe. Ihm zu sagen, daß er unrecht hat, ist ganz überflüssig. Jeder weiß, daß es falsch ist, der Eifersucht nachzugeben. Tatsächlich ist er aber viel weniger im Unrecht, als es von einem logischen Gesichtspunkt aus erscheint. Aber weil er sich selbst nicht versteht, drückt er sich unrichtig aus. Die Anschuldigungen entbehren jedes vernünftigen Grundes. Aber das Gefühl, unzulänglich oder vernachlässigt zu sein, ist nicht falsch. Es ist eine psychologische Tatsache, und der verständnisvolle Partner kann viel dazu tun, wenn er sich bemüht, Mut und ein gewisses Gefühl der Sicherheit hervorzurufen. Die Schwiegermutter oder der vermeintliche andere Mann oder die andere Frau sind Nebensache. Ihretwegen zu streiten geht am Wesentlichen vorbei. Aber die Versicherung von Liebe und Zuneigung erreicht die Wurzeln der Störung. Zeichen der Hochschätzung und der Achtung können jede Neigung zur Eifersucht abbiegen. Den andern fühlen zu lassen, wie sehr man ihn nötig hat, kann ihm helfen, sein eigenes Gefühl der Unzulänglichkeit zu überwinden.

Ein anderer häufiger Irrtum muß auch vermieden werden. Wenn wir Vorwürfe machen und streiten, Entrüstung fühlen und Verachtung, entsprechen wir im allgemeinen den Wünschen des Eifersüchtigen. Wir versuchen, ihn zu besänftigen, indem wir nachgeben. Wir versprechen, den anderen Mann oder die andere Frau nicht mehr zu sehen oder die Mutter seltener zu besuchen. Aber das bringt keine Lösung. Es führt sogar zu der Überzeugung, daß man nur nachgibt, wenn genug gezankt worden ist. Abgesehen davon, erzeugt es auch kein gutes Gewissen beim Ankläger; denn obwohl die Eifersucht jetzt triumphiert, erkennt der triumphierende Partner doch den Verdruß, den er verursacht hat; und jeder Sieg vermehrt nur die Furcht vor der unvermeidlichen letzten Niederlage. An diese wenigen Punkte sollten wir denken, wenn wir es mit einem Eifersüchtigen zu tun haben: nicht uns entschuldigen, nicht mit Hilfe der Vernunft streiten und ihn zu überzeugen versuchen, auch nicht nachgeben, fest bleiben und tun, was wir für richtig finden. Nachgeben wird sowenig helfen wie Streiten. Dem Partner aber das geben, was er tatsächlich braucht, Zuneigung und Ergebenheit, kann viel Erleichterung bringen.

Eifersucht als psychotherapeutisches Problem

Vom psychotherapeutischen Gesichtspunkt aus ist es im allgemeinen sehr schwierig, tief verstörte Menschen von ihrer Eifersucht zu heilen. Wenn sie überhaupt um Hilfe nachkommen, so wollen sie Beistand – gegen ihren Partner. Sie demonstrieren mit all ihrer intellektuellen Macht die Ungerechtigkeit und das gemeine Verhalten ihres Gefährten. Sie sind selten bereit, sich über sich selbst etwas sagen zu lassen, und wünschen eine Veränderung im Verhalten des Partners, nicht bei sich selbst. Therapeutische Hilfe und Einfluß können nur wirksam sein, wenn der Eifersüchtige in seinem Wunsch, daß man ihm helfe, aufrichtig ist.

Eine Art, einen eifersüchtigen Menschen zu heilen, ist, ihm überzeugend zu beweisen, was er wünscht. Wenn man sein Gefühl und sein Betragen töricht und sinnlos nennt, macht das keinen Eindruck auf ihn. Solche Bemerkungen oder Vorwürfe gehen ganz an der Lösung vorbei. Erstens ist sein Gefühl wirklich vorhanden. Es mag ohne Vernunft sein, aber es ist da und tut weh. Zweitens kann der eifersüchtige Mensch zwar zustimmen und zugeben, daß seine Eifersucht unvernünftig ist, aber hilft das? Im Gegenteil, es verdunkelt nur den wahren Sachverhalt. Niemand hat sinnlose Gefühle; man ist sich vielleicht nur ihrer Bedeutung nicht bewußt.

Die Heilung von Eifersucht ist daher ein Problem der allgemeinen Psychotherapie. Die Ursachen, die dieser Störung unterliegen, müssen zuerst erforscht werden, und der Patient muß zum eigenen Selbstverständnis gebracht werden, nicht nur in seinen augenblicklichen Konflikten, sondern in seiner ganzen Lebensanschauung, seinem Lebensstil. Dieses Verstehen, diese Einsicht jedoch sind nicht genug und nicht einmal bedeutsam, wenn sie nicht zu einem Wandel führen, zu einer Änderung fehlerhafter Ansichten und Methoden, zu einer Neuorientierung hinsichtlich der sozialen Stellung und der sozialen Einordnung. Ungerechtfertigte, wenn auch verständliche Minderwertigkeitsgefühle müssen getilgt werden; der Mangel an Gemeinschaftsgefühl beim Klienten, der sich auf dessen Erlebnisse und falsche Erklärungen während der Kindheit gründet, muß überwunden werden. Auf diese Weise entwickelt dann der Patient neuen Mut und Selbstvertrauen, um seine sozialen Probleme besser und erfolgreicher handhaben zu können.

Sehr gestörte Menschen können jeder Bemühung, sie zu behandeln, Widerstand leisten, obwohl sie behaupten, Hilfe zu suchen. Die Eifersucht eines chronischen Alkoholikers kann nicht behandelt werden, ohne den Patienten zuerst von seiner Alkoholsucht zu befreien. Eifersucht ist manchmal das Symptom einer schweren Geisteskrankheit, die als paranoischer Zustand bezeichnet wird; manchmal ist sie eine Wahnidee, die in die Gruppe der Geistesstörungen gehört. In diesen Fällen ist die Möglichkeit einer Behandlung nicht groß, da der Patient sich seines Zustandes nicht bewußt ist und daher eine Behandlung ablehnt. Nur wenn die Störung allzu bedenkliche Formen annimmt, muß man an psychiatrische Eingriffe und eventuelle Krankenhausbehandlung denken.

Überwindung der eigenen Eifersucht

Für den Durchschnittsmenschen ist es höchst wichtig zu wissen, was einer tun kann, um sich selbst in Ordnung zu bringen, wenn er zu Eifersucht neigt. Die Einsicht in unsere eigenen Neigungen kann sehr viel helfen. Ohne Zweifel ist diese Einsicht schwierig, wenn unsere eigenen Gefühle mit im Spiel sind, und eine Änderung ist sogar noch schwieriger. Sobald wir unser Verhalten auf der

Grundlage unserer Gefühle und Emotionen entschuldigen wollen, schließen wir die Vernunft als einen wirkungsvollen Faktor aus. Die Emotionen bekräftigen unsere Haltung so stark, daß wahrscheinlich kein anderer Einfluß Erfolg haben wird. Dadurch ist es so schwierig, die Eifersucht in uns selbst zu überwinden.

Warum aber geben wir die Vernunft auf, deren Macht doch die Gefühle hemmen würde? Zum Teil, weil es charakteristisch für alle Emotionen ist, ohne einen sichtbaren Vernunftsgrund oder Logik aufzutauchen und wieder zu verschwinden. Der Glaube, daß Gefühle unbeherrschbar sind – daß sie stärker sind als die Vernunft –, ist ein Teil unserer Kultur, die Jahrtausende zurückreicht. Die Annahme, daß das Fleisch schwächer als der Geist ist, ist nicht gerechtfertigt, weil das Fleisch nichts tun kann, was der Geist ihm nicht erlaubt. Hinter dem starken, unvernünftigen Gefühl liegen greifbare, sehr praktische Absichten. Es ist möglich, Emotionen zu überwinden, wenn wir mutig genug sind, ihre Bedeutung und ihre Auswirkung zuzugeben – ihre Tendenzen und ihre Ziele.

Wenn wir eifersüchtig sind, so genügt es nicht zuzugeben, daß wir uns schlecht verhalten haben; wir können solch ein Zugeständnis machen und doch fühlen, daß unsere Absichten gut waren. Wirkliche Einsicht erfordert, alle unsere gegenwärtigen Absichten zu erkennen. Wollen wir mehr Aufmerksamkeit? Wollen wir einen Druck und Gewalt ausüben? Wollen wir jemanden verletzen oder unseren Fehlschlag in der Ehe entschuldigen? Nur wenn wir die volle Verantwortung für unsere Absichten auf uns nehmen und dadurch auch für unsere Gefühle, können wir uns selbst helfen. Die Frau, die eifersüchtig ist, weil ihr Mann seine Mutter besucht, anstatt nach Hause zu kommen, hat es nicht mit ihrer Schwiegermutter zu tun, nicht einmal mit ihrem Mann, sondern mit sich selbst, mit ihrer Stellung, mit ihrem Wert. Dadurch, daß sie eifersüchtig wird, versucht sie, ihm zu beweisen, daß er sie nicht vernachlässigen darf, daß es ihm nicht erlaubt ist, für irgend jemanden außer ihr noch zu sorgen; und wenn er dies nicht beachtet, so wie sie es wünscht, dann muß er seine Zeit und Kraft ihr und ihren Streitereien opfern; und wenn er sich ihrem Verlangen nicht anpaßt, dann muß er eben darunter leiden.

Der wirkungsvollste Weg, feindliche Empfindungen zu überwinden, ist der, daß man sich des Zweckes bewußt wird, für den wir diese Empfindungen schaffen und aufrechterhalten. Wenn wir unsere Ziele verstehen und sie uns aufrichtig eingestehen, dann entdecken wir, wie wir in Wahrheit die Meister unserer Gefühle sind, seien sie nun gut oder schlecht. Diese Einsicht ist ziemlich schwer aufzubringen. Wir sind zwar bereit, die psychologischen Faktoren zuzugeben, die offensichtlich unsere Empfindungen *verursacht* haben; Zweifel an uns selbst und an anderen, Gefühle der Unzulänglichkeit, der Konkurrenz mit dem gleichen Geschlecht – dies ist leicht zu erkennen. Aber diese Erkenntnis hilft sehr wenig, solange wir diese Tatsachen für endgültig halten. »Das ist wahr, aber was kann ich tun?« Einsicht in unsere *Ziele* als Mittel der Umstellung entspricht unserer psychologischen Auffassung der Motivation. Wenn wir uns vergegenwärtigen, daß wir Eifersucht schaffen, um zu herrschen, wird dieses Gefühl schwächer, so daß es nicht länger mehr als eine angemessene Entschuldigung für unser Verhalten benützt werden kann. Wenn wir unsere Ziele kennen, haben wir die Möglichkeit, sie zu ändern. Gefühle kann man nicht bewußt verändern, aber Absichten und Ziele. Und wenn sich die Ziele ändern, dann müssen sich die Gefühle, die ja nur der Erreichung unserer Ziele dienen, dementsprechend wandeln.

Die Besserung muß bei uns selbst beginnen

Die Eifersucht eröffnet den Teufelskreis. Wenn wir eine eheliche Bindung eingehen, so kommt es zu der typischen Konfliktlage: Anstatt daß wir erkennen, daß jedes Problem eines der beiden Partner ein gemeinsames Problem beider ist, wendet sich jeder einzelne gegen den andern und wünscht, daß er den Konflikt beseitige. Jeder ist gewillt zusammenzuarbeiten, wenn nur der andere es nicht so schwermachen würde. Solange jeder verlangt, daß der andere zuerst sich wandelt, ist keine Hoffnung auf Besserung da. Es wird schließlich nur ein Kampf um Überlegenheit, ein Streit, wer zuerst nachgeben soll; und keiner wird es wollen. So verlieren beide die Hoffnung, und dieses Schwinden ihres Optimismus verstärkt ihre Angriffslust und überzeugt beide, daß nichts gerettet werden kann als das eigene Prestige. So bleiben beide in einem Streit stecken, wo sie mit Elend für einen Sieg zahlen, dessen sie sich höchstens einige Minuten erfreuen können – bis sie wieder die nächste Niederlage erleiden. Sie wissen nicht, wieviel sie tatsächlich tun können, um ihr Problem zu lösen.

Eine der grundsätzlichen Voraussetzungen für eine Lösung ist die Erkenntnis, daß der einzige Punkt, von dem jeder der beiden ausgehen kann, der ist, bei sich selbst zu beginnen. Es gibt keine andere Grundlage für ein erfolgreiches, wirkungsvolles Handeln. Wenn wir irgendeinem Eheproblem gegenüberstehen, so ist die einzige Frage, die zu einer konstruktiven Lösung führt, die: »Was kann *ich tun*?« Ehrliche Bemühung, zu entdecken, was jeder selbst beitragen kann, vermag die Pforte zu einem Ausweg selbst aus der gestörtesten und anscheinend hoffnungslosesten Lage zu öffnen. Keine Situation kann so verzweifelt sein, daß sie nicht die Möglichkeit einer Besserung bieten könnte. Die bestmögliche Antwort zu finden kann nicht immer Unbehagen und Unglück tilgen, aber im allgemeinen führt sie zu einer weniger verwickelten Lage und schließlich zu einer befriedigenden Lösung, die zuerst unmöglich erschien. Viele verlangen eine vollkommene Lösung für ein Problem, das für einen befriedigenden Abschluß noch nicht reif ist. Sie vergessen, daß es immer noch den Weg der Besserung gibt. So mühsam er sein mag, gewöhnlich ist er der einzige Weg, der zu Zusammenarbeit und Harmonie führt.

Diese Bemerkungen gelten für alle Eheprobleme. Wir haben die Eifersucht nur als ein Beispiel herausgenommen, um die Natur dieser Schwierigkeiten zu veranschaulichen. Um unsere Erörterungen mit einigen praktischen Anregungen zu schließen, die sich bei der Eifersucht ebenso wie bei jeder anderen Entzweiung anwenden lassen: Wenn auch jeder bei sich selbst anfangen muß, so kann doch mehr Hilfe von dem erwartet werden, der in einem gegebenen Augenblick weniger leidet. Beim Beginn eines Streites ist wahrscheinlich die eifersüchtige Person die, die sich am stärksten elend fühlt; daher muß ihr der andere Hilfe leisten, bevor er selbst sich so elend fühlt. Was kann einer da tun?

Erstens sollte er versuchen, die mißliche Lage seines Gefährten zu verstehen. Warum ist dieser eifersüchtig? Und was tat man, vielleicht unbeabsichtigt, um diese Eifersucht zu vermehren? Hat die Frau unterlassen, dem Mann genügend Zeichen ihrer Ergebenheit zu geben, oder hat sie vielleicht in ihm ein Gefühl der Unsicherheit hervorgerufen? Hat sie ihn vielleicht in ihrer Eitelkeit davon überzeugt, daß er ihr nicht gut genug ist? Wenn sie diesen Fehlgriff, der zu der gegenwärtigen Spannung beigetragen hat, irgendwie gutmacht, so kann sie dazu übergehen, Mut und Trost zu bieten, indem sie einen Rückfall in die frühere Gegensätzlichkeit vermeidet, in der klaren Erkenntnis, daß er ihre Hilfe *jetzt* braucht – nicht nachher. Und indem sie ihm hilft, hilft sie sich selbst, jetzt und später.

Wie können wir uns selbst davor schützen, eifersüchtig zu werden? Wenn wir tatsächlich gewissenhaft sind und bestrebt, den Ehefrieden und die Harmonie aufrechtzuerhalten, so sollten wir auf jedes Zeichen der Feindseligkeit in uns selbst achten. Es ist charakteristisch für unsere heutige Unsicherheit, daß wir gegen die kleinsten Anzeichen von Feindseligkeit sehr empfindlich sind – aber nur von seiten des andern gegen uns. Jedes feindselige Gefühl, das wir empfinden, sollte eine Warnung sein. Was geht in uns vor? Entdecken wir ein fatales Abgleiten unseres Selbstvertrauens, einen täuschenden Pessimismus, der an unserem eigenen Mut nagt? Dann sind die Gefahr und die Zerstörung schon nahe. Wir dürfen uns nichts vormachen: Die Quelle unserer Mißstimmung scheint außerhalb zu sein, aber sie ist in uns selbst. Es ist Zeit, jetzt zu betrachten, wohin wir gleiten. Warum zweifeln wir an uns selbst? Warum schauen wir nicht nach oben, anstatt uns niederdrücken zu lassen? Wir brauchen Gefühle, aber Gefühle der Begeisterung, der Hoffnung, des Eifers, des Optimismus und der Sympathie. Laßt uns deshalb auf jegliche Feindseligkeit, die wir fühlen, achten.

Wenn wir einen besseren psychologischen Zugang zu uns selbst finden, dann bereiten wir den Weg zur Besserung vor. Die Konfliktsituation ist nur ein Symptom. Wir können sie nicht heilen, ohne daß wir das ihr zugrundeliegende Übel anpacken. Wir können nicht erwarten, unsere Gefühle zu ändern, ohne daß wir irgendwie unsere Lebenshaltung ändern – unsere Meinung von uns selbst und die Methoden, die wir anwenden. Jeder Konflikt ist ein Test für unsere menschliche Zugehörigkeit, für unser Gemeinschaftsgefühl. Wenn wir entmutigt und feindselig werden und unser Zusammengehörigkeitsgefühl verlieren, können Konflikte zu Unglück führen. Andererseits können Konflikte Fortschritt und Entwicklung anregen, unsere Weisheit und unsere Erfahrung vermehren, eine Besserung unserer Lebenskunst zustande bringen und unser Selbstvertrauen heben.

Jede Konfliktsituation, die sinnentsprechend behandelt wird, ist ein Schritt vorwärts. Sie enthüllt die Mängel in unserer eigenen Erziehung, die Begrenzungen unserer Anpassung an die Gesellschaft. Nur ängstliche Menschen laufen vor Reibungen davon; für den Mutigen sind die Probleme da, damit sie gelöst werden. Deshalb sollten wir diese Herausforderung annehmen, um uns zu bessern. Wir sollten lernen, weniger zu verlangen und besser und glücklicher zusammenzuleben.

Die Natur der menschlichen Probleme

Zahllos sind die Probleme, die wir im Zusammenleben zu lösen haben. Unsere ganze Lebenszeit vergeht damit, Hindernisse zu überwinden. Die Ehe hat einen ganz eindeutigen Vorteil: Sie bringt zwei Menschen zu gegenseitiger Hilfe im Kampf ums Dasein zusammen. Aber obwohl uns die Ehe hilft, die Lebensaufgaben zu bewältigen – so ist sie selbst auch eine Aufgabe, die wir lösen müssen. Im Ehestand stehen wir nicht nur den allgemeinen Lebensproblemen gegenüber, sondern auch den besonderen Problemen, die sich in der Ehe zeigen. Wir können Probleme als einen Test für unsere Fähigkeit, sie zu lösen, betrachten. Unsere Eheprobleme sind dann ein Prüfstein unserer Fähigkeit, mit einem anderen Menschen eng zusammenzuleben.

Diese Betrachtungen legen nahe, daß jedes Problem sich auf verschiedene Stufen unserer Persönlichkeit und unseres Lebens bezieht. Es geschieht auf der oberflächlichen Stufe, daß der aktuelle Inhalt eines Problems zuerst auftaucht. Wir fühlen uns unbehaglich. Dieses subjektive Gefühl des Nichtglücklichseins scheint durch eine ganz bestimmte, konkrete Sachlage verursacht. Wirtschaftliche, soziale, berufliche oder sexuelle Konflikte scheinen besondere Anstrengungen zu verlangen. Wenn diese Bemühungen das Problem nicht lösen, sind Enttäuschung und Unzufriedenheit die Folge. Bisher waren Hilfe und Rat auf besondere Regeln beschränkt, die man zu beachten hatte, um die Zusammenarbeit und Harmonie im Leben oder in der Ehe aufrechtzuerhalten. Die Anregungen waren technischer Natur und empfahlen bestimmte Verfahrensweisen, um mit bestimmten Schwierigkeiten fertigzuwerden. Geschriebene Gesetze lenkten das persönliche Verhalten.

Der moderne Psychologe sucht hinter allen konkreten Problemen eine Struktur, die ganz verschieden ist von dem sichtbaren Problem selbst, das lediglich als ein Symptom angesehen werden muß. Jedes Problem hat Beziehung zu der Ganzheit einer gegebenen Lebenslage, die sich wiederum von unserer Vergangenheit – von unserem Lebensstil, unserer Erziehung, unserer Vorbereitung ableitet.

Jede konstruktive Erörterung der Probleme, die Unzufriedenheit und Schwierigkeiten verursachen, muß psychologische Irrtümer enthüllen, welche die Probleme hervorgerufen haben oder ihre befriedigende Lösung verhindern. Obwohl es uns scheint, daß unsere Begegnung mit dem Leben wirkliche, handfeste Konflikte hervorbringt, die verwunden, beleidigen und manchmal sogar töten, so liegt doch in Wirklichkeit der Konflikt nur in uns selbst.

Die Frage, ob eine Wirklichkeit überhaupt existiert oder nur in unserer Auffassung von ihr, schien eine philosophische Streitfrage – und zwar eine sehr verwirrte und verwirrende –, bis die Physiker die »geistige Natur« der Materie offenbarten, als sie entdeckten, daß jeder konkrete Stoff in seiner Ganzheit aus kleinsten, in ständiger Bewegung befindlichen Teilchen besteht. Der Stuhl, auf dem man sitzt, ist real, er besteht aus Holz oder Metall. Man erwartet nun, das gleiche Material immer zu finden, einerlei, wieweit man den Stuhl in seine Bestandteile zerlegt; aber das ist falsch. Wenn man weit genug geht, dann findet man Teilchen wie Elektronen, Neutronen und andere winzigste Körperchen, die jedoch vielleicht tatsächlich nur Wellen sind, nicht das, was wir im allgemeinen unter Substanz verstehen. Ihre Geschwindigkeit und Anzahl allein bestimmen das Material – Holz oder Metall –, die Beschaffenheit – ob fest oder flüssig oder gasförmig –, und die Farbe. Wir leben in einer ganz anderen Welt, wenn wir hinter die Oberfläche des »wirklichen Dinges« schauen.

Groß ist die Ähnlichkeit zwischen der Auffassung und der Betrachtungsweise der modernen Physik und der Psychologie.[1] Die Analyse konkreter Probleme enthüllt einen ähnlichen grundsätzlichen Unterschied zwischen der Erscheinung des Problems und den Kräften, die es verursachen. Jedes Problem ist der Ausdruck persönlicher und sozialer Kräfte unter der Oberfläche. Die Lösung von Konflikten verlangt ein Verständnis der zugrundeliegenden Tatsachen, der Verhältnisse und der Persönlichkeiten, die darin verwickelt sind.

---

[1] A. S. Eddington sagt über die neue Vorstellung der Physik von der Materie: »Es ist schwierig für den sich an Tatsachen haltenden Physiker, die Auffassung anzunehmen, daß die Grundlage eines jeden Dings geistigen Charakter hat. Aber ... Geist ist das erste und unmittelbarste Ding in unserer Erfahrung, und alles andere ist weitere Schlußfolgerung.« A. S. Eddington: The Nature of the Physical World. New York 1928.

Die Subjektivität von Tatsachen

Solange das Leben währt, werden Kräfte einander widerstreben, Interessen werden sich überschneiden, Forderungen werden einander widerstreiten. Das Leben wird immer dem Tod unterworfen sein, und das Wachstum wird immer suchen, die Zerstörung zu überleben. Dies ist wahr für das Leben als Ganzes wie auch für irgendeinen Teil von ihm. Es ist ebenso wahr für die Zelle wie für den Organismus, für die Einheit der Familie wie für die Nation und die Welt.

Konflikt und Gegensatz bedeuten nicht notwendigerweise Leiden. Selbst der Tod ist selten schmerzhaft. Wirklichen Mißgeschikken ist nur ein geringer Anteil unseres Kummers und Unglücks zuzuschreiben. Es ist schwer zu glauben, aber wahr, daß Tod, Krankheit, Krieg und Armut nur einen kleinen Teil des Elends verursachen, das die Menschen heute plagt. Die Fähigkeit der menschlichen Natur, sich selbst den schrecklichsten Bedingungen anzupassen, ist verblüffend. Der Ort unseres Leidens ist in uns selbst. Es kommt aus unserer Haltung gegenüber den Tatsachen, es liegt in unserem Innern.

Dies bedeutet nicht, daß wir uns erdreisten, die Lebensbedingungen zu vernachlässigen; im Gegenteil, wir erkennen jetzt mehr denn je die Zusammenhänge zwischen den Tatsachen und dem Geist. Wir wissen, daß der menschliche Geist Tatsachen und Zustände schafft und selbst durch Umstände und Erlebnisse angeregt wird. Zwischen einem Menschen und seiner Umgebung besteht eine dauernde Wechselwirkung. Aber ob eine Sachlage nun angenehm oder unangenehm ist, das hängt nur in begrenztem Grad von der Situation selbst ab. Unsere Einstellung drückt Annahme oder Ablehnung aus – und nur Ablehnung ist mit unangenehmen Gefühlen verbunden.

Unsere Haltung bestimmt die Bedeutung der Tatsachen. Tatsachen an und für sich, das Leben an und für sich, sind weder gut noch böse – weder angenehm noch unangenehm. Was wir daraus machen, darauf kommt es an. Fast alles enthält alle Möglichkeiten; selbst Tod oder Qual können angenehm und willkommen sein. Schmerz als ein Zeichen der Heilung oder des Fortschrittes – bei der Geburt oder als erstes Zeichen der Genesung bei einer Lähmung – können höchst angenehm sein. Das Gute mag von überall kommen, so auch das Übel. Ein gegebener Zustand kann zerstören oder anregen. Unsere eigene Entscheidung, unsere schon vorweggenommene Meinung leitet unsere Anschauung zum Schönen oder zum Häßlichen und befähigt uns, Hilfe oder Unheil zu finden. Unsere »tendenziöse Apperzeption« (zielgerichtete Wahrnehmung) verkehrt die Wirklichkeit in eine Fiktion: Wir sehen, was wir sehen möchten, wir finden, was wir zu finden erwarten. Wir lernen durch Erfahrung nur bis zu einem beschränkten Grade, weil wir im allgemeinen unsere Erfahrung selbst »machen«, das heißt, wir arrangieren sie und deuten sie abschließend nach unserem Wunsch.

Dieser »idealistischen« Auslegung des Lebens wird vorgeworfen, daß sie jeden Konflikt, der durch die äußeren Bedingungen hervorgerufen ist, außer acht lasse. Nach unseren alltäglichen Erfahrungen scheint unser Leben durch starke Kräfte der Umgebung bestimmt zu sein, mit denen verglichen unsere eigene Kraft nur winzig erscheint. Erbliche oder hygienische Verhältnisse, wirtschaftliche Sicherheit oder Arbeitslosigkeit, Krieg oder Wohlstand haben einen entscheidenden Einfluß auf den Verlauf unseres Lebens. Eine Gruppe von Leuten, die verfolgt oder unterdrückt sind, wird kaum glückliche Menschen aufweisen oder zeugen, und Hungernde können selten optimistisch sein. Sind also soziale Kräfte nicht wichtiger als die persönliche Haltung?

Widersprechende Gesichtspunkte tragen an vielen Mißverständnissen in unseren persönlichen Beziehungen, in der Forschung und in der Beratung Schuld. Materialismus und Idealismus vertreten verschiedene Lebensanschauungen. Lange Zeit waren wirtschaftliche sowie soziale Betrachtungsweisen und Lösungsversuche menschlicher Probleme ausschließlich materialistisch; religiöse und philosophische Vorstellungen waren im Gegensatz dazu mehr oder weniger idealistisch. Heutzutage bewegen wir uns jedoch auf eine dies alles umschließende Auffassung vom Leben zu. Wir finden in der Psychologie sowohl wie in der Soziologie beides, mechanistische und idealistische Tendenzen. Die Behavioristen zum Beispiel erkennen nur die greifbaren Einflüsse auf das Individuum an, während die Semantiker persönliche Interpretationen und Auffassungen als bestimmende Faktoren ansehen. Es scheint schwierig, beide Gesichtspunkte zu vereinen. In unserem Bestreben, diese beiden Aspekte zu verbinden, die beide anscheinend wahr sind und doch einander widersprechen, erhalten wir Hilfe von der modernen Physik. Die Physiker erklären, daß das, was wir »Kausalität« nennen, das Gesetz der großen Zahl ist, das besser »statistische Wahrscheinlichkeit« genannt werden sollte – während das einzelne Teilchen undeterminiert erscheint und man seine Bewegung und Geschwindigkeit nicht voraussagen kann. Wenn wir diesen Begriff der Kausalität auf die menschlichen Probleme anwenden, so ergeben sich interessante Folgerungen.

Die soziologischen Faktoren sind materielle Einflüsse, die das Schicksal der *Massen* bestimmen. Solche Einflüsse sind entscheidend nur für eine große Anzahl, aber nicht für den einzelnen Menschen. Die Zahl der Arbeitslosen hängt von wirtschaftlichen und sozialen Bedingungen ab. Jede Besserung dieser Verhältnisse verschafft einen Zuwachs der Beschäftigung und jede Verschlimmerung eine entsprechende Abnahme. Diese Beziehung ist deterministisch. Aber beispielsweise die Arbeitslosigkeit eines einzelnen wird weder durch wirtschaftliche oder soziale Verhältnisse noch durch die Zahl der anderen Arbeitslosen bestimmt. So ist es uns überlassen, wie wir der Notwendigkeit begegnen, unseren Lebensunterhalt zu verdienen. Wenn wir dies mit allen Mitteln versuchen, dann können wir wohl eine Arbeit bekommen – vielleicht jedoch zum Nachteil eines anderen, der dadurch entlassen wird –, oder wir können eine neue Arbeit schaffen.[2]

Das ist der idealistische Zugang zu einem Problem, im Gegensatz zum kausalistischen Determinismus. Beide Betrachtungsweisen haben einen bestimmten Wert, wenn wir klar unterscheiden, daß der erste gewählt werden sollte angesichts persönlicher Probleme und der zweite in der Beurteilung der allgemeinen Bedingungen. Der Prozentsatz der Personen, die in einer bestimmten Gemeinschaft Selbstmord begehen, bleibt von Jahr zu Jahr verblüffend beständig und wird mit wirtschaftlichen Verhältnissen (Getreidepreis zum Beispiel) oder mit sozialen und politischen Umständen in Zusammenhang gebracht, die allein die Zu- oder Abnahme in der Zahl verursachen sollen. In Kriegs- und Revolutionszeiten nimmt im allgemeinen die Zahl der Selbstmorde ab. Aber ob ein einzelner Mensch Selbstmord begeht oder nicht, ist gänzlich unabhängig vom Getreidepreis oder der Kriegssituation. Obwohl allen allgemeinen Einflüssen ausgesetzt, sind seine Handlungen doch nicht völlig durch diese bestimmt, noch hat irgendein anderer Faktor entscheidende, unveränderliche Macht über ihn. Der einzelne ist frei, Pläne zu machen und dementsprechend zu handeln. Seine eigene Haltung, die, einer momentanen Eingebung folgend, aber auf der Grundlage seines persönlichen Lebensstils und in Übereinstimmung mit diesem sich bildet, entscheidet, welche Schritte er unternimmt und in welcher Richtung er sich bewegt.

---

[2] Das sollte natürlich nicht so ausgelegt werden, daß dies eine Lösung des Problems der Arbeitslosigkeit darstellt!

Der Hintergrund ehelicher Konflikte

Alle Eheprobleme besitzen den gemeinsamen sozialen Hintergrund unserer Zeit. Dies ist die Ursache, warum, wie schon erwähnt, die Probleme von Tausenden von Frauen und Männern sich ähneln. Jedes Beispiel eines Konfliktes oder Streites zwischen Mann und Frau spiegelt den Einfluß der allgemeinen Probleme wider, denen sich heutzutage die Menschheit gegenübersieht. Wirtschaftliche Unsicherheit, die Hilflosigkeit, die so viele hinsichtlich der sozialen, politischen und ökonomischen Meinungsverschiedenheiten unserer Zeit fühlen, der Mangel an Beständigkeit, der durch tiefe Wandlungen der Werte und Sitten hervorgerufen wird, der Verfall unserer Gesellschaft in kleinere Einheiten, deren jede auf ihren eigenen Vorteil schaut, der tiefe Argwohn gegeneinander, den das Vorherrschen von Konkurrenz und Rivalität schafft, und am meisten von allem der Kampf um Geltung zwischen Mann und Frau – dies sind die Elemente, die sonst banalen und unbedeutenden Auseinandersetzungen Tiefe und Bedeutung geben. Wenn man jedoch diese Tatsachen kennt, dann hilft das noch wenig beim Überwinden der mißlichen Lage von Mann und Frau. Damit die Erkenntnis von Nutzen sei, muß sie angewandt werden. Unglücklicherweise ist ein technischer Rat allein von begrenztem Wert, auch schon weil die persönliche Haltung das wichtigste Motiv hinter der Szene ist. Das Verständnis unserer selbst und unseres Partners, die Einsicht in die betreffenden Aspekte der menschlichen Natur werden sich wahrscheinlich als die wirkungsvollste Hilfe erweisen, die ein Mensch bei seiner schwierigen Aufgabe, Leben und Ehe zu meistern, finden kann.

Das Problem der sexuellen Anpassung

Wenn wir erörtern, was allgemein als dem Glück im Wege stehend angesehen wird, so wollen wir unsere Augen für die tiefliegenden menschlichen Konflikte und Nöte offen halten. Die sexuelle Übereinstimmung wird als eine der Grundlagen ehelichen Sichverstehens betrachtet, da ja die Ehe die gesetzliche Institution ist, die sexuelle Befriedigung vorsieht. Seltsam genug jedoch ist die beiderseitige sexuelle Befriedigung eher eine Ausnahme als eine Regel in unseren heutigen Ehen. Als bekannt wurde, wie häufig es sexuelle Enttäuschung in unseren Ehen gibt, erschien eine Menge Bücher, um die sexuellen Beziehungen in der Ehe zu verbessern. Viel wurde geschrieben über die Unterschiede des männlichen und weiblichen Sexualrhythmus und wie die Schwierigkeiten, die dadurch entstehen, zu beseitigen sind. Die Leute haben sich in diese Art der Literatur vergraben, in der Hoffnung, eine Antwort auf ihren Hunger nach befriedigenden Erlebnissen zu bekommen. Viele Ehepaare haben vielleicht Trost in diesen Büchern gefunden. Jedoch zweifle ich noch daran, ob ihr neues sexuelles Glück von den technischen Ratschlägen stammt oder von der neuen Einstellung eines enttäuschten Ehepaares, das sich in der Wißbegierde und in dem Abenteuer, eine gemeinsame Aufgabe miteinander zu lösen, wieder zusammenfindet. Es ist möglich, daß dieses gemeinsame Erleben eine tiefere, längeranhaltende Einheit der Absichten und Interessen zustandebringt als einst die Hochzeit; aber eine neue Technik allein kann keine dauernde Wirkung haben oder eine gefährdete Beziehung retten.

Der Ausdruck »sexuelle Verschiedenheit« wird allzu gern als eine Entschuldigung verwendet und allgemein mißbraucht, um die Ablehnung zu verbergen. Ohne Zweifel wird jeder einzelne durch gewisse Typen des anderen Geschlechts sexuell mehr angezogen als durch andere. Frühere Erlebnisse und persönliche Neigungen haben ganz individuelle Arten der Bevorzugung zur Folge. Obwohl es, wenn auch selten, vorkommt, daß eine Person sich von einem Typ allein angezogen fühlt, so kann solch eine Bevorzugung nur im Verlauf des Werbens von Bedeutung sein. Nach der Hochzeit beherrschen andere Faktoren die Geschlechtsbeziehung. Der am meisten bevorzugte »Typ« kann bald alle Anziehungskraft verlieren. Wir haben einen Fall erwähnt, wo der Ehegatte seine Frau sexuell wiederentdeckte, nachdem er der Überzeugung gewesen war, daß sie ihn niemals mehr anziehen könne. Der Mangel an sexuellem Interesse im allgemeinen, das Fehlen sexueller Anregung, Verschiedenartigkeit sexueller Ansprüche, ungeeignetes sexuelles Verhalten, Impotenz und Frigidität, sexueller Widerwillen oder Abneigung – dies sind nicht die Ursachen der sogenannten »sexuellen Unverträglichkeit«, sondern die Folgen persönlicher Konflikte. Sie spiegeln entgegengesetzte Haltungen von Mann und Frau wider; diese Haltungen beeinflussen ihr sexuelles Verhalten. Ohne irgendwelche technischen Anleitungen – die nichtsdestoweniger ihre Verdienste zweifelsohne haben – können zwei Menschen, die sich aufrichtig lieben, einander auch sexuell entdecken und sich dauerhaft anziehend finden.

Die Materialisten überschätzen die Bedeutung der sexuellen Konstitution und der vollen Befriedigung. Sie glauben an eine sexuelle Vorbestimmung und an die physische Erschöpfung des Verlangens. Wir wollen die Tatsachen betrachten. Sehr häufig ist die Hochzeitsnacht die erste große Enttäuschung, und nur zu oft stellt sie den Beginn der Ernüchterung und des Nichtglücklichseins in der Ehe dar. Braut und Bräutigam können aneinander nicht Befriedigung finden, und auch später lernen sie nicht, einander besser zu verstehen. Ihre sexuelle Konstitution ist zu verschieden, so erklärt man das. Oder sie finden sich von ihrer Leidenschaft mitgerissen, die in Ekstase brennt, aber nach einer kurzen Weile sinkt die Flamme zusammen. Wenn ihr Verlangen gesättigt ist, dann schauen sie nach neuen sexuellen Reizen aus, nach neuen Abenteuern, nach neuen Erlebnissen. Auch in weniger extremen Fällen mögen solche Leute glauben, daß der Reiz die tägliche Routine nicht überleben kann; daß neue Erlebnisse nötig sind, um das Verlangen am Leben zu halten – daß Eintönigkeit die Lust tötet. Millionen von Menschen glauben an die angeborene sexuelle Verträglichkeit und an die natürliche Verflüchtigung des Begehrens, weil ihre Erlebnisse solch einen Glauben zu bekräftigen scheinen; und sie sind unfähig, diese Erlebnisse genauer zu untersuchen.

Befriedigung erfordert gegenseitige Anpassung

Wenn zwei Menschen ein sexuelles Verhältnis eingehen, so bringt jeder in diese Vereinigung seine Persönlichkeit mit, eine Reihe alter Erlebnisse – und natürlich auch seine körperliche Konstitution. Es muß ein ganz außergewöhnliches Zusammentreffen sein, wenn sie wirklich vollkommen zueinander passen. Liebe zu üben ist eine Kunst, die durch Training zu entwickeln ist wie jede andere Kunst. Je besser die Künstler sind, um so besser passen sie unmittelbar zusammen. Aber selbst, wenn sie die Kunst überhaupt nicht verstehen und sich in ihrem anfänglichen Verhalten sehr unterscheiden, so können sie doch zusammenfinden. Jede sexuelle Beziehung ist ein Vorgang gegenseitigen Anpassens, wenn sie über den ersten Akt leidenschaftlicher Auslösung hinausgeht.

So wollen wir zuerst einige der Unterschiede feststellen, die zwei Liebende beieinander antreffen. Jeder von beiden kann passiv oder aktiv sein, fordernd oder unterwürfig, führend oder folgend. Jeder von beiden kann aggressiv oder geduldig sein, rücksichtslos oder empfindsam, egoistisch oder rücksichtsvoll. Alle diese Eigenschaften drücken sich im sexuellen Verhalten aus. In manchen Zügen oder Gewohnheiten kann ein natürliches Zusammenklingen, eine beiderseitige Harmonie walten. Können wir dies je von allen persönlichen Zügen und Gewohnheiten erwarten? Wie wenig kennt sich das Paar, ehe es sich so eng verschmilzt – und wie leicht wird es daher enttäuscht! Außerdem begegnen beide einander in ihrer ganzen persönlichen Vergangenheit. Was sie erlebt haben, was sie gern gehabt haben, was sie geträumt haben – dies alles taucht in dem einen Augenblick der Vereinigung auf. Hunderte von Menschen begegnen sich in dem einen Paar.

Aber die Liebenden erkennen nicht ihre unsichtbaren Teilnehmer – und sie sind enttäuscht, wenn dieses ganze »Volk« nicht zusammenpaßt. Alle die Gemütsbewegungen, die einander gegeben und voneinander empfangen wurden, alle Gefühle für die Geliebten, die Gestalten von Vater und Mutter, von Bruder und Schwester, von Freunden oder Freundinnen – sie alle fließen zusammen mit dem Menschen, mit dem wir in der Liebe untertauchen. Wir erleben nicht einen wirklichen Menschen, sondern zunächst ein Symbol von all dem, was wir geliebt und erwartet haben. Selbst wenn die Umstände günstig sind und der Gefährte jedem Verlangen entsprechen kann, so wachen wir doch früher oder später aus dem Traum auf. Dann müssen wir lernen, unseren Partner zu erkennen und seine Person zu lieben. Aber wenn wir nicht ihn, sondern die Vorstellung, die wir von ihm haben, lieben, dann werden wir enttäuscht und ziehen uns zurück. Unsere Liebe kann nur dann fortdauern, wenn dieses neue Erlebnis stark genug ist, die Vergangenheit zu besiegen und ein neues Kapitel in unseren Ansprüchen und in unseren Erwartungen zu eröffnen. Wenn die Partner dabei versagen, diese notwendige beiderseitige Anpassung zustandezubringen, dann wird das Ergebnis sexuelle Enttäuschung und immer mehr Mißklang sein.

Herr und Frau A. kamen wegen ihres unbefriedigenden Sexuallebens zur Beratung. Sie waren einander sehr zugetan und hatten Sinn für Zusammenarbeit. Das half ihnen, einander zu verstehen und im allgemeinen ihre beiderseitigen Lebensprobleme übereinstimmend zu lösen; aber sexuell hatten sie sich völlig auseinandergelebt und waren jetzt an dem Punkt angelangt, wo sie sich aneinander nicht mehr erfreuen konnten. Der entscheidende Faktor ihrer Enttäuschung schien der Unterschied ihrer emotionalen Erziehung zu sein. Frau A. war das einzige Kind einer sehr zärtlichen Mutter und war in einer Atmosphäre von Zärtlichkeit und unverstellter Zuneigung aufgewachsen. Herr A. jedoch hatte seine Familie schon verlassen, als er dreizehn Jahre alt war, hatte sich von dieser Zeit an selbst durchgeschlagen und seine Jugend als Matrose verbracht. Als er sich endlich ein Heim und eine eigene Familie wünschte, machte Frau A. mit ihrer mütterlichen Hingabe Eindruck auf ihn, und er verliebte sich in sie. Sie liebte ihn, weil er selbstgenügsam war, ein starker Mann, der ihr Schutz und Beständigkeit verhieß. Beide hatten in ihren Erwartungen recht, aber irrten sich in einem Punkt. Sie konnte sich keiner nur zärtlichen Liebkosung hingeben, ohne sein geschlechtliches Verlangen zu erregen. Er lehnte ihren Wunsch ab, ihm nur nahe zu sein, nur geküßt und gestreichelt zu werden, und sie nahm seine brutale Inbesitznahme übel. All die Jahre wurde die gegenseitige Ablehnung stärker und stärker, bis er impotent wurde und schließlich jedes sexuelle Verlangen völlig verlor, weil er ihre schmerzliche und widerstrebende Unterwerfung fühlte. Beide lernten nicht zu lieben, was der andere gern hatte; jeder fühlte sich in seinem eigenen »berechtigten« Verlangen betrogen. Beide wünschten, Befriedigung zu erhalten, aber nicht, sie zu geben.

Die Einstellung ist wichtiger als die Technik

Dieses Streben nach Befriedigung ist unglücklicherweise sehr allgemein vorhanden und die Quelle von viel Reibungen und Enttäuschungen. Wenige erkennen, daß sexuelle Befriedigung im Befriedigen liegt. Nicht, daß sie nicht die Absicht hätten, Befriedigung zu geben, aber sie leben nicht ineinander – nur in sich selbst. Für sie gilt nur, ob ihr eigenes Fühlen, ihre eigene Fähigkeit, ihr eigenes Dasein verletzt oder abgelehnt werden. Sie kommen nicht von sich selbst los. Befriedigende Liebe bedeutet, den anderen Liebenden zu erleben und zu erfühlen, ohne Rückhalt und ohne Bedingung. Und sobald einer ein forderndes Gefühl erlebt, zieht sich sein Gemüt von dem anderen zurück und kreist nur um sein eigenes Selbst.

Das gleiche gilt, wenn sich das Gefühl einer Verpflichtung oder einer Bedrohung des eigenen Prestiges entwickelt. Obwohl man darauf bedacht erscheint, seine Pflicht zu erfüllen, ist dieses Gefühl der Verpflichtung – diese Beflissenheit, ob man fähig sein wird oder nicht – unvereinbar mit dem völligen Sich-Hineinfühlen in den Partner. Jedes Interesse abseits von dem beiderseitigen Erfreuen und Befriedigen lenkt ab und tötet das Gefühl. Impotenz und Frigidität sind dann die Folgen aus diesem Rückzug des Gefühls. Sie sind neurotische Mechanismen und verbergen die wahren Absichten wie jedes neurotische Symptom. Während man sich anscheinend bewußt damit befaßt, Befriedigung zu geben und Befriedigung zu nehmen, ist man in Wirklichkeit mehr am eigenen Prestige oder Versagen oder an anderen Problemen der Verteidigung interessiert.

Es ist der Widerwille gegen ihre weibliche Rolle, der manche Frau zögern läßt, ihren weiblichen Anteil in der Vereinigung zu übernehmen, und dieser Widerwille erzeugt Frigidität. Oft sind sich die Frauen nicht einmal dessen gewahr, daß sie frigid sind, denn sie lieben ihren Mann und fühlen sich sogar sexuell angeregt. Aber sie versäumen die letzte Gefühlssteigerung, die ja die völlige Hingabe erweist. Andere erwarten vergebens einen gewissen Anreiz, weil sie nicht merken, daß sie selbst die Entwicklung ihrer Gefühle zu voller Kraft verhindern.

Die männliche Impotenz entsteht ähnlich. Impotenz bedeutet entweder das Verlangen, sich zurückzuhalten, Distanz zu halten, oder sie verrät den tiefen Zweifel, ein »wirklicher Mann« zu sein. Der Mangel an sexueller Erregung oder ungenügende Tiefe der Erregung bedeutet immer ein Sich-Zurückhalten und den Wunsch nach Distanz, was oft in ehelicher Unzufriedenheit und mangelnder Übereinstimmung in anderen Lebenssphären seinen Ursprung hat.

Es ist nötig, daß wir den physiologischen Unterschied von männlichem und weiblichem Rhythmus der sexuellen Empfindungen betrachten, der neuerdings so viel diskutiert worden ist. Was im allgemeinen dabei übersehen wird, ist die Tatsache, daß Männer und Frauen unter allen Umständen sich einander anpassen müssen, weil keine zwei Personen die gleiche Erfahrung haben. Die Gefahr im sexuellen Zusammenleben ist die Neigung, Ansprüche aneinander zu stellen. Er oder sie »sollten« anders handeln und reagieren, langsam oder schnell, sanft oder heftig, durch Hinzufügen oder durch Unterlassen von gewissen Handlungen. Ohne Zweifel erziehen wir einander, aber nie durch Forderungen. Eine Forderung erregt nur Widerstand und schafft Zwietracht und Gegensatz.

Wenn die beiderseitige Befriedigung nicht automatisch erfolgt, muß man bei sich selbst beginnen und sich dem andern anpassen. Frauen sind leichter enttäuscht als Männer. Es ist eine Frage, ob ihre verzögerte Reaktion physiologischen Ursprungs ist oder ein Ausdruck ihrer allgemeinen zögernden Einstellung gegenüber der sexuellen Erfüllung, wie sie ja offensichtlich durch soziale Konventionen verlangt wird. Diese Erziehung zur Passivität macht die Frauen mehr dazu geneigt, Forderungen zu stellen und dann enttäuscht zu sein, da sie ja die Lösung von ihrem Partner erwarten.

Dann führt ein Teufelskreis wieder zu heimlichem Groll und tiefen Störungen der sexuellen Beziehungen.

Tatsächlich sind Frauen und Männer sich ähnlicher, als materialistische Physiologen gern glauben möchten. Zwei Menschen, darin vereint, daß sie sich mit ganzem Herzen gegenseitig akzeptieren, haben eine bemerkenswerte Fähigkeit, sich einander anzupassen. Dann wird alles, was in dem einen geschieht, von dem anderen geteilt. Es bleibt eines der menschlichen Wunder, wie Menschen fähig sind, Gefühle, sogar Gedanken über die Schranke ihrer eigenen begrenzten Körper hinweg aufeinander zu übertragen. Solange sie ihre Befürchtungen und Ängste nicht dazwischentreten lassen, solange sie in voller Entspannung empfänglich bleiben, wird jeder Gefühlsimpuls des einen beide zugleich berühren. Unter diesen Bedingungen geschieht jede Erregung und Befriedigung gleichzeitig, ganz einerlei, wie der Akt oder das Tempo vor sich gehen. Das Ausmaß gegenseitiger Anpassung ist praktisch unbegrenzt. Es hängt dies alles von dem uneingeschränkten guten Willen ab, einander zu akzeptieren, ohne Ansprüche und ohne Ärger, ohne Klage und ohne Unbehagen. Alles ist recht, solange beide es so lieben. Einseitige sexuelle Befriedigung ist immer ein Mißbrauch des Partners und nicht sehr verschieden von Vergewaltigung.[3] Liebe ist eine beiderseitige Aufgabe, Sexus ein beiderseitiges Sichverstehen.[4]

Liebe braucht dauernde Pflege

Eheleute, die dies wissen, werden darauf bedacht sein, Zuneigung und Verständnis immer wieder aufs neue zu gewinnen, anstatt an ihre eigenen Rechte zu denken. Zu viele vergessen, sobald sie verheiratet sind, ihre Fähigkeit, zu bezaubern und zu verführen. Sie glauben, daß die Heiratsurkunde ihnen ein Recht auf Befriedigung garantiert. Und wenn ihre Erwartungen sich nicht verwirklichen, dann verlangen sie mehr, anstatt zu versuchen, den andern wieder zu erobern. Viele Frauen geben sich große Mühe, attraktiv zu sein, wenn sie ausgehen oder ihre Freunde besuchen, aber vernachlässi-

---

[3] »Wer immer seinen Partner des anderen Geschlechtes demütigt und mißachtet, dem wird das Glück der Liebe versagt bleiben.« W. Beran Wolfe: How to Be Happy though Human. New York 1931.

[4] »Alles, was aus dem richtigen Verständnis kommt, ist richtig, so wie alles nutzlos sein wird, wenn einer nicht in Harmonie mit seinem Partner ist.« S. Lazarsfeld: Rhythm of Life. 1934.

gen sich in der Intimität ihres häuslichen Lebens. Sie halten die Liebe ihres Gatten für garantiert, anstatt immer aufs neue seine Bewunderung und seine Zuneigung zu gewinnen. Wenn sie einmal verheiratet sind, scheint es ihnen nicht mehr wichtig, ob sie die Empfindungen und Wünsche ihres Mannes entfachen, und sie vergessen alle die vielen kleinen Mittel, die sie so erfolgreich anwandten, um ihn zu fangen. Sie mögen sogar solche Mühen für demütigend halten. Nein, sie wollen so geliebt werden, wie sie sind! Keine Frau ist so jung und hübsch, daß sie nicht geschickte Methoden braucht, um die Neigung ihres Mannes lebendig zu halten, und keine ist so alt und häßlich, daß sie diese nicht mehr finden kann.

Viele Männer ihrerseits betragen sich ganz in der gleichen Art. Nach ihrer Heirat, oder zumindest nach den Flitterwochen, vergessen sie oft die »süßen kleinen Nichtigkeiten«, die soviel Entzücken gespendet haben – oder zumindest behalten sie sie für gesellschaftliche Gelegenheiten bei, um ihre Zuneigung in der Anwesenheit der anderen zu zeigen. Sie versäumen zu erkennen, daß eine Frau Zeichen der Liebe und Zuneigung braucht und nicht etwas als selbstverständlich annehmen kann, wenn es nicht immer wieder und wieder zum Ausdruck kommt. Es ist weder schwieriger noch weniger befriedigend, einer Frau nach der Hochzeit den Hof zu machen. Oft jedoch sind die Männer gar nicht dazu erzogen, dies zu tun. Sie sehen ihre Frauen an eheliche »Pflichten« gebunden und verlangen sexuelle Befriedigung als Teil des Geschäfts. Viele von ihnen denken tatsächlich, daß nur das männliche Begehren wichtig sei und daß die Frauen es zu akzeptieren hätten, wann immer es auftaucht. Sie glauben, daß die Frauen immer bereit sein müßten, aber nie selber verlangen dürften.

Die Überzeugung von ihrer männlichen Überlegenheit unterstützt diese irrtümliche und oft fatale Anmaßung vieler Männer. Sie haben nicht gelernt, daß die Empfänglichkeit für das Sexuelle die Pflicht beider Gefährten ist, und jeder Mißklang im sexuellen Zusammenleben als ein gemeinsames Problem betrachtet werden muß, das nur gelöst werden kann, wenn beide Parteien ihre Bemühungen um die gemeinsame Aufgabe vereinen.

Jedes Problem ist eine gemeinsame Aufgabe

Es ist lebenswichtig für das Eheglück, zu erkennen, daß jedes störende Problem eine gemeinsame Aufgabe ist, die nach beiderseitiger Ermutigung und Hilfe ruft. Die schlimmste, mißlichste Situation, in die ein Ehepaar kommen kann, muß nicht unbedingt die Einheit gefährden; im Gegenteil, häufig knüpft sie die beiden noch mehr zusammen. Der Ernst der Lage ist dann von keiner Bedeutung. Alles hängt von der Fähigkeit der beiden Partner ab, zusammenzuhalten, wenn sie sich einer schwierigen Aufgabe gegenübersehen. Die gleichen Gesichtspunkte und ein sicheres, von beiden akzeptiertes Wertsystem vermehren die Widerstandskraft eines Paares gegen jeglichen Rückschlag. Eine starke religiöse Haltung, eine feste Grundvorstellung vom Leben, die von Mann und Frau geteilt wird, geben der Ehe Bestand. Dies bedeutet nicht, daß Verschiedenheit in der Religion oder gegensätzliche Überzeugungen unbedingt ein Nachteil sind. Solche Unterschiede verlangen nur ein breiteres Verständnis – einen gut entwickelten Sinn für Toleranz. Diese schließt starke moralische Werte in sich, die einen sonst nachteiligen Mangel an Übereinstimmung mehr als wettmachen können.

Verschwägerte Verwandte sind eine Aufgabe für beide Partner

Sehr gefährlich und doch fast allgemein ist die Bedrohung ehelicher Harmonie durch verschwägerte Verwandte. Nicht daß irgendeine mißliche Situation, die sich aus dieser Quelle ergibt, schwieriger zu behandeln wäre als eine andere; aber hier ist die Versuchung groß, dem Partner und seiner Familie die Schuld an den entstehenden Gegensätzen zuzuschieben. Die Mutter des Mannes und seine Familie stören im allgemeinen mehr. Während die Mutter einer Tochter oft einen neuen Mann in der Familie willkommen heißt, ist der Mutter eines Sohnes oft kein Mädchen gut genug für ihr »Prachtstück«. Es gibt natürlich viele Ausnahmen von dieser Regel, aber die Erfahrung zeigt doch einen kleinen Vorteil zugunsten der Mutter der Frau. Einerlei aus welchem Bereich die Gefahr droht, sie wird zu Schwierigkeiten und Enttäuschung führen, wenn nicht beide Seiten sich bewußt entscheiden, das Problem als eine gemeinsame Aufgabe anzusehen. Andernfalls wirft einer dem andern vor, parteiisch zu sein und kein Verständnis zu haben.

Wenn einmal diese Gegensätzlichkeit entstanden ist, dann ist eine zufriedenstellende Lösung versperrt. Wenn man einander zu überzeugen versucht, daß er oder sie unrecht hat, dann bringt das keine Hilfe und auch kein besseres Verständnis. Die Frau des Sohnes vergißt zu leicht, daß er auch unter ihrer Herrschsüchtigkeit oder Verzärtelung leidet, auch wenn er selbst, als ein guter Sohn, sich verpflichtet fühlen mag, seine Mutter gegen jede Anklage zu verteidigen. Wenn sie sich seines Konflikts zwischen einer bewunderten Mutter und einer geliebten Frau bewußt wird, so wird eine geschickte Frau ihm helfen und ihn nicht aus der Fassung bringen mit ihren Klagen, gleichgültig wie gerechtfertigt sie auch sein mögen. Es ist nicht schwierig, eine wirkungsvolle Lösung des Konflikts zu finden, den viele als fast unlösbar betrachten, wenn wir nur unsere Vorstellungskraft und unsere Intelligenz richtig gebrauchen. Die fraglos verschiedenen Interessen der verschiedenen Familienmitglieder mögen wirklich nicht in Einklang zu bringen sein, zumindest nicht für den Augenblick. Aber die Harmonie der Ehe muß deshalb nicht notwendigerweise darunter leiden.

Frau R. kam zur Beratung: Sie war erst seit kurzem verheiratet, und das Paar kam ganz gut miteinander aus. Nur ein Problem schien unlösbar – die Familie ihres Mannes. Sie war jetzt am Ende ihrer Weisheit und war gekommen, um herauszufinden, was sie tun solle, bevor sie weitere Fehler mache, die sicherlich ihre Ehe gefährden würden. Der Mann hatte vor seiner Ehe mit seiner Schwester zusammengelebt, die es immer mit Erfolg fertiggebracht hatte, daß er nie in eine zu enge Beziehung zu einem Mädchen trat. So war er nicht mehr sehr jung, als er sich in Frau R. verliebte, die durch ein mühsames Werben schließlich den Sieg über seine Familienbande errang. Die Schwester, die auch fürchtete, seine finanzielle Unterstützung zu verlieren, war wütend. Sie lehnte es sogar ab, zu seiner Hochzeit zu kommen.

Kurz darauf brachte die Schwester mit vielen Vorwürfen den Mann dazu, sie zu besuchen. Er zögerte einen Augenblick, weil er ihre Hartnäckigkeit fürchtete – doch er ging hin. Frau R., nicht eingeladen, war nicht sehr glücklich, denn auch sie nahm die offene Abweisung ihrer Schwägerin übel und fühlte, daß unter diesen Umständen ihr Mann eigentlich nicht hätte gehen sollen. Ihr heimlicher Groll wurde zu offenem Ärger, als Herr R. von dem Besuch sichtlich als ein anderer Mensch zurückkehrte. Er war kalt, unfreundlich, reizbar, und zum ersten Mal in ihrer kurzen Ehe wurde die Atmosphäre unerfreulich und gespannt. Dieser Zustand dauerte mehrere Tage an. Kein Wort wurde gesprochen, aber die frühere Harmonie wurde schließlich von selbst wiederhergestellt.

Aber der Friede war nur kurz und oberflächlich. Wenige Wochen später rief die Schwägerin an und lud Herrn R. wieder ein. Diesmal nahm Frau R. eine entschiedene Stellung gegen seine Besuche ein. Die Folge war ein erstes offenes Zerwürfnis und Feindseligkeit. Obwohl er eigentlich seiner Frau keine Schuld geben konnte, warf Herr R. ihr doch Mangel an Verständnis vor, weil sie sich in seine Familienverpflichtungen einmische. In dieser Situation kam Frau R. und bat um Hilfe. Sollte sie ihn gehen lassen und riskieren, daß er durch ihre Schwägerin gegen sie aufgestachelt würde? Wenn er seine enge Beziehung zu seiner Familie wiederherstellte, würde er sich wahrscheinlich von seiner Frau zurückziehen. Oder sollte sie sich seinem Wunsch, seine Schwester zu besuchen, widersetzen und dabei offenen Streit riskieren? Das würde ihren Mann nicht daran hindern, heimlich zu tun, was er wollte.

Ich versuchte, Frau R. verständlich zu machen, daß weder Streiten noch Nachgeben ihr helfen würde. Aber es gab doch noch eine andere Möglichkeit: Herr R. selbst war zweifellos in einem schweren Konflikt und wußte nicht, was er tun sollte. Seine Ergebenheit gegenüber seiner Frau war im Konflikt mit der Treue zu seiner Familie. Warum half sie ihm nicht? Und so entdeckte Frau R. eine Lösung. Sie kam nach Hause und sagte ihrem Mann, sie wolle ihn seiner Familie nicht entfremden; aber hielte er es nicht für richtig, sie bei seinem Besuch mitzunehmen? Er reagierte spontan und stark und war tief dankbar für ihre Bereitwilligkeit, mit ihm zu gehen, nach all den Demütigungen, die sie von seiner Schwester erfahren hatte. Er rief seine Schwester sofort an und fragte sie, ob er mit seiner Frau zusammen kommen könne. Die Schwester erfand dieses Mal eine Ausrede, versprach aber, ihn zu einem späteren Zeitpunkt einzuladen – aber er erhielt nie mehr eine Einladung. Von diesem Augenblick an wurden alle Probleme mit seiner Familie durch den Mann und die Frau gemeinsam gelöst. Es hat sich nie mehr irgendeine Streitigkeit zwischen ihnen aus dieser Quelle heraus ergeben.

Nicht alle Konflikte mit verschwägerten Verwandten können so leicht gelöst werden. Es erfordert mehr Ausdauer und Geduld, immerfort mit Menschen zusammenzukommen, die schon das bloße Dasein der Frau als eine Art Beleidigung empfinden. Aber solange sie nicht zuläßt, daß irgend jemand sie von der Seite ihres Mannes vertreibt, solange sie versucht, mit seinen Begriffen zu denken, ihn zu ermutigen, ihn zu unterstützen und ihm zu helfen, seinen Konflikt zu überwinden, kann wirklich nichts ihren Zusammenklang stören. Manchmal kann sie sogar am Ende ihre Schwiegermutter für sich gewinnen, die zu der Einsicht kommen muß, daß sie, auch wenn sie immerzu mit ihrer Schwiegertochter kämpft, sie doch nicht aus dem Herzen ihres Sohnes vertreiben kann.

Diese günstige Lösung mag anfangs unmöglich erscheinen. Aber sie kann von einem tapferen, gütigen Menschen, der sich in die Leiden derer, die ihn demütigen und verletzen wollen, einzufühlen vermag, erreicht werden. Wenn dies unmöglich ist, so ist die Frau vielleicht imstande, ihren Mann zu überzeugen, daß es keinen Weg gibt, seiner Mutter zu helfen, einerlei, wie aufrichtig sie ihn auch suchen. Wenn er seine Frau als einen echten, verläßlichen Kameraden erkennt und Vertrauen in sie und Kraft durch sie gewinnt, dann vermag er vielleicht, den natürlichen Schritt zu tun, um seine eigene Unabhängigkeit von seiner Mutter zu verwirklichen, eine Unabhängigkeit, die glücklichere Männer unter weniger dramatischen und schmerzlichen Umständen gewannen. Jedenfalls ist das richtige Verhalten der Frau, die weder nachgibt noch kämpft, sondern versteht und hilft, imstande, ein Gleichgewicht zwischen Mutter und Sohn herzustellen, das nicht länger die Ehe gefährdet.

Dasselbe gilt natürlich für die Verwandten der Frau, soweit es den Mann betrifft. Seine Eifersucht oder sein Besitzanspruch kann niemals dadurch gerechtfertigt werden, daß er sich durch seine verschwägerten Verwandten abgelehnt oder gar gedemütigt fühlt. Wenn er glaubt, er könne Unterwürfigkeit von seiner Frau verlangen, wenn er es als Pflicht eines Mädchens ansieht, ihre Familie zu verlassen und ihrem Manne nachzufolgen, dann zeigt er kein Verständnis für ihre menschliche Verfassung. Er mag hier Nachgiebigkeit erzwingen, aber er wird dadurch nur die Feindseligkeit zur Reife bringen, die er gesät hat. Forderungen als ein Mittel, Schwierigkeiten zu lösen, bleiben sinnlos, auch wenn der Mann denkt, er habe ein Recht, sie durchzusetzen. Leider sind die Männer oft nicht bereit, ihren Frauen Mut und Trost in einer mißlichen, konfliktreichen Lage zu spenden. Es sieht so aus, als ob ein gewisser Begriff männlicher Überlegenheit die Männer davon abhalte, Sympathie und Verständnis zu zeigen. Empfindliche Sorge um ihr Prestige wird allzuleicht erregt, und sie scheinen es ihrer Würde schuldig zu sein, Gehorsam zu verlangen und zu erzwingen. So ist das Problem, obwohl es scheinbar durch die verschwägerten Verwandten entstanden ist, in Wirklichkeit durch die herrschsüchtige, anspruchsvolle Haltung des Mannes geschaffen.

Wirtschaftliche Schwierigkeiten

Auch hier muß das wirkliche Problem von dem scheinbaren sorgfältig unterschieden werden. Wirtschaftliche Schwierigkeiten werden oft dafür verantwortlich gemacht, daß die Harmonie gestört ist. »Wenn die Armut zur Türe hereinkommt, dann fliegt die Liebe zum Fenster hinaus.« Dies klingt ganz schön – aber ist das wahr? Ich habe viele Ehen gesehen, in welchen wirtschaftliche Not den Bruch sogar verhinderte – und dies nicht nur, weil das Ehepaar nicht mehr die Kosten für die Scheidung aufbringen konnte. Wahrscheinlich ist es nicht einfach die finanzielle Möglichkeit, die Kosten aufzubringen, die die Anzahl der Ehescheidungen in einer Zeit des Wohlstands erhöht.

Not kann zwei Menschen enger zusammenbringen, kann aber auch ihre ehelichen Bande zerbrechen. Die Zeit der großen Wirtschaftsdepression vertiefte manche Ehen und ruinierte andere. Jede Art von Mißgeschick ist eine Prüfung des Mutes und der Aufrichtigkeit der beiden Partner; sie ist ein Test der Grundlage, auf der die Ehe aufgebaut ist. Wenn die Frau nur um der finanziellen Sicherheit willen geheiratet hat, dann natürlich beseitigt der Verlust eines entsprechenden Einkommens die einzige Grundlage, auf welcher diese Ehe beruhte. Andererseits, wenn ein Zusammengehörigkeitsgefühl da ist, wird Unglück sie noch stärken. Unter wirklich quälenden Umständen verschwinden viele geringfügige Gegensätze, die oft so schädlich für das beiderseitige Verständnis sind. Ein wirklich katastrophales Unglück läßt keinen Platz mehr für Dinge, die sich um persönliches Prestige drehen. Jeder Wunsch, besser zu sein, jede Angst, geringer zu erscheinen, verliert den Sinn, wenn das nackte Dasein physisch, wirtschaftlich oder sozial bedroht ist. Frauen, die sich vorher mit Vergnügungen, mit ihrer Erscheinung und mit Luxus abgegeben haben, werden wirkliche Gefährtinnen ihres Mannes, opfern jede Behaglichkeit, um ihm zu helfen und sogar finanzielle Unterstützung gewähren zu können. Gar manches Paar hat unter solchen Umständen positive Eigenschaften und Züge aneinander entdeckt, die sie niemals zuvor vermutet hatten.

Es kann jedoch nicht geleugnet werden, daß wirtschaftliche Störungen nur allzuoft der unmittelbare Grund für den Zusammenbruch einer Ehe sind. Aber die Erfahrung hat uns gelehrt, über die unmittelbaren Konflikte hinaus nach tieferen Gründen auszuschauen. Wie schon vorher gesagt, waren vielleicht die Grundlagen einer solchen Ehe niemals breit genug, um jeder Belastung zu widerstehen, oder sie waren schon so verschlechtert durch andere Nöte, daß die geringste zusätzliche Belastung den Zerfall vervollständigte. Wir müssen hinter jedem ehelichen Zusammenbruch den Erzfeind menschlicher Zusammenarbeit vermuten: die Überbetonung des persönlichen Prestiges. Wie kann ein wirtschaftliches

Unglück die persönliche Geltung beeinträchtigen? Um diese Frage zu verstehen, müssen wir die tiefere Quelle vieler Ehezwiste erkennen, die auf wirtschaftlichen Schwierigkeiten gegründet scheinen.

Der Mann als Versorger

Die vorherrschende Auffassung über Rechte und Pflichten von Männern und Frauen gibt finanziellen Dingen eine eigentümliche Tönung. Viele Frauen messen ihren gesellschaftlichen Wert an dem Geld, das ein Mann für sie ausgibt, mag er nun der Mann oder ein Freund sein. Ist die finanzielle Leistungsfähigkeit des Ehemannes beeinträchtigt, so erscheint das als eine unerträgliche Verletzung ihrer sozialen Geltung. Jeder Mann, der sich erkühnt, ihre Eitelkeit zu gefährden und ihre soziale Stellung zu bedrohen, hat die volle Wucht ihrer Verachtung und Entrüstung zu ertragen. Auf dieser Basis beginnen persönliche Streitigkeiten und gegenseitige Beschuldigungen. Aber es gibt noch eine andere Seite dieses Bildes. Die Männer betrachten sehr oft ihre eigene Stellung als eng verknüpft mit dem Geld, das sie verdienen. Diese Auffassung ist so allgemein, daß ein Mann, der nichts verdient oder kein Geld hat, als eine Niete angesehen wird. Ohne Arbeit zu sein ist für einen Mann noch schwieriger zu ertragen als für eine Frau. Das tiefe Gefühl persönlicher Unzulänglichkeit auf seiten des Mannes, der seine Arbeit oder sein Vermögen verloren hat, steigert die Heftigkeit seines Kampfes um persönliche Geltung in der Familie und stört tief das eheliche Gleichgewicht.

Wenn der Mann die Familie nicht im richtigen Maße versorgt oder es nicht kann, bedarf es vielen Mutes und eines tiefen Gefühles der Würde auf beiden Seiten, um die eheliche Harmonie aufrechtzuerhalten. Die Frau neigt dann dazu, seinen Mißerfolg als persönliche Beleidigung anzusehen, indem sie das Versagen des Mannes im Geldverdienen dahingehend auslegt, daß er Frau und Familie vernachlässigt. Dem Mann geht seinerseits seine Unzulänglichkeit sehr nahe, auch wenn sein Stolz ihn daran hindert, sein Schamgefühl zu zeigen. Aber seine Handlungen beweisen klar seine sinnlosen und störenden Versuche, einen Ausgleich für die ihm zugeschriebenen Fehler zu suchen. Er mag aktiv oder passiv dagegen protestieren, etwa indem er im Bett bleibt und sich weigert, seinerseits irgendeinen Beitrag zu leisten, oder er mag den Tyrannen spielen, der Ansprüche stellt und die andern Familienmitglieder herumkommandiert.

Die Frau versteht im allgemeinen ganz und gar nicht, warum er sich so beträgt, und ihr Ärger steigt, wenn er immer weniger gewillt ist, ihr zu Hause zu helfen. Sie denkt dann, er sollte sich *mehr* verpflichtet fühlen, häusliche Pflichten auf sich zu nehmen, wenn er schon nicht arbeitet. Sie erkennt nicht, daß seine Auffassung, häusliche Arbeit sei weibisch und deshalb minderwertig, sein Schamgefühl noch vertieft. Ihr Nörgeln treibt ihn immer tiefer in eine ausweglose Opposition.

Wenn die Männer dazu erzogen wären, die Hausarbeit als nicht minderwertig zu betrachten, und die Frauen dazu erzogen wären, die Versorgung der Familie nicht als ausschließliche Sache des Mannes zu sehen, dann würde die Arbeitslosigkeit des Mannes kaum ein Problem schaffen. Etwas anderes ist die Lage in den verschiedenen Berufen der Männer, wo die Bedeutung des Mannes als Künstler, Schauspieler, Schriftsteller, Komponist oder Gelehrter weniger von dem Geldbetrag, den er verdient, abhängt. In diesen und ähnlichen Bereichen mag ein Mann hohe Geltung in seinem Beruf haben und doch arm sein, und seine Frau kann stolz auf ihn sein, selbst wenn sie ihn unterstützen muß. Frauen und Männer in dieser Gruppe schauen oft auf die Männer herab, deren einzige Leistung die Versorgung ihrer Angehörigen ist.

Ein Wandel in der Auffassung des Mannes als des einzigen Versorgers führt zu neuen Schwierigkeiten in anderer Richtung. Viele Männer stoßen sich daran, wenn ihre Frau wünscht, außerhalb des Hauses zu arbeiten und selbst Geld zu verdienen. Sie betrachten es als persönliche Demütigung, wenn ihre Frau arbeitet. Tatsächlich ist es ein Kampf um Überlegenheit und Geltung, der viele Männer daran hindert, einer Karriere ihrer Frau zuzustimmen. Solch ein Hindernis zu überwinden ist nicht leicht für eine Frau, die allerhand leisten kann und auf persönliche Anerkennung schaut. Aber weder Streiten noch Nachgeben wird helfen. Kämpfen kann vielleicht zu einem Bruch der ehelichen Bande führen. Selbst wenn sie gewinnt, so wird er ihr ihren Erfolg doch immer verargen und in manchen Fällen im Wettstreit mit seiner Frau so entmutigt werden, daß seine eigene Tüchtigkeit davon betroffen wird. Und wenn sie nachgibt, mag sie einen heimlichen Groll in sich hegen, der entweder zu einem unglücklichen, leeren Leben führt oder zu anderen Ausdrucksformen von Unabhängigkeit, die ihrem eifersüchtigen Mann genausowenig behagen.

Der Konflikt zweier Eheleute schließt nicht eine Übereinkunft aus, die dann wieder ein befriedigendes Gleichgewicht schaffen kann. Viele fähige und auf Karriere bedachte Frauen verzichten freiwillig darauf, weil sie erkennen, wie störend es für die Entwicklung ihres Mannes wäre. Solch ein Entschluß kann natürlich nicht als eine »Kapitulation« betrachtet werden. Er ist überlegt und bei vollem Bewußtsein der dadurch erlangten Vorteile gefaßt worden. Aber wenn die Frau an einer bestimmten Arbeit ernsthaft interessiert und entschlossen ist, sie weiterzuführen, dann ist ihr Nachgeben infolge von Drohungen oder Einschüchterungen keine Lösung des Problems. Sie sollte Mittel finden, ihre Ehe zugleich mit der Entwicklung einer Laufbahn aufrechtzuerhalten. Dies erfordert die Fähigkeit, die Zustimmung ihres Mannes zu gewinnen. Argumente und Tränen, Drohungen und Beschuldigungen werden nur die Gegensätze steigern. Mutige Frauen, die eine Karriere vor sich haben, können genügend gütig und fest zugleich sein, um einen Mann zu überzeugen, daß er nichts verliert, nicht einmal seine männliche Überlegenheit, wenn sie ihr eigenes Tätigkeitsfeld finden.

Einerlei, ob der Konflikt durch das Versagen des Mannes in der Versorgung oder durch seinen Wunsch, der einzige Versorger zu sein, geschaffen wurde, die gleichen Prinzipien gelten und sind zu beachten, wenn ein Unheil vermieden werden soll. Vor allem muß die Frau das Problem ihres Mannes erkennen und ihm helfen, es zu lösen. Er bedarf der Ermutigung, selbst wenn er – nein, weil er – versucht, den Tyrannen zu spielen. Der Mann, der seine Frau von einer Laufbahn abhält, beweist damit seine Entmutigung und seine Angst, er könne unfähig sein, seine Überlegenheit zu behalten. Ihm zu beweisen, wie unrecht seine Forderungen sind, würde ihm nur beweisen, wie recht er hat, wenn er ihre Ergebenheit in Frage stellt.

Immer wenn Probleme der Geltung, des Mißtrauens, des Mangels an Glauben sich erheben, sind logische Argumente ohne Wert. Demütigung kann nicht dadurch vermieden werden, daß man den anderen demütigt. Äußerungen aufrichtiger Zuneigung und Beweise von Liebe stärken das Gefühl zusammenzugehören und lassen leichter Übereinstimmung zustande kommen. In einer Atmosphäre offenherzigen Vertrauens können die extremsten Meinungsverschiedenheiten beseitigt werden. Eine Frau, die nicht glaubt, daß ihr Mann jemals zustimmen könne oder daß sie jemals imstande sei, ihm ihren Gesichtspunkt verständlich zu machen, bereitet damit nur den Boden für Streit und Enttäuschung.

Zweifel am Partner, oft nur auf dem unbewußten Verlangen beruhend, die eigene Überlegenheit zu beweisen, ist häufig die bewegende Kraft hinter scheinbar unvermeidlichen Mißverhältnissen. Die Frau eines Trinkers, Gegenstand öffentlicher Sympathie und Bewunderung wegen ihrer Ausdauer und Treue, hat oft mehr zu dieser Familiensituation beigetragen, als irgend jemand vermuten könnte. Oft genug wählt eine ehrgeizige und tüchtige Frau einen schwachen und unbeständigen Mann. Während sie sich ihrer Anstrengung rühmt, ihn zu leiten und zu »retten«, preist sie sich tatsächlich nur wegen ihrer eigenen Tugendhaftigkeit und seiner Schwäche. Diese Art von Frau macht es jedem Mann schwer, anständig zu sein. Er hat keine Aussicht, mit ihrer so offensichtlichen Tugend zu wetteifern; und wenn er sie mit seinem erwarteten schlechten Betragen bestraft, ist dies nur ein kleiner Trost. Er erkennt selten, daß er dadurch, daß er sie quält, nur zu ihrem Ruhm beiträgt. Die Frau eines Trinkers ist oft ein typischer Märtyrer; je mehr sie leidet, desto »heiliger« wird sie.

In der Geschichte einer solchen Ehe finden wir viele Momente, in denen eine Frau den Mann vom Trinken hätte abhalten können. Eine gewisse Festigkeit hätte ihn spüren lassen können, was für Folgen sein Betragen hat: sie zu verlieren, in einer Zeit, als ihm noch an ihr gelegen war und er sich noch nicht allzusehr wegen ihrer Verachtung und Nörgelei ihr entfremdet hatte. Aber nach jedem Streit und jeder Drohung gab sie bei und glaubte seinen Versprechungen, von denen sie doch wußte, daß er sie nicht halten werde. Einen Trinker zu behandeln erfordert zuerst, auf seine Frau Einfluß nehmen. Die Heiligkeit der Frau und die Lasterhaftigkeit des Mannes passen zusammen und sind typisch für Märtyrertum. Dieses sonderbare Gleichgewicht ist niemals die Schuld des Mannes allein.

Obwohl es so klingen mag, als ob man die Schuld an diesen Konflikten auf die Frauen abwälzen wollte, wissen wir doch, daß Recht und Unrecht niemals ausschließlich auf einer Seite sind. Aber leider müssen die Frauen am meisten unter ehelichen Zwisten leiden. Ihre persönliche Abhängigkeit von der Eintracht in der Ehe macht sie empfindsamer für Harmonie – und gibt ihnen auch mehr Verantwortung. Es ist eine Tatsache, daß das Schicksal einer Ehe im allgemeinen mehr von dem Verhalten der Frau abhängt als von dem des Mannes. Die Frauen wurden seit Jahrhunderten zur Häuslichkeit erzogen. Ihr »natürliches« Interesse an Eheangelegenheiten kann nur durch einen sehr starken männlichen Protest überwunden werden. Die Frauen sind ein beherrschtes Geschlecht gewesen und sind es noch; aber sie waren immer die Macht hinter dem Thron. Diese Stellung hat die Frau dazu veranlaßt, andere Methoden zu gebrauchen als die rohe, offene Aggressivität, die den Männern gestattet ist. Ihre Fähigkeit, diplomatisch vorzugehen, die den Vergleich mit Katzen nahelegt, gibt ihnen einen Ausgleich für den Mangel an tatsächlicher Macht. Die Männer tanzen, wie die Frauen pfeifen, weit öfter als umgekehrt. Das bedeutet nicht, daß die Frauen nicht ebensoviel Ermutigung und Beistand nötig haben wie die Männer; aber die Frauen zeigen ihr Verlangen nach Schutz bereitwillig, während die Männer durch ihren männlichen Stolz daran gehindert werden. Oft ist der stärkste Mann im Grunde genommen wie ein Kind, und die schwächste Frau kann den überzeugenden Einfluß einer Mutter haben. Das ist der Grund, warum wir eher den Frauen beistehen müssen, mit ihren Männern auszukommen, als zu warten, bis die Männer lernen, ihre Frauen als Partner anzusehen.

Die Fähigkeit, den Partner zu einem gemeinsamen Ziel hinzuleiten, ist immer dann nötig, wenn widerstreitende Interessen auftauchen. Es gibt immer Interessenkonflikte, denn wir können nicht erwarten, daß zwei Personen die gleichen Wünsche, Interessen und Ansichten haben und sich an den gleichen Vergnügungen und Zerstreuungen freuen. In manchen Fällen ist das Feld gemeinsamer Interessen weit, in anderen eng. Es ist keine Frage, daß es leichter ist, auf beiden Seiten die Teilnahme aufrechtzuerhalten, wenn die Ehe auf einer breiten Grundlage gemeinsamer Ziele beginnt; aber in jedem Fall hat jeder Partner sein eigenes Interessenfeld zu erweitern, um mit der bisherigen Erziehung, der Tätigkeit und den Belangen des anderen übereinzustimmen. Es erscheint weniger ratsam, zu verlangen, daß einer seine früheren Interessen ausschalten solle, weil sie dem anderen widerwärtig sind. Der positive Wunsch sollte mehr Gewicht haben als die negative Ablehnung, weil einen ursprünglichen Widerwillen zu überwinden die Grundlage der Übereinstimmung erweitert, während das Aufgeben eines Verlangens die Grundlage verengt und einen heimlichen Groll hervorruft. Solch eine Anpassung erzeugt, erzieherisch betrachtet, Wachstum und, psychologisch betrachtet, ein Gefühl, etwas vollbracht zu haben, eine Erhöhung also des sozialen Wertes. Jeder Partner sollte bereit sein, es zumindest einmal zu versuchen, sich für die Liebhabereien des anderen zu interessieren. Ein aufrichtiges Bemühen, daran teilzunehmen, wird es leichter machen, einiges aufzugeben, wenn es sich als zu schwierig oder zu fremd für den Partner erweisen sollte.

Unsere heutige Ehesituation verlangt aus mehr als einem Grund, daß die Frau die Führung übernimmt, nicht nur weil sie durch Erziehung und Tradition im allgemeinen geeigneter ist, Impulse zu geben und Einfluß auszuüben, sondern auch weil gegenwärtig die Frauen im allgemeinen mehr als die Männer die Neigung haben, ihre Interessen zu erweitern. Wenn der Mann ein Künstler oder Gelehrter ist oder in einem besonderen Kulturbereich arbeitet, dann erweckt er im allgemeinen das Interesse seiner Frau an seiner Tätigkeit. Wenn er das nicht fertigbringt, wird seine Ehe wahrscheinlich scheitern. Zu viele Männer sind nur an Geschäft und Arbeit interessiert. Ihre sonstigen Interessen sind begrenzt auf Politik und Erholung mit Freunden, auf Trinken und Spielen. Interesse an Kunst, Büchern, Musik, Psychologie und anderen kulturellen Betätigungen wird in zunehmendem Maße – und bedauerlicherweise – das Vorrecht der Frauen. Wenige Männer beklagen sich, daß ihre Frauen zu Hause bleiben wollen und sich weigern, in ein Konzert oder in eine Kunstausstellung zu gehen; aber die Frauen äußern sehr häufig solche Kümmernisse.

Neue Interessen hervorrufen

Wenn wir erreichen wollen, daß unser Partner sich an etwas beteiligt, was er zuerst abgelehnt hat, müssen wir ihn dafür gewinnen. Forderungen schaffen Widerstand, gegenseitige Verärgerung und Enttäuschung. Eine Frau beklagte sich, daß ihr Mann nur Zeitungen lese und kein Interesse an guten Büchern habe. Neulich, so berichtete sie, las sie ihm eine Einführung in die Philosophie vor, ein ziemlich schwieriges Buch. Sie merkte, daß er nicht zuhörte, und wiederholte die Seite. Nachdem er noch deutlichere Zeichen seines Mißfallens erkennen ließ, gab sie – natürlich verärgert – jeden weiteren Versuch auf, ihn mit guten Büchern bekanntzumachen. Gewisse erfolglose Anläufe, einen Mann für Künste oder Bücher zu interessieren, lassen den Verdacht aufkommen, daß die Frau weder ganz ohne Schuld ist, noch sich so aufrichtig um seinen Mangel an Interesse kümmert, wie sie glaubt. Im Gegenteil, eine gewisse tiefe Befriedigung ist oft der Unterton der Klage und enthüllt ihre Genugtuung über ihre Überlegenheit. Ja, mehr noch, ihre Versuche waren für die Selbstachtung ihres Mannes um so entmutigender und gefährlicher, als sie genau an dem Punkt ansetzten, wo er behutsamer Hilfe bedurft hätte, um seine alte Mutlosigkeit und die Lücken in seiner Bildung zu überwinden.

Es ist nicht eine Frage der Technik – sondern des *Wie*. Es ist die Haltung, die Erfolg oder Mißerfolg bestimmt. Wirkliche Liebe und Ergebenheit, aufrichtige Hochachtung führen zu Befriedigung und Willfährigkeit auf beiden Seiten. Eine echte Anteilnahme am anderen wird dabei mithelfen, auch ohne psychologisches Studium zu erkennen, warum der Mann so ungern Freunde bewirtet und gesellschaftlichen Veranstaltungen beiwohnt. Sein Zumüde-Sein ist nicht die wirkliche Ursache. Wenn er mehr Spaß am geselligem Kontakt hätte, würde er sich nicht müde fühlen. Ein Kartenspiel mit Freunden zum Beispiel könnte seine Energie sofort wieder erwecken. Aber abgesehen davon, fühlt er sich »gelangweilt«. Er mag vielleicht mit bestimmten Gästen nichts gemeinsam haben, weil er nicht für geselliges Zusammensein erzogen worden ist. Vielleicht betrachtet er es auch als Zeitverschwendung, weil keine handgreiflichen Ergebnisse daraus entspringen. Möglicherweise ist er ein Materialist und hält materielle Leistungen für die einzigen wertvollen Dinge im Leben. Oder vielleicht möchte er sich immer hervortun, und wenn er auch sehr gut darauf eingeübt ist, in seiner Arbeit, in seiner Familie und unter den Kollegen, die ihn schätzen, die erste Rolle zu spielen, so fühlt er sich in einer größeren Gesellschaft wie verloren. Niemand schenkt ihm besondere Aufmerksamkeit, und er ist vielleicht nicht imstande, mit der gesellschaftlichen Gewandtheit und Wendigkeit der andern zu konkurrieren.

Eine Frau, die eine natürliche Sympathie und Verständnis für ihren Mann hat, wird gesellschaftliche Kontakte so zustande bringen, daß sie auch ihm Befriedigung geben. Sie wird vorsichtig versuchen, seine Anschauung zu ändern, und mag fähig sein, bisher unbekannte und unerkannte Werte in sein Leben hineinzubringen. Warum sollte es leichter sein, einen Mann das Vergnügen an einem gepflegten Heim entdecken zu lassen oder an einer gut gekochten Mahlzeit, als das Vergnügen an einem guten Buch, wenn er vorher noch keine Erfahrungen mit diesen Dingen hatte? Man könnte einwenden: Wenn er auch ein gutes, zu Hause zubereitetes Mahl früher noch nicht genossen hat, so hat er doch sicher früher schon gegessen. Aber solche Einwände halten nicht stand, denn die Parallele geht ja weiter; wie er früher gegessen hat, aber kein gutes Essen, so hat er sicherlich auch gelesen, aber keine guten Sachen. Vielleicht hat er auch Musik gehört und sich daran erfreut, aber niemals bessere Musik. Er muß lernen, sich an guter

Musik zu erfreuen, wie sie seine Frau liebt, an der Art des Essens, das sie kocht, an den Büchern, die sie bewundert.

In dieser Situation hängt wohl alles davon ab, ob die Frau wirklich haben will, daß ihr Mann ihre Kochkunst anerkennt, denn eine solche Anerkennung steigert ihr Prestige. Wenn sie wirklich möchte, daß er »gute« Bücher gern liest, so kann sie vielleicht ihre Bitte damit begründen, wie wichtig ihr seine Gesichtspunkte zur Ergänzung ihrer eigenen seien. Um ihn für Geselligkeit zu gewinnen, kann sie ihm zeigen, wie ihre eigene Freude daran unvollkommen ist, wenn er sich nicht durch seine besondere Art, ihre Ansichten zu beurteilen, ergänzt, usw. Grundsätzlich muß ihr Appell seine Selbstachtung erhöhen, nicht sie vermindern.

Alles Neue ist zuerst fremd, unangenehm, ja verwirrend. Der Geschmack wird im allgemeinen durch wiederholte Erlebnisse und durch Erziehung stark beeinflußt. Wenn man in das Leben eines anderen ein neues Erlebnis hineinbringt und dabei nicht darauf bedacht ist, dieses Erlebnis angenehm zu machen, dann muß man mit mehr Zeit und Mühe rechnen, um einen verstärkten, natürlichen, ursprünglichen Widerwillen zu überwinden. Eine Frau, die wünscht, daß ihr Mann sich an einem Konzert erfreut, wenn er niemals früher klassische Musik »verstanden« hat, muß langsam vorgehen. Sie muß sehr sorgsam das Programm auswählen, sie muß auch noch manche andere Anregung geben. Das sollte nicht schwierig sein, solange er ihre Gesellschaft gern hat und sich freut, sie zufriedenzustellen. Aber viele Frauen vermindern ihre Aussichten auf Erfolg durch Herablassung – weil sie die Arbeitswelt des Mannes als minderwertig betrachten. Sie runzeln die Stirne bei seinem Widerstand gegenüber höheren Kulturwerten und, anstatt die Schwierigkeiten, die ein Mann zu überwinden hat, richtig einzuschätzen, ärgern sie sich über seine Meinungen und sein Zögern. So wird das, was eine Quelle gegenseitiger Freude sein sollte, zum Zankapfel – eine unangenehme Pflicht auf der einen Seite und ein abgelehntes »Recht« auf der andern.

Obwohl im allgemeinen mehr die Frau es ist, die dem Mann Anregungen zu geben wünscht, so ist doch in manchen Fällen der Mann der kulturell interessiertere Partner. Auf jeden Fall wünscht er, daß seine Frau seine Interessen teilt, die ihr vielleicht neu sein mögen. In der Regel haben Frauen viel weniger Schwierigkeit, sich in die Interessen des Mannes und in seine Tätigkeit hineinzuleben, als Männer sich in die der Frauen. Wenn eine Frau einen Mann gern hat, dann fühlt sie keine Bedrohung ihres »Prestiges«, wenn sie seiner Anleitung folgt, selbst in einer Interessenssphäre, die als vorwiegend männlich betrachtet wird, wie Fußball und anderer Sport. Nur wenn seine Liebhabereien ihn zu sehr in Anspruch nehmen und nicht erlauben, daß sie seine Freude daran teilt – wie Briefmarkensammeln, Basteln, Tischlerei und technische »Experimente« –, dann wird sie wahrscheinlich seine Freizeitbeschäftigung nicht so gerne sehen.

Wenn keiner der Partner störend eingreift, sondern jeder Duldsamkeit und Verständnis zeigt, dann kann jeder Partner sich auch an Dingen freuen, die der andere nicht mit ihm teilen kann oder will. Wenn »gegensätzliche« Interessen vorhanden sind, ist dies nie die Ursache der Enttäuschung, sondern immer die Folge verringerter Zusammenarbeit und verminderter beiderseitiger Teilnahme, Tatsächlich können starke Interessen auf dem gleichen Gebiet und sogar eine gemeinsame Arbeit oft viel mehr Gelegenheit zu Reibereien und Spannungen bieten, besonders wenn sich eine Konkurrenz daraus entwickelt.

Ein Paar, das schon seit Jahren glücklich verheiratet ist, entwickelt im Laufe des Zusammenlebens gleiche Interessen. Ihre gemeinsamen Erlebnisse, der Ablauf von Ereignissen, von angenehmen und unangenehmen Eindrücken, befriedigenden oder ärgerlichen, sind starke Bande, die sie im Alter nicht nur ähnlich handeln, sondern sogar ähnlich aussehen lassen. So ein Zusammenwachsen geschieht nicht nur aus Gewohnheit. Es ist mehr und geht tiefer, wenn man lernt, die gleichen Dinge gern zu haben oder nicht zu mögen und das Leben in seinen großen Aspekten und in seiner kleinen Routine von demselben Gesichtspunkt her zu sehen. Die Entwicklung gleicher Interessen ist natürlich, jedoch verlangt sie aufrichtige Bemühungen, Gegensätze auszubügeln, die dazwischenkommen, und die Mußezeit zu einem angenehmen Erlebnis für beide zu machen.

Ein typisches Beispiel entgegengesetzter Interessen und deren schädlicher Wirkung auf die Harmonie der Ehe ist der Fall von Frau D. Sie ist eine junge Frau mit weiten und großzügigen Interessen. Sie heiratete den Bruder ihrer besten Freundin. Da sie und ihre Freundin in ihren Interessen und Liebhabereien sehr ähnlich gesinnt waren, erwartete sie, daß der Bruder wie seine Schwester sei. Während einer kurzen Zeit der Werbung war er sehr aufmerksam und beteiligte sich an ihren Interessen. Sie heirateten, während er beim Militär war, kurz bevor er nach Europa versetzt wurde. Als er zurückkam, lernten sie sich erst richtig kennen – und da begann nun ihre Enttäuschung. Sie fand, daß er wenig Interesse an klassischer Musik hatte, nur an leichten Operetten, und daß seine politischen Überzeugungen den ihrigen und denen ihrer Familie widersprachen. Sie fühlte sich betrogen und verletzt; je mehr sie mit ihm stritt und seine Weigerung kritisierte, zu einem Konzert mitzukommen, desto fester blieb er. Ihre Auseinandersetzungen und Gegensätze berührten auch bald ihre sexuellen Beziehungen. Sie verlor die Lust daran – er verlangte mehr; sie fühlte sich mißbraucht und gab sich ihm nicht mehr hin. Als sie, an diesem Punkt angelangt, zur Beratung kam, dachte sie schon ernsthaft an eine Scheidung. Nachdem ich ihre Klagen angehört hatte, riet ich zu einer Zusammenkunft mit beiden. In der folgenden Aussprache zu dritt wurde es deutlich, daß er sie wirklich liebte, selbst glücklich war und nicht verstehen konnte, warum sie es nicht war. Er drückte seine Bereitschaft aus, alles, was nötig war, zu tun. Aber sie hielt daran fest, daß er Zusammenarbeit versprochen habe und seinem Versprechen nicht treugeblieben sei. Er gab zu, daß er nicht wußte, warum er es nicht unterlassen konnte, ihr zu widersprechen, und – obwohl er doch ihren Wünschen entsprechen wollte – warum er es durchaus nicht immer tat.

Es wurde dann klar, daß sie mit ihren Klagen völlig im Recht war; auf der logischen Ebene hatte sie recht. Aber psychologisch war sie die Ursache der Konflikte. Ihr Übelnehmen, ihr Druck und ihre Mißbilligung waren die wirklichen Ursachen der Gegensätze und gefährdeten ihre Ehe. Da sie die Schlüsselfigur war und das Schicksal dieser Verbindung von ihrer Haltung allein abhing – er war ja willig, mit ihr auszukommen –, gab ich zu verstehen, sie sei diejenige, die Hilfe brauche.

Nach nur wenigen Beratungen änderte sich die Lage völlig. Als sie soweit war, ihre eigene Rolle in dem häßlichen Spiel zu erkennen, forderte sie ihn nicht mehr heraus und nahm nichts mehr übel. Die erste Wirkung war eine sofortige Besserung ihrer Beziehung. Sie waren wieder freundlich zueinander und hatten sich gegenseitig gern. Da sie sexuell wieder auf ihn einging, hörte er auf, soviel zu verlangen. Von nun an lernte sie, sich ihrem Mann in einer anderen Art und Weise zu nähern. Sie erkannte, daß sie ganz gut seine Schwierigkeiten, ein großes Konzertprogramm durchzusitzen, mitempfinden konnte, anstatt mit ihm zu streiten und ihm immer wieder zu sagen, er verstehe nicht die Schönheit der Musik. Auch in politischen Diskussionen konnte sie ihn ermuntern, seine Gesichtspunkte vorzutragen, und wußte die Tatsache zu schätzen, daß sie in ihm einen Fachmann von der anderen Seite vor sich hatte, anstatt ihn wegen seiner unrichtigen Ansichten zu schelten. Sie erkannte, während sie ihm seine undemokratische Haltung vorwarf, daß ihre eigene Haltung der Unduldsamkeit gegen seine politische Auffassung sicherlich nicht als demokratisch angesehen werden konnte. Mit einer solchen Einstellung der Achtung auf ihrer Seite konnte man erwarten, daß seine Meinungen und sein Geschmack sich allmählich ändern und dem ihrigen nähern würden, da besonders ihre heftige und demütigende Mißbilligung seinen Widerstand versteift hatte – aus Stolz und um seiner Selbstachtung willen.

Der entscheidende Faktor in der Wiederherstellung dieser Ehe war Frau D.s Erkenntnis, daß Recht im Sachlichen nicht genügte, daß sie zuerst ihn akzeptieren mußte und nur daran denken sollte, was sie selbst tun könnte.

Erholung und Geselligkeit

Heutzutage erkennen wir mehr als früher, wie wichtig für ein ausgeglichenes Leben die Erholung ist. Ein konstruktiver Gebrauch der Freizeit ist ebensosehr eine Pflicht wie die Suche nach einer passenden Arbeit. Wenn wir unsere Erholung nicht erfolgreich organisieren, sind wir weder fähig, unser Bestes für unsere Arbeit herzugeben, noch erfüllen wir unsere Verpflichtungen den Freunden und der Familie gegenüber. Es ist die Pflicht eines jeden Ehepaares, nicht nur zu lernen, wie sie miteinander auskommen, sondern auch, wie sie zusammen das Leben genießen. Ist es aber möglich, das Leben heutzutage zu genießen, wenn das Elend uns umgibt und Streit und Haß so überhand nehmen? Es gibt viele Arten, Freude am Leben zu haben – alle Arten von Freude. Freude kann laut oder leise sein, leidenschaftlich oder ruhig, aber immer setzt sie ein Akzeptieren voraus. Leute, die dem Leben nicht feindlich gegenüberstehen, deren Gefühle nicht auf Ressentiment gegründet sind, können nicht anders als sich am Leben freuen. Sie vermögen im erotischen und sexuellen Spiel einander zu genießen, sie können sich freuen, daß sie zusammen sind, einerlei, was jeder tut. Sie finden Vergnügen, miteinander auszugehen, und sie freuen sich, wenn sie neue Interessen entwickeln dort, wo die alten eine Ausdehnung erlauben; aber sie sollten nie vergessen, daß die Ehe die größere Gemeinschaft nicht ersetzen kann, zu der jeder Mensch gehört, Freunde, Gruppen, die Nation, die Menschheit.

Einerlei, wie glücklich zwei Menschen miteinander sind: wenn sie in beiderseitigem Trotz der Welt gegenüber vereinigt sind, dann müssen sie dafür bezahlen. Eine Ehe, die als Grundlage den Rückzug von anderen hat, kann wohl für beide Partner tiefe Befriedigung bringen; aber einer überlebt meist den anderen und findet dann keinen Weg zum Leben zurück. Wenn sie Kinder haben, schützen sie sie gegen die Anforderungen der Außenwelt; sie werden auf jeden Fall leiden, ob es ihnen nur gelingt, die Kinder der Welt zu entfremden, oder ob sie sie an die Welt verlieren. Die intime Einheit zweier Menschen muß in einer größeren Einheit eingebettet sein, die sich aus Freunden und Gruppen zusammensetzt, zu welchen beide gehören. Geselliger Kontakt mit Freunden, gesellschaftliches Leben, das ein Paar mit anderen verbindet, müssen das Leben zu Hause ergänzen, so wie Arbeit und Erholung einander ergänzen. Eines davon zu vernachlässigen ist schädlich.

Geselliger Kontakt und Interesse an Religion, Kunst und Wissenschaft und auch an Politik sind kein unrealistischer Ehrgeiz von Mann oder Frau; sie stellen eine breite Grundlage dar für das Gefühl, zu einer größeren Einheit zu gehören. Die Tendenz, sich von dem Rest der Welt fernzuhalten, weist tiefe Feindseligkeit und Mangel an Gemeinschaftsgefühl auf. Durch die erwähnten Tätigkeiten nehmen wir praktisch oder auch geistig an anderen teil. Wir teilen ihre Gedanken und auch ihre Arbeit. Wir werden tatsächlich ein Teil der Menschheit, und unsere Ehe gleitet in den Strom der Entwicklung hinein, in den alle Menschen eingebettet sind. Je mehr die Ehe in diesen Strom einbezogen ist, um so mehr ist sie ein Teil des ganzen Lebens und um so beständiger und sicherer in ihrem Verlauf. Gute Freunde, die dem Mann und der Frau gleich ergeben sind, sind eine unschätzbare Hilfe in Zeiten der Not. Gemeinsame Freunde bereichern nicht nur die eheliche Atmosphäre, sondern sind auch gewissermaßen ein Polster gegen die Schwierigkeiten, Enttäuschungen, Konflikte und Widersprüche, die nicht völlig vermieden werden können, wenn zwei Menschen zusammenleben.

Der wirkliche Grund für Enttäuschungen

Hinter einem konkreten Problem und offenem Streit liegen allgemeine Einstellungen und falsche Vorstellungen. Viele Enttäuschungen kommen daher, daß man alte Erwartungen mit gegenwärtigen Verhältnissen vergleicht. Leider werden beide oft falsch ausgelegt. Wir sind uns selten bewußt, was wir erwarten, und urteilen häufig falsch über das, was wir haben. Unsere Erfahrungen stimmen mit dem, was wir tatsächlich erwarten, überein, doch können wir unsere Erwartungen und unseren eigenen Beitrag zu den gegenwärtigen Enttäuschungen nicht erkennen. Wir verwechseln wunschgesteuertes Denken mit tatsächlicher Erwartung; und wenn das Ereignis anders ist als unsere Wünsche, tadeln wir nicht unseren eigenen Plan, sondern die Kräfte außerhalb von uns selbst. Wir alle wünschen Frieden und Glück, aber erwarten wir sie tatsächlich? Selten – und darum tun wir wenig dazu, sie zu erreichen.

Wir handeln häufig so, als wenn alles schiefgehen müsse und als wenn Glück nicht erreichbar wäre. Wie erwarten nicht einmal, daß wir selbst richtig handeln, weil wir nicht an unsere Fähigkeit glauben, den Schwierigkeiten angemessen zu begegnen. Wir geben nicht zu, wieviel wir selbst zu den vorhandenen Problemen und Schwierigkeiten beitragen. Wir fühlen uns herausgefordert und erkennen nicht, wieviel wir selbst herausfordern.

Solange noch ein Funken Vertrauen und Hoffnung in uns ist, können wir Enttäuschungen und Unbefriedigtsein ertragen. Aber da kommt ein Augenblick, wo wir das Gefühl haben, daß wir es nicht länger ertragen können, daß etwas in uns zerbrochen ist – daß ein unheilbarer Schaden angerichtet ist. Es gibt nichts, was nicht wieder gutzumachen wäre. Aber dieses manchmal sogar körperliche Gefühl eines inneren Zusammenbruchs zeigt die Entschlossenheit, sich zurückzuziehen, sich zu weigern gegen weitere Zusammenarbeit. Der gegenwärtige Fall ist niemals die Ursache, er ist nur die letzte, die so starke Zerreißprobe für ein schon abgenütztes Band. Ein Mensch, der seinen Mut nicht verliert, für den Probleme nur dazu da sind, gelöst zu werden, erlebt niemals dieses Gefühl des Aufgebens. Niemals wird er sich dann erlauben, weiter und weiter weg von seinem Gefährten zu treiben.

Unsere eigenen Handlungen und Haltungen beeinflussen nicht nur unsere Lebensbedingungen, sondern auch das Verhalten der Menschen um uns herum. In einer guten Ehe werden beide Partner bessere Menschen lediglich dadurch, daß sie zusammenleben. In einer erfolglosen Ehe weckt jeder im anderen die schlechtesten Eigenschaften. Als Folge davon verschlechtern sich die Charaktere, und der Wille zur Mitarbeit läßt nach. Der schädliche Einfluß von Feindschaft, Unterdrückung und Anklagen führt zur gegenseitigen Ablehnung der Verantwortung. Beide Partner fühlen sich unsicher und zu Handlungen des Ärgers, der Bestrafung und Vergeltung angetrieben. Jeder wird das, was der andere von ihm erwartet, und das ist leider selten etwas Gutes. Jedoch stimmen beide in einem Punkt überein, nämlich in jenem, daß der andere unrecht hat.

Wie findet man Lösungen?

Wir müssen nachdrücklich betonen: Diese Feststellungen sind nicht theoretisch, sondern sie haben sehr praktische Folgerungen. Wir können unser ganzes Leben ändern und auch die Haltung der Menschen um uns herum, einfach indem wir uns selbst ändern. Diese Wandlung ist nicht leicht. Besserung ist nur dann möglich, wenn wir erkennen, daß wir mit uns selbst anfangen müssen – und wenn wir das zugeben. Zu viele Menschen versuchen, den Partner zu erziehen und zu ändern. Wie viele gehen eine Ehe ein mit der Idee, den anderen zu ändern! Wenn wir zusammenleben, beeinflussen und ändern wir einander – aber nicht dadurch, daß wir auf der Wandlung des Partners bestehen. Nur durch unser eigenes Betragen können wir auf die, mit denen wir zusammenleben, einwirken.

Was auch immer in einer ehelichen Verbindung geschieht, drückt eine Wechselwirkung beider Eheleute aus. Anstatt der allgemeinen Forderung: »Wenn nur er sich ändern würde, dann würde ich gern anders handeln«, sollten wir erkennen, daß es in Wahrheit heißt: »Wenn ich mein Verhalten ändere, kann er das seinige nicht fortsetzen.« Sogar die kleinsten Änderungen in der Haltung des einen werden im Verhalten des anderen sofort widergespiegelt. Ohne dessen gewahr zu werden, besitzen wir ein ungeheures Feingefühl und bemerkenswerte Kräfte des Zusammenwirkens. Leider wissen wir viel besser, wie zu streiten und zu verletzen, als wie zu gefallen. Deshalb sind wir tüchtiger und erfolgreicher im Kriegführen und Kämpfen. Im allgemeinen braucht es mehr Zeit und Anstrengung, angenehme Reaktionen hervorzurufen, besonders dann, wenn der Kriegszustand schon begonnen hat. Im Ehestand ist oft schon von Anfang an ein gewisser Grad von Kampf, Wettstreit, Feindseligkeit und Mißtrauen da; und es bedarf einer wohlüberlegten Anstrengung, eine Atmosphäre echter Zuversicht und Güte herzustellen.

Nicht, daß die meisten Menschen schlecht oder bösartig wären. Alle Möglichkeiten für Gut oder Böse sind fast in jedem menschlichen Wesen. Mann und Frau haben die Macht, das Gute oder das Böse ineinander zu wecken. Aber was wissen sie voneinander? Sie leben zusammen in einem Zimmer, sie essen an demselben Tisch, sie teilen dasselbe Bett, ihr ganzes Leben ist eng durch gemeinsame Handlungen verwoben, und doch – wie wenig verstehen sie einander! Jeder kennt die – meistens ärgerlichen – Gewohnheiten des anderen, seine Eigenheiten, seine Liebhabereien und seine Reizbarkeit. Was hat all dies mit der tieferen Persönlichkeit zu tun, mit den Erwartungen und Ängsten, mit der Lebensauffassung und der Meinung von sich selbst, mit all dem, was die Menschen handeln und sich in einer bestimmten Art betragen läßt? Mann und Frau erkennen die Symptome, aber nicht die Kräfte, die dahinterstehen. Wenn sie enttäuscht sind, so wünschen sie die Symptome zu beseitigen, ohne gewillt zu sein, den Bedürfnissen eines jeden Rechnung zu tragen.

Seltsam genug: Sehr oft, nachdem sich zwei Menschen getrennt haben, verstehen sie einander besser als vorher. Die Gegensätze, die gegenseitige Furcht, der Kampf um Prestige haben sie geblendet. Wenn sie einander tadelten, so suchten sie für ihr eigenes schlechtes Betragen eine Entschuldigung. Des Partners Grundbedürfnisse zu ignorieren oder roh auf ihnen herumzureiten machte es leichter, für die eigenen Interessen weiterzukämpfen. Was jeder über den anderen sagt, ist im allgemeinen richtig, wenn auch die Feststellungen einander zu widersprechen scheinen. Aber es ist nicht wichtig, wer recht hat und wer unrecht. Jeder hat recht von seinem Standpunkt aus und unrecht von dem des anderen. Der Punkt, auf den es ankommt: wenn wir jemanden lieben, fragen wir nicht, ob er recht oder unrecht hat. Deshalb wird Liebe »blind« genannt. Aber Liebe braucht nicht blind zu sein. Liebe sagt: »Ich liebe dich, obgleich du nicht vollkommen bist. Ich liebe dich und akzeptiere dich, wie du bist.« Aber später, wenn unsere Selbstachtung und Geltung bedroht sind, nehmen wir einander nicht mehr so, wie wir sind. Wenn wir um unsere Überlegenheit kämpfen, dann haben wir Fehler an unserem Partner auszusetzen und gebrauchen diese als gute Gründe, um unsere eigene Zusammenarbeit einzustellen. Für das Glück ist die Frage nach Recht oder Unrecht unwichtig. Aber des anderen Fehler und Tugenden zu akzeptieren, das ist wichtig.

An diesem Punkt müssen wir beginnen, wenn Uneinigkeit und Enttäuschung wirklich den Bestand der Ehe bedrohen – oder, in geringerem Grade, sie eben weniger bequem und befriedigend machen. Der erste Schritt, die erste Bedingung, für jede Besserung heißt, die Situation zu akzeptieren, wenn sie auch noch so unschön ist; es ist sinnlos, sie anders zu wünschen. Dem Problem ehrlich und mutig ins Auge zu sehen ist die Voraussetzung, um Wege und Mittel zu finden, aus der mißlichen Lage herauszukommen. Es ist nicht immer leicht, weil wir ängstlich sind. Aber davonzulaufen macht sich nie bezahlt; kein Problem wird auf diese Weise gelöst. Wenn wir uns entschlossen haben, dem Problem ins Auge zu sehen, wenn wir unseren Mut zusammennehmen und mit Begriffen denken wie: »Was kann *ich* tun, um die Lage zu verbessern?«, dann sind wir auf der richtigen Spur. Wenn wir die falsche Vorstellung aufgegeben haben, daß wir dann Erfolg haben, wenn wir streiten und den Ausgang erzwingen, wenn wir unsere Gefühle von Unzulänglichkeit überwunden und zugegeben haben, daß der andere auch leidet, dann entdecken wir die Lösung. Vielleicht langsam, vielleicht ganz unzulänglich zuerst, aber mit wachsendem Mut wächst auch unsere Einsicht und unser Selbstvertrauen, und das macht uns weniger verwundbar und läßt uns mehr erreichen.

Das folgende Beispiel ist kennzeichnend für Tausende von Konflikten, wie sie sich in der Geschichte fast jeder Ehe finden. Sie könnten vermieden oder leicht gelöst werden, hätten nur beide Teile die zugrundeliegenden Beweggründe und die Ziele eines jeden verstanden, hätten sie sich davor gehütet, sich zu ärgern und einander zu beschuldigen, und hätten sie statt dessen auf ihre eigenen Möglichkeiten geschaut, die Sachlage zu ändern.

Frau M. kam um Rat in einer Sache, die ihr lächerlich erschien und die doch ihre ganze Ehe bedrohte. Seit einem Jahr verheiratet, kam sie sehr gut mit ihrem Mann aus. Sexuell und menschlich hatten sie Freude aneinander und waren zärtliche Lebensgefährten – mit Ausnahme eines Mißstandes, der solche Ausmaße angenommen hatte, daß die Harmonie zwischen ihnen verschwunden war und fast jede Phase ihres Ehelebens davon berührt wurde.

Sie berichtete, sie bringe es trotz aller ihrer Anstrengungen nicht fertig, daß Herr M. ihr rechtzeitig das Geld für die wöchentlichen Haushaltsausgaben gebe. Sie mußte jede Woche um Geld bitten, und dies nicht nur einmal; und wenn sie nicht darum bat, dann »vergaß« ihr Mann ganz, ihr Geld zu geben, bis die Woche um war. Sie sprach mit ihm, beklagte sich, drohte ihm – nichts half. Je mehr sie stritten, um so weniger gab er bei. Was konnte sie tun? Jetzt hatte er angefangen, sie zu beschuldigen, daß sie zuviel ausgebe; sie hätte einiges von der letzten Woche her ersparen sollen. »Von meinen hundert Mark pro Woche! Wo ich mir solche Mühe gebe, damit auszukommen, weil er mir einfach nicht mehr geben will.« Sie konnte nicht verstehen, warum er so ärmlich in dieser Hinsicht war, wo er für sie sonst doch ziemlich großzügig Geld ausgab.

Was könne sie tun, um Kampf, Streit und die schließliche Unterwerfung in dieser ganzen demütigenden Sache zu vermeiden? Wir können ihre schwierige Lage wohl verstehen. Es war ihr unmöglich, ihr Budget, sogar ihre Mahlzeiten richtig zu planen. Sie mußte borgen und Schulden machen, was sie beides haßte. Was hätte sie tun können, als darüber zu reden, sich zu beklagen – und zu drohen?

Hier kommen wir zum Kern der Sache. Trotz der Tatsache, daß die Mehrzahl der Hausfrauen wahrscheinlich ebenso wie Frau M. gehandelt hätte, gehen sie doch alle am Wichtigsten vorüber. Ein bißchen Verständnis für den kleinen Burschen, der den großen Boss spielen wollte, würde manche schlaflose Nacht, manche quälenden Szenen, vergeudete Stunden, Tage und Wochen gerettet haben. Es ist klar, daß das »unvernünftige« Verhalten des Herrn M. nur unvernünftig erscheint, wenn man es auf der logischen Ebene betrachtet. Er hatte sicherlich weder das »Recht« noch irgendeinen logischen Grund, sich so zu verhalten. Aber die Sachlage schaut anders aus, wenn sie vom psychologischen Gesichtspunkt aus betrachtet wird. Er liebte seine Frau sehr, war ihr in solchem Grad ergeben, daß sie ihn um den kleinen Finger wickeln konnte. Und sie tat es auch, ausgenommen in diesem einen Bereich. Der einzige Punkt, wo er seine Überlegenheit zeigen konnte, bestand in seiner Rolle als Versorger, und er wollte – ohne sich dessen bewußt zu werden – vollen Gebrauch von diesem einen Vorteil machen. Er wollte gebeten, ja angefleht werden. Würde er ihr ohne weitere Umstände das Haushaltsgeld zu Beginn der Woche geben, dann wäre auch dieses Zeichen seiner Autorität ihm genommen. Anstatt der Macht würde er nur eine weitere Pflicht haben. Er konnte ihr dies nicht erklären, weil er sich der psychologischen Beweggründe selbst nicht bewußt war. Daher mußte er, als sie ihm Vorwürfe machte, mit Rationalisierungen antworten, mit dürftiger Wiedervergeltung und unbegründetem Tadel, was Frau M. nur noch wütender machte. Und so versteiften sie sich in einem Kampf, der schließlich nur mit dem Bruch ihrer Ehe enden konnte.

Als Frau M. diese Sachlage erkannt und ihren verwundeten Stolz und ihren Ärger überwunden hatte, fand sie leicht heraus, was sie tun konnte, um das Problem zu lösen. Zuerst ging sie bereitwillig darauf ein, ihn um das zu bitten, was, wie sie wußte, er ihr schuldig war. Sie wünschte, daß er glücklich sei – und wenn es das war, was ihn glücklich machte, warum es ihm nicht geben! Es war so leicht, als einmal ihr falscher Stolz vorbei war. Es blieben natürlich noch einige Schwierigkeiten übrig. Sie mußte ihn immer noch mehrmals um das Geld bitten, weil er ihr es natürlich nicht sofort gab. Das brachte manchmal Schwierigkeiten mit sich, wenn Rechnungen zu bezahlen waren. Was war also zu tun? Frau M., geschickt wie sie war, fand eine einfache Lösung. Sie entdeckte, daß sie von ihm ebenso leicht dreihundert Mark bekommen konnte wie hundert, wenn sie nur öfters darum bat. Er war in der Tat sehr großzügig. So bekam sie zu verschiedenen Gelegenheiten dreihundert Mark, die ihr eine Reserve gaben, um darauf zurückzugreifen, wenn er das wöchtliche Haushaltsgeld nicht rechtzeitig hergab. Und Vorwürfe und Szenen waren nie mehr nötig.

Was sie aus dieser Erfahrung gelernt hat, ist mehr als nur ein erfolgreiches Behandeln des Haushaltproblems. Sie endeckte, daß die tatsächliche Gefahr in ihrer gegenseitigen Konkurrenz lag, daß es fürchtete, ein »Einfaltspinsel« zu sein, daß seine Liebe und Ergebenheit ihn zu ihrem Sklaven machen würde, und ferner daß sie wünschte, ihre königliche Stellung, ehrgeizig und verwöhnt wie sie war, mehr als nötig auszunützen. Im Lichte dieses einen Konfliktes lernte sie den tieferen Konflikt verstehen, der ihre ganze Verbindung gefährdete – und sie fand den Weg, das *ganze* Problem zu lösen.

Eheberatung

Da es schwierig ist, sich selbst und den Partner zu verstehen, wird es notwendig, jemanden zu Rate zu ziehen, dessen Ausbildung ihn befähigt, den Vorgang gegenseitiger Anpassung zu unterstützen. Der Psychologe versucht damit, »normalen« Menschen bei ihren »normalen« Problemen zu helfen. Aus der Analyse von schlecht angepaßten Menschen ist eine neue Kenntnis der menschlichen Natur entstanden. Wir haben heute Techniken zur Verfügung, um Persönlichkeiten und menschliches Verhalten zu verstehen, ein Verständnis, das wichtig ist für die täglichen Probleme des normalen – das heißt durchschnittlichen – Individuums. Wenn ein tieferes Verständnis menschlicher Probleme nötig ist, so wird es nützlich und manchmal wesentlich sein, einen Psychotherapeuten zu Rate zu ziehen. Eheleute in ihrem aufrichtigen Verlangen, gefährliche Mißstände zu überwinden, in ihrem Bestreben, Schwierigkeiten zu berichtigen und ihrer Herr zu werden, schauen nach der Hilfe aus, wie sie die Psychologie ihnen geben kann in den sogenannten »Eheberatungen«. Die entsprechende psychotherapeutische Ausbildung befähigt auch Nichtmediziner, solche Beratungen zu übernehmen. Geistliche und Rechtsanwälte, Sozialhelfer und Erzieher, alle, welche in ihren Berufen auf Menschen in Not treffen, bedürfen der Ausbildung, um die Probleme wirklich zu verstehen.

In allen Fällen jedoch, wo Gefühlsverwirrung, Enttäuschung und Zusammenbruch zu tieferen Störungen der ganzen Persönlichkeit und zur Erscheinung verschiedener emotionaler und nervöser Symptome führen, ist die Hilfe eines Psychiaters nötig. Die verhältnismäßig neue Idee, Eheberatungsstellen einzurichten, wo Psychotherapeuten und Sozialhelfer, Psychologen und Soziologen zusammenarbeiten, um dem einzelnen Menschen wie auch den Ehepaaren beizustehen, um allgemein Auskunft zu geben und angemessenen Rat zu erteilen, stimmt überein mit der Entwicklung geistiger und sozialer Hygiene, öffentlicher Wohlfahrt und Familienfürsorge.[5] Solch ein Vorhaben mag einigen Widerstand von verschiedenen Seiten her finden, aber es zeigt, daß man zusehends immer mehr die allgemeine und soziale Natur der Eheprobleme erkennt und lebenswichtige Hilfe für die breite Masse zu organisieren bereit ist.

Scheidung als eheliches Problem

Doch aller Rat, alles Wissen und alle Belehrung werden nicht verhindern können, daß sich Ehesituationen ergeben, die so gespannt sind und so voll von Feindseligkeit, daß es unmöglich erscheint, eine befriedigende Ehe weiterzuführen. Ob wir nun für Scheidung sind oder nicht: Unwiderlegbar gibt es Ehen, die nicht nur das Wohlbefinden, sondern das seelische und manchmal sogar das physische Wohl der Erwachsenen und Kinder bedrohen; Trennung erscheint da als einzige Lösung für das Weiterleben. Andererseits können wir nicht daran zweifeln, daß Scheidungen oft angestrebt werden, obwohl man sich anpassen könnte, entweder mit einigem guten Willen oder indem man sich nach entsprechender Hilfe umsieht. Es gibt keine allgemeine Regel, wann und unter welchen Umständen Scheidung gerechtfertigt ist. Es scheint jedoch, daß gewöhnlich die mutigere Lösung auch die bessere ist. Manche ziehen die Scheidung deshalb in Betracht, weil sie feige sind und der Aufgabe entrinnen wollen, sich zu fügen, etwas beizutragen oder zu akzeptieren. Andere vermeiden die Scheidung und setzen eine elende, zerrüttete Ehe fort, weil sie fürchten, einem einsamen Leben gegenüberzustehen und die Verantwortung und

<hr/>

[5] Dr. Paul Popenoe war ein Pionier auf diesem Gebiet, als er 1930 das Institute of Family Relations in Los Angeles für private Hilfe, öffentliche Aufklärung und Forschung organisierte.

Versorgung für sich und die Kinder auf sich nehmen zu müssen. Alles, was auf der Grundlage von Angst getan wird, ist gefährlich und vermehrt Leid und Elend.

Es hängt von jeder Situation ab, welche Lösung Mut und Selbstvertrauen erfordert. Das ist ein Gesichtspunkt, der zur Erkenntnis des richtigen Verhaltens führen mag. Aber es ist eben nur der eine Aspekt – er allein kann nicht den Fall entscheiden. Das Wohl aller damit verbundenen Menschen muß in Betracht gezogen werden; vor allem das Wohl der Kinder, sofern welche da sind. Ein Heim voll Streit und Demütigung, voll Beschimpfungen und Roheit ist schlimmer als eine relativ friedvolle Atmosphäre bei nur einem Elternteil. Es ist nicht zu bezweifeln, daß beide Eltern sich entschieden an der Erziehung der Kinder zu beteiligen haben, aber Harmonie und der Geist der Liebe und Güte sind wichtiger als alles andere. Jeder Mensch mit Verantwortungsgefühl wird es sich gründlich überlegen, ehe er eine Ehe aufgibt. Es scheint immer ratsam, den Rat eines Fachmanns einzuholen, ehe man einen so entscheidenden Schritt tut, denn es ist immer schwierig, eine Sachlage klar zu beurteilen, wenn persönliche Interessen und Gefühle dabei beteiligt sind.

Es darf nicht übersehen werden, daß Scheidung an sich ein Eheproblem ist und daher auch nur durch Zusammenarbeit von Mann und Frau gelöst werden kann. In jeder Ehe ist dies das letzte Bemühen um Zusammenarbeit; aber für viele ist es auch die erste. Wenn Mann und Frau nicht zu der Erkenntnis gebracht werden können, daß Scheidung eine gemeinsame Aufgabe ist, die durch Zusammenarbeit beider gelöst werden muß, so kann das Verfahren der Scheidung leicht eine Quelle dauernden Streitens, Unglücks und Elends werden. In diesen Fällen kann der Ehekonflikt noch lange nach dem Ende der Ehe sich fortsetzen, besonders wenn Kinder vorhanden sind.

Obwohl die Entscheidung, ob Scheidung gerechtfertigt ist oder nicht, offiziell bei dem Richter liegt, so ist dieser doch kaum in der Lage, alle Faktoren zu kennen. Es sollte nicht Sache des Gesetzes allein sein, Scheidungen zu verbieten oder zu erlauben. Jede Regelung, die die sozialen und psychologischen Faktoren nicht mit in Betracht zieht, die zu Streit und Enttäuschung geführt hatten, muß in bestimmten Fällen unrecht tun. Ohne klare Einsicht in die Sachlage, ohne genügend Gelegenheit, die tieferen psychologischen Probleme und die betroffenen Personen zu analysieren, kann niemand beurteilen, ob eine Scheidung ratsam ist. Es scheint eine Lösung zu geben, um die beklagenswerten Folgen zu vermeiden, wenn eine Scheidung aus gesetzlichen Gründen allein ausgesprochen oder verweigert wird, nämlich die, eine pflichtmäßige Eheberatung einzuführen, die die Gelegenheit zu individueller Prüfung bietet. Jeder betroffene Partner muß das Recht haben, für sich zu entscheiden, ob er oder sie gewillt ist, die ehelichen Verpflichtungen aufrechtzuerhalten; der gute Wille der Ehepartner ist unerläßlich für jede Art der Zusammenarbeit.

In früheren Zeiten, als die Leute noch mehr als heute es gewöhnt waren, sich strengen Regelungen ihres persönlichen Lebens zu unterwerfen, war es möglich, durch das Verbot der Scheidung Männer und Frauen bereiter zu machen, irgendwelche ehelichen Zustände zu akzeptieren. Da sie keine Aussicht hatten, sich zu trennen, waren sie wahrscheinlich eher geneigt, das Beste aus ihrer Lage zu machen, die das Schicksal oder ihre eigenen guten oder schlechten Bemühungen geschaffen hatten. In unseren Zeiten wird den Menschen das Recht zugestanden, sich frei zu entfalten. Daher vermehrt jeder Versuch, von außen her die Entscheidung zu erzwingen, Spannung und Widerstand.

Heute gibt es keinerlei Aussicht, Scheidungen dadurch zu verhindern, daß man sie gesetzlich verbietet. Die Gefühle des heimlichen Grolls, die daraus entstehen, würden den Widerstand gegen den Partner, gegen die herrschende Eheform und gegen die ganze Institution der Ehe verstärken. Handlungen, die sich auf solche Gefühle gründen, würden auch kaum bei jenen Gefallen finden, die ein strenges Gesetz gegen Scheidung begünstigen.

Wir können dieses Kapitel nicht schließen, ohne noch einige der Probleme zu erörtern, die sich nach der Scheidung ergeben. Wenn einmal die »Freiheit« erreicht worden ist, kehrt dann der Geschiedene in den Status einer einzelnen und unverheirateten Person zurück? Nein. Mehr als wahrscheinlich ist sein Gefühl der Selbstachtung tief erschüttert. In unserer Lebensweise, die auch Konkurrenz mit einschließt, ist unser Sinn für persönlichen Wert von dem abhängig, was wir unseren »Erfolg« nennen. Alles, was als Fehlschlag angesehen wird, spiegelt sich in unserem ganzen Wertbewußtsein wider. Prestige scheint wichtiger zu sein als jede andere Eigenschaft oder Fähigkeit. Scheidung wird oft als ein persönlicher Fehlschlag betrachtet. Besonders die Frauen sind für solche irrtümlichen Bewertungen empfänglich. Sie betrachten ein Gefühl von Unsicherheit als eine logische Folge der Scheidung. Solch ein Gefühl jedoch spiegelt nur den Zweifel an sich selbst wider, ein übertriebenes Verlangen nach Geborgenheit und eine Empfindlichkeit gegen öffentliche Mißbilligung und Mißachtung. Demzufolge erscheint Scheidung wie eine Demütigung. Mit wenig Vertrauen zur eigenen Zukunft und überzeugt von ihrer offensichtlich hoffnungslosen Lage, sehen viele geschiedene Frauen entweder völlig davon ab, eine neue und besser begründete Ehe anzustreben, oder suchen oberflächlichen und billigen Ausgleich dafür.

Eine richtige Bewertung ihrer früheren Eheerlebnisse könnte vielen den Weg zu einer neuen Ehe erleichtern. Die Vergangenheit kann ebensogut als Quelle der Angst dienen wie auch als Grundlage für ein besseres Verständnis und für mehr Reife im Blick auf die Zukunft. Es hängt alles von der Schlußfolgerung ab, die wir aus früheren Irrtümern ziehen. Unsere Einstellung zu Liebe und Sex spiegelt unsere allgemeine Lebensanschauung wider. Unsere Beziehung zu Menschen des anderen Geschlechts drückt unsere allgemeine Haltung zu allen anderen Menschen aus. Eine Frau, die am menschlichen Streben teilnimmt und eine tätige Rolle in Fortschritt und Entwicklung spielt, wird immer einen Platz in der Welt finden, auch wenn sie geschieden ist. Die Männer betrachten die Scheidung selten als Beweis eines Fehlschlags und Mißgeschicks, sie neigen mehr dazu, vollen Gebrauch von ihrer neuen Freiheit zu machen. Sie, und nicht die Frau oder die Kinder, sind im allgemeinen die ersten, die das »grüne Licht« sehen, aus allen Streitereien und früheren Enttäuschungen herauszukommen und vollen Nutzen aus neuen Möglichkeiten zu ziehen.

Die Frau hat ihren Platz in der Gemeinschaft

Scheidung ist nur eine Situation, in der sich die falsche soziale Einstellung der Frauen zeigt. In früheren Zeiten, als man die Frau noch streng auf ihren Familienkreis verwies und ihr noch keine Funktion und keine Stellung außerhalb ihrer Familie erlaubte, konnte und sollte sie nur ein Interesse haben: Mann und Kinder. In ihrem Fall beendete die Scheidung ihre »Laufbahn«. Heutzutage ist eine solche Haltung, wenn sie auch noch häufig beobachtet wird, nicht nur ungerechtfertigt, sondern tatsächlich schädlich. Frauen, die in einer solchen Abhängigkeit von Mann und Familie aufgewachsen sind und gehalten werden, in einer Gesellschaft, die nicht mehr streng patriarchalisch ist, sind in ihrer zukünftigen seelischen und emotionalen Gesundheit und in ihrer menschlichen Funktion gefährdet. Sie sind nicht nur für eine eventuelle Scheidung nicht vorbereitet, die heutzutage doch immer häufiger wird; ihre Furcht vor einem solchen möglichen Fehlschlag macht sie gespannt und empfindlich und vermindert oft genug ihre Fähigkeit, der erwarteten Katastrophe ihrer Ehe vorzubeugen. Ihre Unfähigkeit, ihre Funktion außerhalb der Familie zu erkennen, führt zu einer anderen, noch häufigeren und verhängnisvolleren Folge.

Die Zahl der Frauen, die in der Periode des Klimateriums zusammenbrechen, steigt alarmierend an. Viele Ärzte sind geneigt, den geistigen und emotionellen Zusammenbruch der Lebenszeit zuzuschreiben, in der sich das innersekretorische System wandelt, als wenn die Wechseljahre nur einen biologischen Wechsel in der Funktion der Drüsen bedeuten würden. Genaue Studien und Beobachtungen an Patienten, die an einer endogenen Melancholie leiden – die im Grad variieren kann von einer leichten Depression zu einer völligen Psychose –, enthüllen, daß der störende Faktor nicht so sehr die biologische Störung des körperlichen Gleichgewichts ist als der Wechsel in der Lebenssituation, dem diese Patienten ausgesetzt sind.

Diese Störungen werden meistens bei Frauen gefunden, die hervorragende Gattinnen und Mütter waren und die sich plötzlich ohne jede Aufgabe im Leben finden. Ihr Zusammenbruch ereignet sich im allgemeinen dann, wenn die Kinder erwachsen sind und das Heim verlassen haben. Ihre Rolle als Großmutter befriedigt sie nicht, da die modernen Eltern den Großeltern nicht erlauben, sich in ihre Angelegenheiten zu mischen und ihre Kinder von diesem verwöhnenden Einfluß fernhalten. Der Mann, der seinen Platz in seinem Beruf und in seiner gesellschaftlichen Stellung gefunden hat, kann nicht die gleiche Aufmerksamkeit und Zuneigung für seine Frau aufbringen wie in der ersten Ehezeit. Die Frau hat den größten Teil ihrer Zeit und ihrer Teilnahme der Sorge für die Kinder gewidmet, und jetzt hat sie viel Zeit übrig und weiß nicht, was damit tun. Sie hat natürlich noch Arbeit in ihrem Haus, aber diese Arbeit ist nicht länger bedeutend und sinnvoll. Für sich selbst und für ihren Mann zu sorgen mit all den Erleichterungen, die dem Haushalt zur Verfügung stehen, erfordert nicht alle ihre Möglichkeiten und Kräfte. So denkt sie an eine Arbeit außer Haus. Aber auch wenn sie schon früher manche Stunden freiwillige Arbeit übernommen hat, so hat sie doch keine Ausbildung und keine Fachkenntnis für irgendeine wichtige Stellung. Sie kann nur eine untergeordnete Tätigkeit ohne Vollmacht und Verantwortung bekommen, die scharf im Gegensatz zu ihrer langjährigen häuslichen Rolle als »Königin« steht.

In dieser schwierigen Lage ohne Hoffnung auf irgendeine Zukunft brechen solche Frauen zusammen; und dabei sind sie – welche Ironie! – oft die besten und fähigsten. Die häusliche Rolle, die noch von vielen Frauen gefordert wird, sogar von solchen mit Hochschulbildung, verschwendet ihre Fähigkeiten für Aufgaben in der Gesellschaft im großen. Eine neue Form der Erziehung von Eltern, von Frauen und Männern, ist nötig, um unsere Generation von Mädchen und Frauen auf die nötige Tätigkeit außerhalb der Familien vorzubereiten. Viele der besten Eigenschaften der Frauen werden ignoriert oder vergeudet, wenn sie nicht vorbereitet werden, eine wichtige Arbeit außerhalb ihres Hauses anzupacken. Während die Gesellschaft ihre wertvolle Mitarbeit verliert, sind sie selbst unvorbereitet für jedes Ereignis, durch das sie ihre Lebensstellung verlieren, sei es durch Scheidung, durch das Erwachsenwerden der Kinder oder durch den Tod des Mannes. Dieses letztere ist von besonderer Bedeutung, weil Frauen in wachsender Zahl ihre Männer überleben. Erstens ist die durchschnittliche Lebenserwartung der Männer kürzer als die der Frauen, und zweitens heiraten die Frauen im allgemeinen Männer, die einige Jahre älter sind als sie. Nun, da die Medizin immer mehr die besonderen körperlichen und emotionalen Bedürfnisse alter Menschen erkennt und ein medizinisches Spezialgebiet, »Geriatrie« genannt, entwickelt hat, wird es immer deutlicher, daß Frauen, solange sie leben, eine Aufgabe brauchen. Dies bringt notwendigerweise mit sich, daß Frauen in späteren Jahren außerhalb des Hauses tätig sind.

Die berufliche Neuorientierung der Frauen mag wohl zusätzlich Konflikte mit den Männern und der Gesellschaft als ganzer hervorrufen, aber die Anpassung aller Betroffenen ist nötig, um den Problemen unserer gegenwärtigen Ehen wie auch denen unserer sich verändernden Gesellschaft zu begegnen.

Kann eine Ehe vollkommen sein ohne Kinder? Die Antwort dieser Frage hängt großenteils von den sozialen Voraussetzungen ab. Bis vor kurzem wurde eine Ehe ohne Kinder als zwecklos betrachtet, und so ist es heute noch bei gewissen nationalen und kulturellen Gruppen. Eine Ehe, die kinderlos blieb, verlor ihren Sinn, und darum konnte sie häufig auch aufgelöst werden. Die Menschheit hat sich jedoch über diese »biologische« Betrachtungsweise hinaus entwickelt, denn mit dem Abnehmen der Kindersterblichkeit und mit der Verlängerung des menschlichen Lebens ist die Fruchtbarkeit weniger wichtig geworden, um die Menschheit, Nationen und Rassen zu erhalten. Allgemeine kulturelle und politische Ansichten bestimmen das Verlangen nach Kindern mehr als wirtschaftliche Notwendigkeiten.

Die Beziehung zwischen den wirtschaftlichen Bedingungen und der Zahl der Kinder ist sehr komplex. Familien, die sich viele Kinder leisten könnten, haben im allgemeinen weniger Kinder als solche, die sie sich nicht leisten können. Einige Ehepaare planen Elternschaft nach dem Maßstab ihrer Fähigkeit, Kinder aufzuziehen. Der Wunsch nach Kindern ist natürlich, aber soziale Kräfte um uns herum beeinflussen unser Denken so, daß wir entweder Kinder ohne Einschränkung erzeugen oder unsere Fruchtbarkeit soweit kontrollieren, daß wir keine Kinder haben.

Geplante Elternschaft

Die Fähigkeit des Menschen, Naturkräfte in der Außenwelt und in sich selbst zu bezwingen, versetzt den Menschen von heute in die Lage, eine bestimmte Entscheidung zu treffen. Wir müssen die sich widersprechenden sozialen Richtungen erkennen, die den einzelnen Menschen berühren und die Eheprobleme komplizieren. Auf der einen Seite gibt es gewisse religiöse und politische Forderungen, so viele Kinder wie möglich aufzuziehen. Der soziologische Hintergrund dieser politischen Geburtenförderung ist augenfällig. Gruppen, die nach nationaler oder rassischer Überlegenheit streben, brauchen einen starken Nachwuchs, um immer mehr Rechte verlangen und um Heere aufstellen zu können, die für sie kämpfen. Es ist schwieriger, der sozialen Bedeutung religiöser Vorschriften nachzuspüren. Die Idee göttlicher Vorsehung schließt das Recht des Menschen aus, über sein Leben zu bestimmen, das ihm durch Gott gegeben und genommen wird. Ein dritter Faktor, der große Familien heute entstehen läßt, ist ganz andersartig. Es ist die Gleichgültigkeit und Unwissenheit, die oft ein überlegtes Planen der Elternschaft verhindern.

Andererseits stehen wir auch den verschiedenartigsten Kräften gegenüber, die nur in der Forderung nach begrenzter Elternschaft übereinstimmen. Ein gewisser Sinn für Verantwortung hindert manche Ehepaare, Kinder zu haben, weil sie nicht das bieten können, was, wie sie glauben, die Kinder brauchen – wirtschaftliche Sicherheit, angenehme Umgebung, ein ausgeglichenes, glückliches Leben und vernünftige Aussichten für die Zukunft. Sie stellen das Recht von jedermann in Frage, in so unglücklichen Zeiten wie den unseren Kinder zu zeugen. Dieses Argument mag nun wirklich auf einem echten Sinn für Verantwortung beruhen und Teil einer Lebensanschauung sein, die den Ideen von Malthus folgt,[1] oder es kann auch persönliche Feigheit und Ängstlichkeit ausdrücken. Ein mutiger Mensch wird Aussichten für seine Nachkommen noch da sehen, wo eine ängliche Seele nicht einmal an das eigene Überleben glaubt. Hinter dem Vorwand der Verantwortung sind häufig auch egoistische Tendenzen verborgen. Manchen Frauen ist ihre »mädchenhafte Figur« wichtiger als Mutterschaft, und manche Männer sind mehr daran interessiert, Geld anzuhäufen, als es für Kinder auszugeben. Für ein Kind zu sorgen könnte ja Opfer an Freizeit und Bewegungsfreiheit mit sich bringen.

Die Natur dieser Behauptungen, die als Gründe für oder gegen den Nachwuchs angeführt werden, macht in jedem Fall das Urteil schwierig, welchen Einfluß Kinder auf das Schicksal einer Ehe haben werden. Das Ergebnis wird sehr stark von den sittlichen Kräften abhängen, die dabei mitspielen. Ein Ehepaar, das viele Kinder hat, weil es von einem tiefen religiösen Gefühl oder von einem Gefühl nationalen oder rassischen Stolzes inspiriert ist, betrachtet verschiedene Probleme anders als ein Ehepaar, dessen zahlreicher Nachwuchs die unerwünschte Folge von Sorglosigkeit oder Trunkenheit ist. Auf der andern Seite ist eine kinderlose Vereinigung als Ergebnis von Selbstsucht und Angst ganz verschieden von der Kameradschaft zweier Menschen, die einander völlig und ausschließlich ergeben sind. Ob die Geburt eines Kindes vermieden wird in echter Rücksicht auf das Kind oder aus Rücksicht auf die Eltern, hat praktische Folgen für die Ehe.

[1] T. R. Malthus: An Essay on the Principle of Population. London 1817.

Seit der Mensch gelernt hat, die Fortpflanzung zu regulieren, ist eine ausgesprochene Neigung entstanden, die Zahl des Nachwuchses scharf einzuschränken. Darüber hinaus hat sich die ganze Bedeutung der Ehe mit der Emanzipation der Frauen verändert. Partnerschaft hat zu einem hohen Grade die Mutterschaft ersetzt. Liebe ist auch ohne »natürliche« Folgen sinnvoll geworden. Sexualität ist nicht länger eine planvolle Methode der Natur, um Nachwuchs zu erzwingen. Die menschliche Sexualität beweist damit ihre Unabhängigkeit vom natürlichen Trieb; sie hat ihre Funktion aus einem tierischen Trieb als Teil des Fortpflanzungsprozesses in ein menschliches Tun zu persönlicher Befriedigung gewandelt. Liebe vereinigt zwei Menschen zu gemeinsamem Streben, und Kinder zu haben ist nur ein Teil ihrer ehelichen Funktion. Mann und Frau haben, auch von ihrer möglichen Elternschaft abgesehen, für einander Bedeutung.

Die Funktion des Kindes

Wie früher, bringt jedoch die Elternschaft ein neues Element in das Leben eines Menschen und ändert deutlich seine Funktion. Wenn wir einmal Eltern sind, so überschreitet jeder von uns die persönlichen Grenzen des Individuums und erweitert sich zu einem »Ich«, das selbst ist und noch mehr als selbst. Die Elternschaft schafft außerdem ein Gefühl der Einheit von Mann und Frau, das in irgendeinem anderen Erlebnis des Zusammengehörens seinesgleichen nicht hat. Wenn wir ein Kind in die Welt setzen und dies bewußt und freiwillig geschieht, so ist dies eine der vollkommensten Äußerungen des Gemeinschaftsgefühls, des Gefühls, daß wir zur menschlichen Gemeinschaft gehören. Es erweist die tiefe, unausgesprochene Annahme unserer Verpflichtung, der Menschheit und dem menschlichen Streben unser Bestes zu geben. Personen, die einen Sinn für Pflicht haben und bereit sind, besondere Verantwortung für andere auf sich zu nehmen, vermeiden nur selten die Elternschaft. Ein tiefes Gefühl für das Leben, eine tiefe Anteilnahme an der Zukunft führt leicht zu dem Verlangen, Kinder zu haben. Denn durch unsere Kinder bieten wir der Menschheit etwas mehr an, als wir selbst sind: die nächste Generation.

Es liegt in der menschlichen Natur ein Verlangen, den Tod zu besiegen, eine Sehnsucht nach Ewigkeit, die in religiösen Auffassungen wie Auferstehung und Reinkarnation Ausdruck gefunden hat. Ähnlich versuchen wir in unserer Arbeit und in unserem Mitwirken, in unseren Erfindungen und Schöpfungen geistig weiterzuleben – wir sehnen uns nach Unsterblichkeit. In unseren Kindern werden wir tatsächlich unsterblich. Nur sehr wenige erkennen die eigentliche Bedeutung der Sehnsucht, unsere eigene Generation in unserer Arbeit, in unseren Kindern zu überleben. Denn das Überleben durch unser Werk und unsere Kinder bedeutet das Überwinden persönlicher Grenzen. Je mehr wir uns von physischen Begrenzungen frei machen, um so weniger betonen wir die Kürze unserer Existenz. In unserer Arbeit und in unseren Kindern leben wir weiter, geistig, persönlich, in unserer Eigenart.

Wir müssen noch einen anderen Beweggrund, Kinder zu haben, unterscheiden. Manchmal wünschen sich die Eltern Kinder, um ihre eigenen Schlachten weiterzuschlagen, um zu erfüllen, was sie allein nicht erreichen konnten. Für sie sind die Kinder nicht der Ausdruck eines Zusammengehörigkeitsgefühls oder Gemeinschaftsgefühls. Solche Eltern wünschen nicht, der Menschheit einen Beitrag zu leisten; sie suchen nur persönliche Komplizen gegen das Schicksal, gegen die Welt. Und ihre Beziehung zu ihren Kindern spiegelt ihre Feindseligkeit wider. Sie sind unfähig, ihre Kinder als unabhängige Menschen anzuerkennen. Nur wenn die Kinder sich ihnen völlig unterwerfen und ihre Rolle der Befriedigung elterlicher Wünsche und Ehrgeizes akzeptieren, haben sie einen Wert für die Eltern. In einer ähnlichen Lage befinden sich Kinder, die von den Eltern als kostbarer Ersatz für Hunde oder andere Lieblingstiere betrachtet werden, die lediglich dazu da sind, ihnen ein schmeichelndes Gefühl der Überlegenheit, der persönlichen Eitelkeit oder sinnliche Befriedigung zu verschaffen.

Für Eltern, welche die Kinder als unabhängige Menschen und nicht bloß als eine Wohltat für ihre Eltern anerkennen, sind Kinder eine unerschöpfliche Quelle des Vergnügens und der Befriedigung, solange sie entsprechend behandelt und betreut werden. Das Leben der Eltern ist reifer, ihr Interesse im allgemeinen weiter als das kinderloser Paare. Dies stimmt natürlich nur, wenn die Eltern nicht zu Sklaven der Kinder werden, die sie um ihrer eigenen Befriedigung willen zu Göttern erheben. Elternschaft verwandelt den Menschen. Wer früher ausschließlich an seiner Arbeit, an Kinos, Bars oder Spiel interessiert war, mag jetzt die Wichtigkeit ziviler Institutionen entdecken, öffentlicher Hygiene und erzieherischer Möglichkeiten. Mehr noch, ein Elternteil, der die Erlebnisse seiner Kinder teilt, wird etwas von ihrer Jugend erlangen und selber jung bleiben, wiederum vorausgesetzt, daß er nicht im Wettstreit mit seinem Kind liegt, denn sonst nimmt er bald dem Kind seine Jugend übel, die ihn selbst alt erscheinen läßt. Mütter sind in dieser Hinsicht oft besonders empfindlich.

Wenn wir die Bedeutung der Kinder in der Ehe zu bewerten suchen, müssen wir der alten Wahrheit gedenken, daß jedes Ding zum Guten oder zum Schlechten verwendet werden kann. Ein Kind kann ein Band zwischen Mann und Frau sein, oder es kann eine Quelle der Uneinigkeit werden. Es hängt alles davon ab, ob wir es als gemeinsamen Schatz oder als wechselseitig beanspruchten Zankapfel betrachten. Ein Kind schafft viel Verantwortung. Kinder aufzuziehen ist eine sehr schwierige Aufgabe, und es ist bequem, die Verantwortung abzuschieben. Wir müssen die Hindernisse erkennen, die der Teilnahme und Mitarbeit im Wege stehen, wenn wir uns unvermeidlichen Schwierigkeiten im Aufziehen der Kinder gegenübersehen. Wenn beide Eltern den Hauptgrundsatz erkennen: »Dies sind *unsere* Probleme«, wenn beide Eltern im Aufziehen des Kindes vereint sind, entdecken sie die große Bedeutung, welche das Kind für ihre Ehe hat, und erkennen ein höheren Sinn in ihrer Ehe. Nur auf diese Weise ist es möglich, tiefe Genugtuung zu erlangen, die mehr ist als nur ein Ausgleich für alle die unvermeidlichen Gefahren und Sorgen.

Gewisse Probleme der Elternschaft sind unserer Zeit allein eigen. Große Familien, die einst die Regel waren, gibt es heute im allgemeinen nicht mehr. Besonders in den Städten hat die Durchschnittsfamilie nur ein oder zwei Kinder, selten drei und sehr selten mehr. In diesen kleineren Familien finden es die Eltern schwierig, ihre Kinder angemessen zu erziehen und ihre soziale Anpassung zu ermöglichen. In großen Familien wachsen sie in natürlichen Gruppen auf und beeinflussen einander; die Mutter hat keine Zeit für eines im besonderen. Sie hat eben allgemeine Regeln für alle ihre Kinder aufzustellen. In kleineren Familien sind die Kinder viel mehr ihren Eltern preisgegeben. Eine falsche Erziehungsmethode oder Haltung eines Elternteils hat weitreichende Folgen, weil nichts in der Familie da ist, um die Mängel elterlicher Erziehung auszugleichen.[2]

[2] »Das Heim ist der ursprünglichste und wichtigste Brutplatz des Mutes, zu entscheiden und aus Niederlagen objektive Anschauungen und Zusammenarbeit zu erlernen.« N. E. Schoobs und G. Goldberg: Corrective Treatment for Maladjusted Children. New York 1942.

Die Funktion des Vaters

Bevor wir die Erziehungsprobleme in der Familie erörtern, müssen wir den besonderen Einfluß von Vater und Mutter klarstellen.

Der Vater spielt eine besondere Rolle in der Erziehung des Kindes. Er ist das Beispiel dessen, was ein Mann im Leben sein sollte. Die Stellung eines Mannes in der Familie hängt weitgehend von dem kulturellen Vorbild ab, das in der betreffenden Familie vorherrscht. In Gruppen, wo der Mann als der Herrscher betrachtet wird, vertritt der Vater allein Macht und Recht. Für Kinder eines solchen Vaters ist der Mann ein für allemal mit Kraft, Leistung und Stärke begabt. Wenn auch dieses Bild des Mannes in vielen demokratischen Familien bereits aufgegeben wurde, so ist es doch noch in den meisten Teilen der Welt heute vorherrschend. Das Bild des dominierenden Mannes wird durch die Tatsache betont, daß in unserer Kultur der Mann allgemein eine lautere Stimme hat und in der Regel größer ist, weil die Frauen meist einen Lebensgefährten wählen, der größer und stärker ist als sie selbst.

Es ist auch im allgemeinen der Mann, der das Geld verdient, eine Tatsache, die ihm gewisse Rechte gibt und ihn außerdem zum Sinnbild der Nützlichkeit macht. Da der Vater meist in Arbeit und Geschäft eingespannt ist, bedeuten sein Wort und Urteil für seine Kinder Ermutigung oder Entmutigung hinsichtlich Arbeit und Leistung oder dem, was damit gleichbedeutend ist. Die begrenzte Zeit, die ein arbeitender Vater in der Gesellschaft seiner Kinder verbringen kann, vermindert nicht, sondern erhöht eher seine Wichtigkeit; die Kinder freuen sich auf die wenigen Augenblicke, die sie mit ihrem Vater verbringen können. Sie nehmen seinen Rat, seine Meinung, seine Anregung sehr ernst, solange sie nicht durch ihre Mutter gegen ihn eingenommen werden.

Trotz dieser augenfälligen väterlichen Einflüsse meinen die Männer oft, daß sie sich nicht in die Erziehung ihrer Kinder einmischen sollten. Sie betrachten dies als die spezielle Aufgabe der Mutter. Diese Zurückhaltung hat verschiedene psychologische Gründe. Erstens kann man sagen, daß die Fähigkeiten der Mutter, ihre Aufgabe gut zu bewältigen, selten richtig eingeschätzt werden. Obwohl die Väter bei der Erziehung der Kinder sehr oft ein Gefühl der Unzulänglichkeit haben, hegen sie doch auch Mißtrauen gegen die Fähigkeit der Mutter. Ihre Zurückhaltung ist ein Trick; sie lassen sie Irrtümer machen und behalten sich dann das Recht vor, die volle Schuld für irgendeine Störung der Mutter zuzuweisen. Ein zweiter Grund der Zurückhaltung der Männer ist die

Furcht, zurechtgewiesen zu werden, sich sagen lassen zu müssen, sie verständen nichts von Erziehung. Es ist nicht wahr, daß die Frauen immer mehr verstehen. Es kann aber nicht geleugnet werden, daß die Mutter, die mehr Zeit für die Kinder aufbringt und für sie zu sorgen hat, der wichtigste Faktor in deren Leben ist; aber dies dient eher zur Erklärung als zur Rechtfertigung der Distanz vieler Väter.

Das Kind benötigt den Einfluß des Vaters. Ein Vater, der sich mehr mit dem Wohl seines Kindes befaßt als mit seiner eigenen Geltung, wird einen Weg finden, der Mutter in der schwierigen Aufgabe der Kindererziehung zu helfen.

Die Funktion der Mutter

Die Funktion der Mutter bleibt in den verschiedenen kulturellen Systemen fast die gleiche. Wenn die natürliche Nähe von Mutter und Kind gestört wird, so ist die einzelne Mutter dafür verantwortlich und nicht äußere, kulturelle oder wirtschaftliche Verhältnisse. Normalerweise ist die Mutter der erste Mensch, der mit einem neugeborenen Kind zu tun hat. Sie zieht es sorgfältig auf, verbringt die ersten paar Wochen ganz nah beim Kind und befriedigt seine notwendigen Bedürfnisse. Alles, was das Kind tut, ist von größter Wichtigkeit für sie.

Die erste Begegnung durch Spiel und durch Belehrung versieht die Frauen im allgemeinen mit jener Haltung, die man »mütterlichen Instinkt« nennt; er regt die Frauen dazu an, dort, wo immer möglich, eine mütterliche Rolle zu übernehmen. Wenn sie ihre natürlichen Gegebenheiten völlig ausnützt und nicht in innerem Widerstand zu ihrer weiblichen Rolle lebt, sollte die Mutter es immer leicht finden, ein inniges Verhältnis zu ihrem Kind herbeizuführen. Jedes Kind hat die Tendenz, sich etwas mehr an die Mutter anzulehnen, solange die Mutter nicht diese natürliche Entwicklung stört. Selbst wenn die Mutter nur begrenzte Zeit für das Kind hat, kann sie diese Beziehung aufrechterhalten. Es ist weit weniger das Maß an Zeit, auf das es ankommt, als darauf, wie konstruktiv diese Zeit verbracht wird. Nichts kann ihren Einfluß stören, wenn sie fähig ist, ein guter Freund ihres Kindes zu sein, wenn sie gewillt ist, es zu verstehen, und wenn sie ihm als fester, treuer Kamerad zur Seite steht. Das Kind hat eine hohe Achtung vor seiner Mutter, wenn diese ihre Fähigkeit gezeigt hat, es unter allen Umständen und trotz aller Enttäuschungen zu lieben und zu achten.

Die Unzulänglichkeit von Müttern

Das Ideal einer Mutter, wie es mit großer Begeisterung von Dichtern und Künstlern gepriesen und besungen wird, steht in scharfem Gegensatz zu den Erfahrungen, die Psychologen und Erzieher mit den heutigen Müttern machen. In erschreckender Zahl finden wir Mütter als Ursache von Mißständen und Kinderelend. Mutterliebe zu schenken scheint in unserer heutigen Kultur eine Aufgabe zu sein, die fast übermenschliche Eigenschaften verlangt. Mutterliebe, weit davon, das in alten Dichtungen gemalte, gesegnete Bild zu sein, wird allzuoft eher eine Waffe des Bösen. Unter dem Namen und Vorwand von Mutterliebe kann eine entmutigte, rebellische, gescheiterte und unharmonische Frau Lob verlangen für das, was in Wirklichkeit Selbstsucht, Angst und Herrschsucht ist. Es ist die Vorstellung vieler Frauen von einer »guten Mutter«, die sie veranlaßt, das Kind zu verwöhnen, alles für es zu tun, womit sie das Kind des Erlebnisses seiner eigenen Kraft und Fähigkeit beraubt. Diese falsche Annahme voller »Verantwortlichkeit« der Mutter enthebt die Kinder der Notwendigkeit, ein Verantwortungsgefühl zu entwickeln. Leider haben viele Fachleute zu dieser falschen Vorstellung mütterlicher Verantwortung beigetragen, indem sie den Müttern vorwerfen, daß sie den Kindern nicht genug Liebe zeigen. Dadurch sind die Mütter noch mehr in ihrer falschen Absicht, das Kind zu verwöhnen, bestärkt worden.

Doch hat es keinen Sinn, unsere Mütter zu tadeln, weil sie ja selbst Opfer sind. Die Frauen von heute stehen im Kampf um ihre Rechte. Sie fürchten, das minderwertige Geschlecht zu sein, und sind in ihrer Beziehung zu den Männern und in ihrem Eheleben oft enttäuscht. Denn die Frauen müssen erst noch einen Platz in unserer Kultur gewinnen, der ihren Talenten und Fähigkeiten entspricht. Es ist einfach nicht wahr, daß Frauen als Ganzes nicht »reif« seien, daß sie in ihren Gefühlen unbeständig seien, daß sie geistig und moralisch kindlich und unterentwickelt seien im Vergleich zu den Männern. Was manchmal weibliche Unfähigkeit genannt wird und die Unfähigkeit, in abstrakten Begriffen zu denken, meint, ist tatsächlich ein Vorzug im praktischen Leben. Die Frauen haben einen besonderen Sinn für das Nützliche. Er stammt aus Generationen, die unter anderen Bedingungen lebten, wo die Tätigkeit der Frauen als des geringeren Geschlechts eingeschränkt war und von ihnen Nützlichkeit im Dienste der Männer verlangt wurde. Als Folge davon haben die Frauen als Ganzes – soweit Verallgemeinerungen überhaupt erlaubt sind – mehr Neigung, wirkliche Werte zu sehen; und sie fallen weniger leicht trügerischen und häufig gefährlichen Illusionen zum Opfer, die oft die besten männlichen Geister überwältigen. Warum also versagen Frauen als Mütter heute soviel öfter als noch vor wenigen Generationen?

In einer gestörten Beziehung zwischen Mutter und Kind wird die Fragwürdigkeit aller menschlichen Beziehungen sichtbar. Die Menschen von heute üben sich sehr wenig in harmonischer Zusammenarbeit. Wir brauchen nicht überrascht zu sein, wenn wir zunehmend weniger Frauen für die Rolle der Mutterschaft vorbereitet finden, da sie ein völlig entwickeltes Gemeinschaftsgefühl verlangt.

Eine Mutter, die mehr an sich selbst als an ihr Kind denkt, kann niemals eine gute Mutter sein. Die tiefe Liebe und Zuneigung, die eine solche Mutter für das Kind fühlt, befaßt sich tatsächlich weniger mit der Wohlfahrt und der Entwicklung des Kindes als mit der eigenen Befriedigung, die sie erwartet und fordert. Das Kind kann der Ehe einen Sinn geben, die die Beziehung verschiedener Personen in sich einschließt, aber es kann niemals von ihm verlangt werden, dem Leben einer einzigen Person einen Sinn zu geben. Jedoch gerade das ist es, was manche Frauen, enttäuscht vom Leben und ihrem Gatten irgendwie entfremdet, von ihren Kindern erwarten. Sie wünschen, daß ihre Kinder ihnen gehören und Zweck und Inhalt ihres sonst leeren Lebens bilden. Ist diese Haltung Liebe? Durchaus nicht. Sie ist Ausgleich für ein nutzloses Dasein, ein Verlangen nach Dienstleistung.

Eine solche Frau hat noch nicht ihren eigenen Platz in der Gemeinschaft gefunden. Sie mag glauben, daß sie nur für das Kind lebe; aber tatsächlich hat das Kind alle anderen Verpflichtungen zu ersetzen, denen sie nachzukommen hätte. Geselliger Kontakt, Arbeit und das andere Geschlecht werden bedeutungslos durch diese besondere Art von »Liebe« ... Wie viele Frauen betrachten ihre Kinder als einen Zuwachs ihrer Glorie – als eine weitere Sprosse auf der Leiter ihres eigenen Prestiges! Manche versuchen, mit ihren Kindern die Aufmerksamkeit und Bewunderung zu erwecken, die andere Frauen mit ihren Beinen erregen. In schwerwiegenderen Fällen muß das Kind als Objekt ihrer Herrschsucht dienen. Es muß in den persönlichen Lebensstil der Mutter passen und wird oft genug daraufhin erzogen. Es werden ihm die Gefahren des Lebens eingeprägt, gegen die nur Mutterliebe Schutz gewähren kann. Indem die Mutter Ängste einflößt und unter dem Vorwand eines Gefühles, das sie ohne jedes Recht »Liebe« nennt, beherrschend wird, beginnt ein Prozeß des Verzärtelns und Verwöhnens, um das Kind unter ihre völlige Aufsicht zu bringen und es ganz abhängig von ihr zu machen. In ihrer eigenen Unsicherheit und in ihrem Mißtrauen wünscht sie, die einzige Person zu sein, der es vertraut.

Eine Zeitlang mag das Kind diese übertriebene Abschirmung als angenehm empfinden; aber früher oder später beginnt der Konflikt. Er kann zum Beispiel beginnen, wenn das zweite Kind geboren wird und die Mutter mit dem Baby mehr beschäftigt ist. Das erste Kind fühlt sich dann der Aufmerksamkeit beraubt, mit der es früher überschüttet wurde. Wenn die Tragödie nicht dann anfängt, so ist der Konflikt unvermeidlich, wenn das Kind zur Schule gehen muß und Kinder seines eigenen Alters trifft. Leder versagt unser heutiges Schulsystem häufig darin, Hilfe für verhätschelte Kinder zu bieten, sie an die soziale Atmosphäre anzupassen und Mut, Unabhängigkeit und Gemeinschaftsgefühl zu entwickeln. Die Schule setzt vielmehr oft genug die schlechten Einflüsse der Familie fort, wenn das Kind die Lehrerin in dieselbe Rolle zwingt, die seine Mutter spielt.

Allgemeine Fehler der Kindererziehung

Einem Kind nachzugeben und es zu verwöhnen verhindert niemals Reibereien, sondern führt immer zu einem Kampf. Hinter der Zurschaustellung von Liebe und Zärtlichkeit finden wir fast immer den Ausdruck offener oder verborgener Feindseligkeit. Sehr wenige dieser »liebenden« Eltern erkennen die Feindlichkeit und schreckliche Kriegsstimmung, in die sie und die Kinder verwickelt sind. Alle Verhaltensprobleme der Kinder sind Symptome von Feindseligkeit. Es ist schwierig, dies einer Mutter begreiflich zu machen. Sie kann nicht verstehen, daß das Kind ihr etwas übelnehmen könnte, da sie doch fest davon überzeugt ist, daß sie ihm alles gibt und es tief liebt. Wie viele Mütter brechen jedoch zusammen, wenn sie nicht länger verhindern können, daß das Kind unabhängig wird? Wie viele Tragödien geschehen, besonders während der Reifezeit, wenn das Kind sich entwickelt oder ein völliger Versager wird – das eine der Mutter so zuwider wie das andere.

Beim Beschützen und Beherrschen des Kindes versuchen nicht nur die Mütter, sondern auch viele Väter ihre eigene Überlegenheit zu beweisen, die so schlimm von unseren heutigen Lebensbedingungen bedroht wird. Wenn einmal die Feindseligkeit beginnt, dann gibt es keine Ruhepause, keinen Frieden mehr. In einer Familie, die durch Zwietracht und gegenseitige Feindlichkeit erschüttert ist, werden die Mängel der Kinder betont und tatsächlich sogar gehegt. Die Fehler der Kinder dienen als Grundlage gegenseitiger Beschuldigungen, als gute Gelegenheiten für beide Eltern, den eigenen Mangel an sozialer Anpassung zu entschuldigen, und als Vorwand, die eigenen Ausbrüche von Feindseligkeit zu rechtfertigen. Die Feindseligkeit kann sogar schon bei der Geburt des Kindes beginnen, ohne ursprüngliche Liebe und Zuneigung. Zum Glück kommt eine völlige Ablehnung der Kinder immer weniger häufig vor, seit der Mensch gelernt hat, unerwünschten Nachwuchs zu verhüten. In jedem Fall jedoch nimmt der Zank zwischen Eltern und Kindern vielen Eltern die volle Befriedigung an ihren Kindern.

Es ist kein Wunder, daß Eltern beim Aufziehen der Kinder so oft versagen, denn das ist eine der schwierigsten Aufgaben im Eheleben. Lehren ist eine Kunst. Sie erfordert Geschicklichkeit, in der die, die sie ausüben, sorgsam ausgebildet werden müssen. Aber wieviel Ausbildung genießen die Eltern? Was wissen sie überhaupt von Erziehung? Die Situation ist um so schlimmer, weil das wenige, das sie wissen, sehr oft falsch und sogar schädlich ist. Kein Schuhmacher würde wagen, einen Schuhreparaturladen zu eröffnen, ohne daß er entsprechend ausgebildet ist.

Aber die Eltern eröffnen oft einen Erziehungsladen mit fast gar keiner Vorbereitung – nur mit der Ausbildung, die sie von ihren eigenen Eltern empfangen haben. Es ist eine Ironie, daß die Eltern das Tun ihrer eigenen Eltern nachzuahmen versuchen und dabei völlig vergessen, was sie selbst als Kinder unter der Unzulänglichkeit ihrer eigenen Eltern zu leiden hatten. Ein Vater, der als Kind geschlagen worden ist, wird sehr dazu neigen, seine eigenen Kinder auch zu schlagen. Er vergißt völlig die Demütigung, die er als Kind gefühlt hat, den Haß, den Widerstand, der unter den Schlägen der elterlichen Hand oder Rute in ihm aufgestiegen sind. Dies ist der Grund, warum es schwer ist, die Eltern zu überzeugen, daß ihr Verfahren und ihre Techniken falsch, erfolglos oder sogar schädlich sind.

Jeder Elternteil vertritt in seiner Haltung Generationen, die er nachahmt. Jeder Versuch, die Erziehungsweise, die für irgendeine besondere Familie charakteristisch ist, zu beeinflussen, sieht sich einer unzerstörbaren Wand von traditionellen Erziehungsbegriffen gegenüber, die von einer Generation auf die andere übertragen worden sind. Diese geistige Erbschaft ist sogar stärker und entschiedener als jede körperliche Erbschaft. Es mag sehr wohl möglich sein, daß gewisse nationale oder rassische Kennzeichen sich weniger auf biologisch vererbten Eigenschaften gründen als auf den Erziehungsmethoden, die in der betreffenden Gruppe geübt und von Generation zu Generation weitergereicht werden.

Diesen Traditionskreis zu brechen ist in der Tat sehr schwer. Betrachten wir den einfachen traditionellen Trick, ein Kind zu schlagen, das sich anders verhält, als die Erwachsenen wünschen – das »etwas Unrechtes« tut. Wie ist die Wirkung auf das Kind? Diese grausamen und erschreckenden Vorkommnisse entstellen den Charakter, zerstören den Glauben an menschliche Güte und Kameradschaft und schaffen Mißtrauen gegen die Mitmenschen. Geschlagene Kinder rufen in ihrer Empörung Situationen hervor, wo sie wieder geschlagen werden, körperlich wie geistig. Wenn sich andererseits der, der als Kind geschlagen wurde, Mut und Gemeinschaftsgefühl erhält, so wird er als Erwachsener sorgsam jede Lage vermeiden, in der er wieder ein Opfer werden könnte. Er wird vielleicht »Stärke« und »Standhaftigkeit« hochhalten und eine Starrheit und Grausamkeit des Charakters bekommen, die der hohe Preis sind, den viele starke und tüchtige Menschen bezahlen. Sie strafen eher, als daß sie nachgeben; und sie entfremden sich der Zuneigung von Freunden, Verwandten und Kindern.

Aber die Schläge wurden lange Zeit allgemein als die richtige Methode der Kindererziehung betrachtet und werden noch von den meisten Eltern akzeptiert. Wer mit dem Verstand erkennt, daß Schläge eine Demütigung und Verletzung der menschlichen Würde bedeuten, kommt doch schließlich auf diese verletzende Technik zurück, um die eigene Überlegenheit zu bewahren, und entschuldigt dieses Handeln durch den Hinweis auf seine »unkontrollierbaren« Affekte und seine »nervöse Erschöpfung«. Schläge sind eines der stärksten Hindernisse bei der Entwicklung einer demokratischen und friedlichen Atmosphäre und der Zusammenarbeit in der Familie, ein Überbleibsel aus Zeiten, die wenig Verständnis für menschliche Würde und menschliche Rechte hatten.

Das Erziehungsproblem ist von anderen Problemen des Zusammenlebens nicht scharf abgegrenzt. Der Vorgang des Erziehens enthüllt die Lebens- und Weltanschauung eines Menschen. Die soziale Atmosphäre in einer Familie ist deshalb ein sehr wichtiger Faktor in der Erziehung der Kinder. Alle die Mängel, Fehler und Irrtümer eines Kindes können auf fehlerhaftes Verhalten zurückgeführt werden, das Familienmitglieder zeigen, wenn sie miteinander zu tun haben. Das Kind ist nur dann hinlänglich für das Leben vorbereitet, wenn die Familie solche Regeln beachtet, die die Beziehungen zwischen den Menschen bestimmen sollten. Denn da die Familie die erste Gemeinschaft und soziale Einheit ist, die das Kind erlebt, stellt sie für dieses ein Bild des Lebens dar, und alles hängt davon ab, wie nahe und zuverlässig die Familie die weitere Welt draußen abbildet. Eine günstige Atmosphäre im Zuhause wird die Entwicklung einer richtigen Haltung im Kind ermutigen, das, wenn es der Welt gegenübertritt, sie in Einklang mit den Erlebnissen und Auffassungen auslegen muß, die es in der Familie gewonnen hat.

Unglücklicherweise entsprechen die Beziehungen in unseren heutigen Familien nicht denen im Leben draußen. Unsere Kinder, besonders wenn es wenige sind, werden meistens zu sehr beschützt und dadurch egozentrisch. In einer Welt von Erwachsenen leben sie nicht als Gleichwertige, sondern als Abhängige. Sie haben wenig Gelegenheit, sich nützlich zu machen, für die Gruppe Beiträge zu leisten und einen passenden Platz für sich selbst zu finden. Ihre Art, wie sie die Sicherheit suchen, akzeptiert zu werden, ist fordernd – Forderung eines Dienstes von anderen, Forderung von Geschenken oder wenigstens von Aufmerksamkeit. Was sie *bekommen* können, ist für sie ein Symbol ihrer Wichtigkeit. Was sie *tun* können, ist ihnen unwichtig. Dieses Prinzip, mit den Menschen zurechtzukommen, widerspricht allen Regeln der Zusammenarbeit, wie wir sie schon früher erörtert haben.

Je mehr die Eltern sich im Einklang mit den Regeln der Zusammenarbeit verhalten, um so leichter ist es für sie, ihre Kinder richtig aufzuziehen. Das Kind kann sich ganz spontan an die richtige Weise des Verhaltens anpassen, denn es hat ein feines Verständnis für das, was in seiner Umgebung vorgeht und wie einer sich verhalten muß, um zurechtzukommen. Zu oft wenden die Eltern für sich und ihre Kinder zwei ganz verschiedene Verhaltensregeln an. Was für eine Aufregung ist es zum Beispiel, wenn ein Kind lügt! Die Eltern sind bestürzt, sie fühlen sich tatsächlich verletzt. Sie vergessen vollkommen die Gelegenheiten, wo sie offen ihren Nachbarn angelogen oder sogar von dem Kind verlangt haben, für sie zu lügen. Sie erwarten, daß ihr Kind fleißig sei, während Vater und Mutter sich regelmäßig über ihre eigene Arbeit beklagen. Sie sind überrascht über die »unschickliche« Sprache des Kindes und fragen in vorwurfsvollem Ton, wo es das gelernt habe, wenn das Kind doch nur wiederholt, was es von ihnen gehört hat. Ist es so töricht für ein Kind, zu seiner Mutter zu sagen: »Wenn du nicht nett zu mir bist, dann will ich mein Zimmer nicht putzen«, wenn die

Mutter verlangt, daß das Kind »nett« sei, ehe sie ihre eigenen Verpflichtungen dem Kind gegenüber erfüllt? Und doch ist die fordernde Mutter über solche Äußerungen erschreckt.

Eltern fällt es schwer einzusehen, daß Kinder Menschen sind wie sie selbst. Sie verlangen nicht nur Vorrechte, die die soziale Ordnung brechen und das Gefühl der Zusammengehörigkeit zerstören; oft erlauben sie dem Kind Vorrechte, die sie niemandem sonst geben würden. Nachgeben ist ebenso verhängnisvoll wie unterdrücken. Nur Regeln, die das Leben der ganzen Familie lenken, die Eltern und Kinder gleichermaßen umfassen, erziehen zur Erkenntnis von Recht und Unrecht. Wo starke und unparteiische sittliche Regeln das Familienleben ordnen, ist keine besondere Erziehungstechnik für das Kind nötig. Es wird aufwachsen als jemand, der gewillt ist, seinen Anteil beizutragen, voll Vertrauen zur eigenen Kraft und Fähigkeit, eine nützliche, lebendige Kraft in der Gemeinschaft im Großen.

Wo gibt es eine Familie mit einem solchen Hintergrund, mit einer solchen Atmosphäre? Wo sind die Eltern, die so mutig sind und so zusammenarbeiten? Wie schon erwähnt wurde, sind unsere Zeiten ungünstig für die Entwicklung einer solchen Familie und solcher Eltern. Ein tiefes Gefühl der Unsicherheit und die ständige Sorge um unser Prestige hindert uns, so gute Menschen zu sein, wie wir sein könnten. Eltern sind keine Ausnahme.

Wir können nicht erwarten, daß die Eltern mit ihren Kindern besser zusammenarbeiten als mit anderen, die in Konkurrenz zu ihnen stehen. Und es ist so töricht, in einer Familie mehr Frieden zu erwarten als in unserer Gesellschaft als Ganzem. Mit genügend Gemeinschaftsgefühl finden wir unseren Weg überall – ohne dieses nirgends. Kinder sind von anderen Menschen nicht verschieden. Sie können das Prestige ihrer Eltern ebenso bedrohen wie Geschäftskonkurrenten, vielleicht sogar mehr, denn Eltern sind für den Widerstand ihrer Kinder sehr anfällig. Sie glauben, daß die elterliche Liebe oder die elterliche Nachsicht Unterwerfung kaufen kann. Sie verlangen Annahme und Gehorsam, eben weil sie Eltern sind. Jeden Widerstand und Ungehorsam betrachten sie als eine persönliche Beleidigung, zumindest als eine abscheuliche Entheiligung der »göttlichen Idee der Elternschaft«. Je mehr sie ihren Willen dem Kind aufzuzwingen versuchen, um so weniger haben sie Glück in der Zusammenarbeit mit ihm, und ihr Gefühl der Enttäuschung wächst. Betrübt und erbittert durch das Leben, nehmen sie ihre Enttäuschung nach Hause mit und bringen sie durch ihre Kinder zurück in die Welt.

Die richtigen Methoden, Kinder zu behandeln

Es wird nunmehr nötig, einige Grundsätze zu formulieren, wie man Kinder beeinflussen kann. Die Eltern brauchen Rat, weil die demokratische Entwicklung die fortgesetzte Anwendung von traditionellen autoritären Erziehungsmethoden nicht erlaubt. Neue Methoden, die im Rahmen der demokratischen Familie wirksam sind, müssen erkannt und geübt werden.[3] Wenn man mit einem Kind zu tun hat, müssen die Erwachsenen an ihre eigene Würde denken und ebenso an die des Kindes. Seine eigene Würde zu vernachlässigen bedeutet Nachgiebigkeit, des Kindes Würde zu vernachlässigen ist Unterdrückung. Beides zerstört die Zusammenarbeit; beides macht Tyrannen und Sklaven.

Ein anderer Grundsatz ist: »Weder streiten noch nachgeben.« Zum Zweck der Familienerziehung muß man noch die Forderungen hinzufügen: »das Kind dazu gewinnen, daß es Ordnung akzeptiert« und: »das Kind ermutigen«. Diese drei Grundsätze, nicht zu kämpfen, Ordnung zu halten und dauernd Ermutigung zu geben, gehören untrennbar zusammen. Keiner ist möglich ohne die anderen beiden. Wenn wir streiten, werden wir niemals fähig sein, ein Kind Ordnung akzeptieren zu lassen, und werden unweigerlich das Kind entmutigen. Wenn wir versäumen, darauf zu bestehen, daß das Kind Ordnung einhält, so führt dies unvermeidlich zu Streit; ein Kind wird nicht imstande sein, sich der Ordnung anzupassen, und wird seine Eltern zwingen, mit ihm zu kämpfen.

Für viele Eltern ist es unmöglich zu glauben, daß Kinder auch ohne Gewalt erzogen werden können. »Die Rute sparen und das Kind verwöhnen« ist ein charakteristischer Ausdruck des Mißtrauens in die menschliche Natur, die nach dieser Ansicht am besten gezähmt werden, aber niemals ohne Zwang gemeinschaftsfähig gemacht werden kann. Solche Eltern müssen überzeugt werden, daß sie unvermeidlich die Verlierer sind, wenn sie sich darauf verlassen, mit ihrem Kind zu streiten. Das Kind hat zu viele Vorteile auf seiner Seite – es weiß soviel besser, wie es seine Eltern zu behandeln hat, als diese wissen, was sie mit ihm anfangen sollen. Es nimmt sich die Zeit, um seine Umgebung zu beobachten, es kennt den verwundbaren Punkt jedes der beiden Elternteile. Phantasievoll erfindet es Hunderte von Kriegsmethoden, während der starr gewordene Alte auf drei oder vier Maßnahmen versteift

[3] Siehe R. Dreikurs und V. Soltz: Kinder fordern uns heraus. Stuttgart 1966.

ist, die übrigens meist unwirksam sind. Das Kind weiß genau, wie es mit seinen Eltern zurechtkommt, und die Eltern müssen trotz allem Kämpfen unvermeidlich nachgeben.

Es ist also klar, daß es nutzlos ist, zu kämpfen. Alle diese Methoden der Demütigung – des Schreiens, Schimpfens und Schlagens – haben nur für einen Augenblick Erfolg, wenn überhaupt. Das Kind schlägt bei der ersten besten Gelegenheit zurück, und für jeden scheinbaren Sieg der Eltern erringt das Kind mindestens zehn wirkliche Siege. Der übliche Ungehorsam ist eine natürliche Folge. Aber wo es eine freundliche Beziehung gibt mit wirklichem Verstehen zwischen Eltern und Kind, wie leicht sind da die Dinge! Jedes Kind ist für Güte und auch für Festigkeit sehr empfänglich. Die Kinder, die nicht reagieren, sind gelehrt worden, daß nur Gewalt wichtig ist.

Maria spielte im Hof, als die Mutter rief: »Maria, komm her.« Maria setzte ihr Spiel fort und gab kein Zeichen, daß sie es gehört habe. Die Mutter rief wieder, und wieder keine Antwort. Ein Freund der Familie ging vorbei und hörte die Mutter mehrmals rufen; da ging er zu Maria und fragte sie, ob sie denn nicht das Rufen gehört hätte. »O ja!« antwortete sie ruhig und setzte ihr Spiel fort. Der Freund war etwas entrüstet: »Ja, warum gehst du dann nicht nach Hause?« Ungerührt antwortete Maria: »O, ich habe Zeit. Mutter hat noch nicht richtig geschrien!«

Viele Eltern – und sogar die besten – versagen jämmerlich darin, die Bedeutung der Ordnung zu erkennen. Sie lieben sicherlich das Kind. Sie wünschen, es vor jeder Enttäuschung und jedem schmerzlichen Erlebnis zu bewahren. Aber weil sie sein Leben glücklich machen wollen, lassen sie jede Regel und jede Ordnung beiseite. Des Kindes Wunsch ist ihnen Befehl. Sie hoffen, das Kind werde später lernen, dies besser zu verstehen und verständiger zu werden. Wie unrecht sie haben! Wenn ein Kind einmal gelernt hat, daß sein Wunsch allmächtig ist, dann wird es jeden Versuch, ihm diese Allmacht zu versagen, ob er nun von Eltern oder Lehrern kommt, als eine Ungerechtigkeit ansehen, als eine Bemühung, es der Vorrechte zu berauben, die es als sein natürliches Recht betrachtet, und es wird dies als ein Zeichen von Abweisung und Demütigung auslegen. Zuviel Beschützen und Nachgeben gewinnen nie ein Kind, machen es nie zu Mut und Zusammenarbeit reif. Sie rauben ihm die Freude an der Ordnung und am Erlebnis seiner eigenen Stärke, wenn es sich selbst hilft und anderen nützlich ist. Statt unliebsame Erlebnisse zu verhindern, setzt Nachgiebigkeit das Kind häufigeren und schlimmeren Leiden aus. Anstatt ihm zu helfen, gefährdet sie es; und der immer gefürchtete Zank wird unvermeidbar.

Nachgiebigkeit beruht oft auf einer falschen Vorstellung von Freiheit. Dem Kind Freiheit und Ausdruck seiner selbst zu gestatten ist notwendig; doch Freiheit ohne Ordnung ist unmöglich. Andererseits gibt es keine dauerhafte Ordnung ohne Freiheit. In manchen Familien ist die Idee der Ordnung zu solchem Ausmaß gesteigert, daß den Kindern jede Art von Selbstausdruck genommen ist. Strenge Regeln und augenblicklicher Gehorsam sind da die Hauptziele der Erziehung. Die Folgen sind dieselben wie die, die durch Unterdrückung und Demütigung hervorgerufen werden. Selbst wenn die Kinder eine solche traditionelle autoritäre Behandlung hinnehmen, würde ihre Beziehung zu ihren Mitmenschen darunter zu leiden haben.

Andererseits sind gerade diese menschlichen Beziehungen ebenso gefährdet durch ein anderes sehr häufiges Mißverständnis von Freiheit: Freiheit ist nicht das Recht zu tun, was wir wollen, weil solche Freiheit dann andere, denen wir das gleiche Vorrecht versagen, ihrer Freiheit beraubt. Wenn jeder so handelt, wie er will, ohne die Wünsche seiner Mitmenschen zu berücksichtigen, dann kann sich niemand der Freiheit erfreuen – dann kommt es zu Anarchie. Freiheit zusammen mit speziellen Vorrechten für einen einzigen Menschen kann überhaupt nicht Freiheit genannt werden. Unter dem Vorwand, Freiheit zu gewähren, machen die Eltern oft ihre Kinder zu unglücklichen Despoten, die unfähig sind, mit anderen auszukommen, und sich von jedem abgewiesen fühlen, der sich ihren eigenen Regeln nicht fügt.

Viele Kinder wachsen mit einer sehr eigentümlichen Auffassung von Ordnung auf. Für sie ist Ordnung alles, was sie nicht tun wollen. Sie müssen lernen zu erkennen, daß Ordnung auch Vorteile für sie hat. Es ist durchaus nicht schwierig, ihnen dies beizubringen. Wenn ein Kind sich weigert, sich der Routine zu unterwerfen, die das Familienleben regelt, dann können wir ihm helfen, besser zu verstehen, was Ordnung bedeutet. Es gibt da viele Wege, um einem Kind zu zeigen, was die wirkliche Bedeutung der Ordnung ist. Zum Beispiel ist es sicher damit einverstanden, daß es schön wäre, wenn jedes Mitglied der Familie – für einen Tag etwa – tun könnte, was es am liebsten will. Sehr bald wird das Kind entdekken, daß es sehr wenig dabei gewinnt und sehr viel verliert, wenn Vater und Mutter auch nur das tun, was sie im Augenblick am liebsten wollen. Es gibt dann keine Mahlzeiten, die vorbereitet sind, keine Betten, die gemacht sind, keine Kleider, die gewaschen sind. Ganz klar dient die Ordnung nicht dem Wohle einer Person allein, sondern allen zusammen. Freiheit ist nur die Möglichkeit, unabhängig zu handeln, solange einer nicht mit der Freiheit eines anderen in Konflikt kommt.

Und nun die dritte und wichtigste Regel: Das Kind braucht dauernd Ermutigung. Es braucht Ermutigung, wie eine Pflanze das Wasser braucht. Unsere gegenwärtige Methode, Kinder aufzuziehen, ist statt dessen voll von Entmutigung. Nachgiebigkeit und Unterdrückung schaffen unzählige Erlebnisse der Entmutigung. Denn die Eltern sind ohne Grund ängstlich. Sie sehen überall mögliche Gefahren, identifizieren sich mit ihren Kindern, und da sie kein Vertrauen zu sich selbst haben, können sie kaum glauben, daß das Kind für sich selber sorgen kann. Anstatt die Fähigkeiten eines Kindes zu erkennen, vergleichen sie seine Größe und seine Fähigkeit mit ihrer eigenen und schließen daraus, daß es um vieles weniger fähig sei, als sie selbst es sind. In Wirklichkeit hat das Kind im allgemeinen mehr physisches und auch geistiges Vermögen, als die Eltern ihm zutrauen. Dieser Zweifel an den Möglichkeiten der Kinder, der von einer Generation auf die andere übertragen wird, ist einer der Gründe, warum Erwachsene so viele ihrer Fähigkeiten unentwickelt lassen und nie zum Genuß all ihrer Möglichkeiten kommen.

Jedes Verfahren in der Erziehung kann am besten danach abgeschätzt werden, was für einen Grad von Ermutigung es in sich hat. Alles, was den Mut eines Kindes vermehrt, ist hilfreich – und alles, was es entmutigt, ist schädlich. Kein Kind ist von Natur aus »schlecht«. Jedes Kind möchte gut sein, wünscht, Erfolg zu haben, liebt, »nett« zu sein. Nur wenn es die Hoffnung aufgibt, wenn es das Vertrauen zu sich selbst verliert, wird es sich schlecht betragen.

Die Technik der Ermutigung wird noch nicht voll erkannt und geübt. Sehr wenige Menschen planen bewußt, jemanden zu ermutigen. Und selbst diese wissen häufig nicht, wie sie es tun sollen. Manche versuchen, süß zu sein – wie die Kinder das hassen! Kinder beobachten sehr genau – zu genau, um nicht Unaufrichtigkeit zu erkennen. Unehrlicher Lobpreis kann niemals ermutigen. Unverdientes Lob ist entweder ohne Bedeutung oder abgeschmackt. Sogar aufrichtig ausgedrückte Bewunderung kann ein Kind entmutigen, trotz seiner Freude dabei, wenn es fühlt, daß es sich nicht der hohen Wertschätzung entsprechend verhalten kann.

Diese zwei Faktoren scheinen für Ermutigung wesentlich zu sein: Aufrichtigkeit und Erkennen der persönlichen Bedürfnisse des Kindes. Jedes Kind hat Fähigkeiten und Möglichkeiten, die anerkannt werden können, und jedes hat wunde Stellen, die einer zarten Pflege bedürfen. Ohne daß man jedoch an das Kind glaubt, wird niemand fähig sein, ihm eine bessere Meinung von sich selbst einzuflößen. Selbstvertrauen, Erkenntnis der Stärke seiner eigenen Möglichkeiten, das bedeutet Mut. Wer immer dies bieten kann, vermag bei jedem Menschen, dem er begegnet, dessen Leistung zu erhöhen und die nötige soziale Anpassung zu erleichtern – besonders bei einem Kind, das sich ja gerade nach dieser Art von Beistand sehnt.

Ermutigende Einflüsse, die in einer freundschaftlichen Atmosphäre ganz natürlich sind, sind unmöglich da, wo Widerspruch regiert, wo Feindseligkeit, Widersetzlichkeit und gegenseitige Geringschätzung die menschlichen Beziehungen beherrschen. Wenn Mann und Frau nicht miteinander übereinstimmen, wenn die Eltern sich streiten, dann sind auch die Kinder miteinander im Streit, und jedes versucht, seinen augenblicklichen Gegner zu entmutigen. Wie mannigfach und wie fein sind doch die Mittel, durch welche die Eltern die natürlichen und verschiedenartigen Talente ihrer Kinder unterdrücken, ihre Anstrengungen entmutigen und die Entwicklung des Vertrauens zum eigenen Wert und zu ihrer schöpferischen Kraft verhindern können.

Jeder Irrtum und jeder Fehler in einem Kind spiegelt die Entmutigung wider, der es in seiner Familie ausgesetzt wurde. Sonst hätte es eine bessere Antwort auf seine Probleme gefunden. Ein Kind, das in einer Atmosphäre der Liebe und des Verstehens aufgezogen wird, ist eifrig gewillt, seinen Beitrag zu leisten. Umgeben von Freundlichkeit und natürlicher Teilnahme, entwickelt es sich glücklich und entspricht den sozialen Anforderungen. Aber da so viele Eltern und Lehrer selbst das Produkt einer Atmosphäre des Streits und der Konkurrenz sind, können sie dem Kind keine richtige Führung geben. Sie vergessen das schreckliche Gefühl von Unsicherheit, von Abgesondertsein, von Nichtgeliebtsein, das sie wahrscheinlich selbst erlebt hatten. Sie lernen weniger von dem Studium der Kinderpsychologie als von ihrer eigenen Erziehung. Weit entfernt, die Möglichkeiten des Kindes zu entdecken, widersetzen sie sich dem, was es tut, und behindern es, statt es anzuregen. Ja, manchmal setzen sie Gehorsam durch; aber für welchen Preis? In ihren Bemühungen haben sie eine Persönlichkeit ruiniert. Sie verstehen nicht, warum sich ein Kind vernachlässigt fühlt – sie werden dessen gar nicht gewahr, warum es sich störend benimmt.

Und leider fühlt sich manches Kind ungeliebt und zurückgesetzt, obwohl es das in Wirklichkeit gar nicht ist. Kinder sind ausgezeichnete Beobachter, aber oft schlechte Beurteiler. Ob das Kind nun mit seiner Selbsteinschätzung recht oder unrecht hat, ist unwichtig. Die Eltern müssen nur fähig sein zu erkennen, welche Vorstellungen das Kind hat, besonders in Beziehung zu dem drükkenden Gefühl, vernachlässigt zu sein. Um das Kind von diesem Gefühl zu befreien, muß man wissen, wie man es ermutigen kann.

Verständnis für das Kind

Um ein Kind zu verstehen, muß man die Ursachen für seine Entwicklung genau kennen. Viele seiner Züge ergeben sich aus seiner Suche nach einer Stellung in der Familie oder nach Methoden, die ihm Anerkennung bringen und die sich in den besonderen Umständen seiner Umgebung als wirksam erweisen. Ohne Ermutigung und Leitung verfehlt das Kind immer wieder, sozial anerkannte Methoden zu finden, um mit den andern auszukommen. So bleiben schlechtes Betragen und Störung übrig.

Vier Hauptabsichten können hinter dem schlechten Betragen eines Kindes liegen. Wir müssen diese Absichten verstehen, ehe wir hoffen können, das Betragen des Kindes zu ändern.

Am häufigsten wünscht das Kind, Aufmerksamkeit auf sich zu ziehen. Dieser besondere Wunsch herrscht bei den kleineren Kindern vor. In der Familiensituation von heute haben die Kinder wenig Gelegenheit, sich nützlich zu machen und durch Beiträge zum gemeinsamen Wohl soziale Anerkennung zu gewinnen. Daher gelangen sie dazu, an die Wichtigkeit des »Bekommens« zu glauben – von Geschenken, Zuneigung oder zumindest Aufmerksamkeit. Das Spielzeug, das der Vater nach Hause bringt, wird weniger als ein Mittel zur Freude ersehnt denn als ein Zeichen der Liebe des Vaters. Ohne Beachtung fühlt sich das Kind vernachlässigt. Wenn es nicht Beachtung auf angenehme Weise erlangen kann, wendet es sich unangenehmen Wegen zu und provoziert vorsätzlich Tadel und Bestrafung. Das ist wenigstens Beachtung; denn unbemerkt zu bleiben wäre noch schlimmer. Sogar bestraft zu werden ist keine völlige Ablehnung; das Schlimmste von allem ist, gar nicht beachtet zu werden. Kinder, die nach Aufmerksamkeit streben, müssen gelehrt werden, daß sie nützlich sein können – daß soziale Anerkennung nicht Bekommen bedeutet, sondern Beiträge leisten.

Das zweite mögliche Ziel eines störenden Verhaltens ist, Überlegenheit und Macht zu beweisen. Kinder, die der Gewalt ausgesetzt sind, lernen, ihr mit Widerstand entgegenzuwirken. Je mehr man von ihnen verlangt, desto weniger passen sie sich an. Kinder sind recht erfinderisch, auch sehr gewaltsame Methoden ihrer Eltern zu vereiteln, und gewinnen leicht Siege, während ihre Gegner verwirrt und verblüfft sind.

Diese Feindlichkeit führt schließlich zu dem dritten Ziel, nämlich zu bestrafen und abzurechnen. Überzeugt, daß niemand es liebt, gibt das Kind jeden Versuch zu gefallen auf. Die einzige Entschädigung für Demütigung ist die Fähigkeit, andere zu verletzen, wie es selbst verletzt wird. Kein Sinn für soziale Verantwortung verringert sein Verlangen, für sich selbst zu nehmen, was ihm eben gerade befriedigend erscheint. Diese Angriffshaltung ist ein Zeichen für völlige soziale Entmutigung.

Das vierte Ziel zeigt sich in gänzlicher Passivität. Es drückt einen Glauben an persönliche Unzulänglichkeit aus. Es ist ein Versuch, Situationen zu vermeiden, wo das erwartete eigene Versagen offensichtlich werden würde.

Um schlechtes Betragen zu verstehen, müssen wir wissen, welches dieser vier Ziele dahintersteckt. Viele glauben, sie verstehen ein Verhalten, wenn sie ein Wort finden, das zu seiner Beschreibung dient. Aber Worte erklären Eigenschaften nicht, sie beschreiben sie nur. Das Wort »Faulheit« zum Beispiel erklärt nicht ein bestimmtes Verhalten; psychologisch unterscheidet sich jeder Fall von Faulheit von einem anderen. Ein Kind ist faul, um Aufmerksamkeit zu erlangen – die Mutter muß neben ihm sitzen, um es zu ermahnen und ihm zu helfen; sonst würden die Hausaufgaben nicht fertig werden. Aber Faulheit kann auch Überlegenheitsgefühl und Machthunger bedeuten; gegen alle Drohungen und Bestrafungen der Eltern oder Lehrer weigert sich das Kind einfach zu arbeiten. Manchmal ist aber auch Faulheit die schlimmste Rache eines mißhandelten Kindes – um eitle und überehrgeizige Eltern zu strafen. In vielen Fällen bedeutet Faulheit auch einfach die entmutigte Haltung des Aufgebens. Was hat es für einen Sinn, sich anzustrengen, wenn man sowieso nicht hoffen kann, das Ziel zu erreichen?

Eltern müssen solches Streben verstehen lernen – sie müssen wissen, warum das Kind sich so verhält; gegen wen und was es seinen Angriff oder seine Mängel richtet. Sie sollten mehr wissen – wenngleich sie es so selten tun. Die Eltern sollten sich informieren über die allgemeine Richtung der Gedanken und Wünsche des Kindes, über seine Meinung vom Leben und von sich selbst, über seine Bemühungen und die Schlüsse, die es aus seinen Erlebnissen zieht.

Der Lebensstil

Unter dem Einfluß all dieser Erfahrungen entwickelt das Kind ziemlich früh – in den ersten vier oder sechs Jahren seines Lebens – eine bestimmte Meinung von sich selbst und von seiner Stellung im Leben. Je nachdem, wie es Beobachtungen auslegt und das Zusammenleben versteht, entwickelt es gewisse Methoden für die sozialen Lebensprobleme; es folgt den Leitlinien, die ihm in Handlungen, Erfolgen und Fehlern der Eltern und Geschwister vor Augen kommen. Jedes einzelne entwickelt eine besondere Einstellung, die die Grundlage seiner einzigartigen Persönlichkeit bildet. Es mag seine Techniken je nach der Lage, die es antrifft, ändern; aber die Grundeinstellung zu sich selbst bleibt die gleiche. Wenn ein Kind zu der Schlußfolgerung kommt, daß es immer andere braucht, auf die es sich verlassen kann, dann wird es sich natürlich unterschiedlich verhalten, je nachdem, ob es solche Unterstützung findet oder ob es sie vermißt. Im ersten Fall wird es mitarbeiten und gut angepaßt erscheinen, während es versagen oder sich zurückziehen wird, wenn es auf sich selbst angewiesen ist. Der Grund für diese zwei sich widersprechenden Verhaltensformen ist der gleiche.

Das Kind ist sich seiner eigenen Absichten nicht bewußt, aber reagiert auf ihre Enthüllung. Wenn sie ihm nicht klar gemacht werden, trägt es seine falschen Vorstellungen in das erwachsene Leben hinein und kann sie dann nur durch Psychotherapie in eine bessere Einstellung wandeln. Die Eltern, die die Grundideen ihres Kindes zu erkennen vermögen, können sehr viel dazu beitragen, daß falsche Begriffe, die später zu sozialem Mißverhalten, Fehlschlag und Unglück führen können, gar nicht erst entstehen.

Die Familienkonstellation

Die Vorstellungen eines Kindes werden durch seine Stellung in der Familie stark beeinflußt. Im Leben des Einzelkindes sind die Eltern während seiner ersten, entscheidenden Lebensjahre die wichtigsten Personen. Die Reaktion der Eltern auf die Versuche und Anstrengungen des Kindes, mit ihnen auszukommen, bestimmt das Verhalten des Kindes, wenn auch nicht immer in einer erwünschten und wünschenswerten Art, weil die Vorstellung des Kindes vom Erfolg nicht immer mit der der Eltern übereinstimmt. Es mag glauben, sie müßten es bedienen. Des weiteren bieten die Persönlichkeiten der Eltern und ihr Verhalten dem Kind Leitbilder in der Entwicklung seiner eigenen Methoden; indem es wieder von seinem eigenen Gesichtspunkt aus urteilt, macht es sich die Methoden und das Verhalten zu eigen, die es als wirksam ansieht.

Leider stimmt auch hier wieder seine Meinung nicht immer mit der der Eltern überein, so zum Beispiel, wenn es glaubt, daß Angst ihm besondere Aufmerksamkeit verschaffe. Wenn das Kind jedoch Brüder und Schwestern hat, werden sie für seine Entwicklung im allgemeinen wichtiger sein als die Eltern, die eine ausgleichende Rolle übernehmen und die Stellung eines jeden Kindes in der Gruppe betonen und leiten. Wenn sie in jedem Kind einzelne besondere Züge und Fähigkeiten hervorheben, spielen sie ihren Part in dem vorhandenen Wettstreit zwischen den Kindern und sind sehr oft die Macht hinter der Szene. Freilich sind sie sich dessen nicht immer bewußt, daß sie die Fäden in der Hand halten, und oft bestürzt über die Folgen. Die Konkurrenz zwischen Brüdern und Schwestern ist einer der stärksten Einflüsse in der Entwicklung eines jeden Kindes. Seine Folgen sind klar, auch wenn die Kinder einander zugeneigt sind und nicht offen miteinander kämpfen und streiten. Die Zeichen des Wettstreits können leicht erkannt werden, wenn jemand mit ihnen vertraut ist.

Die Konkurrenz unter kleinen Kindern beginnt mit der eigentümlichen Beziehung zwischen dem ersten und zweiten Kind. Das Grundelement für das Fortdauern des Wettstreites liegt in der Unfähigkeit des Kindes, die Bedeutung des Alters zu verstehen. Für ein Kind ist sein Bruder oder seine Schwester eben einfach stärker oder schwächer, mehr oder weniger tüchtig, ganz ohne Rücksicht auf sein Alter. Tröstende Hinweise der Eltern auf das Größerwerden – »du wirst das auch können, wenn du älter bist« – sind für das Kind ohne Bedeutung. In zwei Jahren wird es imstande sein, das zu tun, was sein älterer Bruder heute tun kann; aber in dieser Zeit ist dann sein älterer Bruder wieder – oder noch – zwei Jahre voraus. Diese zwei Jahre machen allen Unterschied aus, nicht als Jahre, sondern durch die Folgerungen aus dem Unterschied an Größe, Kraft, Geschicklichkeit und Fähigkeit. Das Alter als solches bekommt Bedeutung, wenn es dazu gebraucht wird, ein Kind gegen das andere auszuspielen. Der Grad des Älterseins ist belanglos. Wir haben Kinder gesehen, deren Vorrechte aus ihrem Ältersein sich tatsächlich nur auf einen sehr kurzen Zeitabschnitt bezogen haben. Bei vielen Zwillingen haben nur sieben oder dreizehn Minuten den ganzen Unterschied ausgemacht, der das eine für älter erklärt und mit bestimmten Vorrechten des Älterseins ausgestattet hat.

Weil Wettstreit zwischen dem ersten und dem zweiten Kind fast überall vorhanden ist, bieten solche Kinder den besten Beweis seiner Bedeutung. Das erste, das eine Zeitlang das einzige Kind gewesen ist, betrachtet das zweite als eine Bedrohung seiner bevorrechtigten Stellung. Es sieht sich selbst gezwungen, nicht nur Zeit und Aufmerksamkeit, sondern sogar die Zuneigung seiner Eltern, besonders seiner Mutter, zu teilen. Die Geburt eines Geschwisterchens ist immer ein Schock für das einzige Kind, das sich im allgemeinen »entthront« fühlt. Sogar wenn es auf dieses Ereignis vorbereitet ist, kann es kaum die Verwicklungen einer Lage voraussehen, die es ja nie vorher erlebt hatte. Im besten Fall ist es seiner Überlegenheit als älteres Kind genügend sicher und sogar gewillt, das Kommen eines Spielgefährten als eine Befreiung von der Einsamkeit anzunehmen, so glanzvoll ausgestattet sie auch gewesen sein mag.

Gewöhnlich jedoch wacht das Erstgeborene mit wachsender Besorgnis über die Entwicklung des neugeborenen Babys. Es merkt, daß die eigene Überlegenheit an Geschicklichkeit am Anfang zwar ungeheuer groß ist, mit jedem Monat, mit jedem Jahr aber abnimmt. Es muß fürchten, daß ein Augenblick kommt, da der Neuling es ihm gleichtun wird, und dann würde es ja nur eines weiteren Schrittes bedürfen, daß der zweite es überholen würde. Diese Angst wird im allgemeinen früher Wirklichkeit, als das Kind es voraussieht. Die Eltern, die diesen Konflikt nicht völlig verstehen, spielen törichterweise das Jüngere gegen das Ältere aus und verschärfen dadurch den natürlichen Wettstreit oft bis zu unheilvollen Folgen. Wenn das Kind ein störendes Verhalten anwendet, um die Aufmerksamkeit, die früher ausschließlich ihm gehörte, auf sich zu ziehen, werden die Eltern ungehalten; ihr Entzücken über das nette kleine Baby steht in scharfem Gegensatz zu dem, wie sie ihr Mißbehagen und ihren Ärger über das ältere Kind zeigen, womit sie nur beweisen, wie gerechtfertigt seine Befürchtungen sind.

Diese mißliche Lage des älteren Kindes wird noch verzwickter durch das natürliche Verlangen des Jüngeren, für seine eigenen Schwierigkeiten einen Ausgleich zu bekommen. Es hat dauernd ein anderes Kind vor sich, das gehen, sprechen, sich behaupten kann, zur Schule geht, lesen und schreiben kann, während es selbst das noch nicht beherrscht. Ist es nicht ganz natürlich, daß es versucht, mit all seiner Kraft seine Stellung zu stärken? Sobald das zweite Kind irgendwelche Mängel an seinem älteren Geschwister entdeckt, ergreift es diese günstige Gelegenheit. Eine zufällige Bemerkung der Mutter, daß sich das Ältere ein Beispiel an der Sauberkeit des Jüngeren nehmen sollte, bietet eine solche Gelegenheit: Jetzt kann das Zweite sich hervortun. Das Ältere seinerseits erkennt voll die Gefahr. Weit davon entfernt, sich zu bessern, wie seine Mutter gehofft hatte, möchte es jetzt aufgeben. Sein kleiner Bruder, der soviel kleiner und unterlegen ist, kann etwas besser tun, als es das selbst kann. Warum soll es sich dann noch weiterhin anstrengen?

Dies ist eine typische Situation: Ein Kind, entmutigt durch den Erfolg des anderen, entscheidet sich unbewußt, daß seine Stärke anderswo liegt, es überläßt dieses besondere Feld dem erfolgreicheren Konkurrenten. Wenn einmal diese Vorstellung Wurzel gefaßt hat, so beginnt ein Teufelskreis. Je mehr ein Kind aufgibt, desto mehr versucht das andere, seine eigene Überlegenheit in diesem besonderen Feld zu festigen, und je erfolgreicher es damit ist, um so weniger Hoffnung hegt das andere. Das grüne Licht für das eine ist das rote Licht für das andere. Und die Eltern, statt diesen Teufelskreis zu unterbrechen, solange es noch leicht möglich ist, verstärken ihn, indem sie sich auf die Seite des erfolgreicheren Kindes stellen.

Die beiden Kinder teilen die Welt zwischen sich auf – wo das eine sich auf seinen Verstand verlassen kann, kann das andere seine Anmut entwickeln. Wenn eines Interesse an seinen Studien hat, versucht das andere, sich im Sport auszuzeichnen. Ist eines gut in Sprachen, fühlt sich das andere dafür mehr zur Mathematik hingezogen. Das eine ist vertrauenswürdig und zuverlässig; das andere wird hilflos und abhängig. Wenn das eine ein außergewöhnlich gutes Betragen zeigt, können wir immer sehen, daß sein Konkurrent den Preis dafür zahlen muß. Erfolg kann durch das erste oder zweite Kind erreicht werden – die Umstände und die Einstellung der Eltern bestimmen das Ergebnis. Im allgemeinen hat, je mehr das eine Kind verwöhnt oder unterdrückt wird, das andere Kind mehr Aussichten. In den meisten Fällen sind die Aussichten einigermaßen geteilt, so daß keines in jeder Hinsicht völlig versagt oder Erfolg hat. Unter glücklichen Bedingungen mag der Wettstreit zu keinem Versagen in irgendeinem Sinne führen, sondern eher zu Erfolgen in entgegengesetzten Bereichen.

Der folgende Fall zeigt sehr klar die Mechanismen und Erscheinungsformen der Konkurrenz zwischen Kindern:

Der neun Jahre alte Willi war so ein prächtiger Junge. Er hatte seinen Vater vor vier Jahren verloren und brachte es fertig, für seine Mutter ein großer Trost und eine Hilfe zu sein. Sehr früh half er ihr nicht nur in der Hausarbeit, sondern auch, indem er die sechs Jahre alte Marilen versorgte. Schon in diesem frühen Alter konnte die Mutter jedes Problem mit ihm erörtern, und tatsächlich nahm er die Funktion des »Mannes in der Familie« auf sich. Nur mit der Schule hatte Willi Schwierigkeiten. Er hatte wenig Freunde und keinen großen Spaß an der Schularbeit. Das ist nicht sehr überraschend, wenn wir bedenken, daß er in der Schule die außergewöhnliche Stellung nicht einnehmen konnte, derer er sich zu Hause erfreute.

Man kann sich leicht vorstellen, was für ein Typ von Mädchen Marilen war. Sie war so widerspenstig, daß die Mutter nicht wußte, was sie mit ihr tun sollte, und um Hilfe bat. Sie war unpünktlich, unzuverlässig, lärmend, störend, lästig – eine richtige »Range«. Die Mutter konnte nicht verstehen, wie in aller Welt die zwei Kinder so verschieden sein konnten! Es war schwer für sie, den Zusammenhang zwischen der Tüchtigkeit Willis und den Schwierigkeiten Marilens zu verstehen.

Wir hatten die folgende Aussprache, mit beiden Kindern zusammen. Zuerst fragten wir Marilen, ob sie dächte, daß ihre Mutter sie liebe. Ihre Antwort war, wie zu erwarten, ein Kopfschütteln. Dann erklärten wir ihr, daß wir sicher seien, daß die Mutter sie sehr lieb habe, aber daß sie, Marilen, das nicht glaube und deshalb sich so verhalte, daß die Mutter immer ärgerlich über sie werden müsse. Als Folge davon schenke ihr die Mutter nur dann Aufmerksamkeit, wenn sie sich schlecht betrage (die destruktive Methode, Aufmerksamkeit zu erregen), und das mache sie noch widerwärtiger. Wenn sie versuchen würde, sich anders zu verhalten, bekäme sie bald heraus, daß die Mutter auch sie liebe.

Die obige Unterhaltung fand in Willis Gegenwart statt. Wir fragten ihn, ob er wünsche, daß Marilen ein gutes, nettes Mädchen wäre. Er stieß sofort heraus: »Nein!« Wir fragten ihn, warum er dies nicht wünsche. Er wurde verlegen, suchte nach einer Antwort und sagte schließlich: »Sie würde auf keinen Fall gut sein.« Da erklärten wir ihm, daß vielleich wir ihr helfen könnten und auch er ihr helfen könnte, und so würden wir es fertigbringen, aus ihr ein gutes Mädchen zu machen. Wäre ihm das recht? Etwas unsicher sagte er, ja, er hätte das gerne. Ich schaute ihn an und sagte ihm freimütig, ich glaubte nicht, daß er dies ernsthaft meine; ich sei sicher, daß sein erstes »Nein« ehrlicher gewesen sei. Aber warum wolle er denn nicht, daß sie »gut« sei? Vielleicht könne er mir dies sagen. Er dachte eine Weile nach, und dann kam es aus ihm heraus: »Weil ich besser sein will.«

Wenn einmal der Wettstreit zwischem dem ersten und zweiten Kind da ist, mag ein drittes Kind entweder vom ersten oder vom zweiten als ein Verbündeter aufgenommen werden. Nur selten ist das dritte mit beiden im Wettstreit und sind das erste und zweite in einem Bündnis miteinander – eine Situation, die vorkommen kann, zum Beispiel, wenn die beiden Älteren Mädchen sind und der Jüngste ein Knabe. Das vierte Kind kann sich auf die Seite irgendeines der älteren Kinder stellen, je nach den Umständen. Welchen Weg auch immer die Verteilung der Kräfte angenommen hat, kann man bei der folgenden Charakterentwicklung eines jeden Kindes leicht erkennen. Die beiden Geschwister, die in ihren Eigenschaften, Interessen und Gefühlen am verschiedensten sind, waren als Kinder Konkurrenten. Diese Tatsache enthüllt dann weiter, wo in einer Familie die Kampffronten liegen, deren Erkenntnis für das Verständnis jedes Kindes nötig ist. Am häufigsten sind das erste, dritte, fünfte Kind einander ähnlich, also Verbündete, während das zweite, vierte, sechste Kind der ersten Gruppe unähnlich sind.

Diese Wechselwirkung innerhalb einer Familie, die jedes Kind in eine kennzeichnende »Familienkonstellation«, wie Adler es nennt,[4] stellt, ist wichtiger für die Entwicklung der Persönlichkeit und des Charakters als jeder andere Faktor, wie etwa die Erbmasse. Hier ist ein Beispiel:

Vater, Mutter und sechs Kinder bilden die Familie. Der Wettstreit entsprang der Beziehung eines »überlegenen«, herrschenden Vaters, der an Politik und Literatur interessiert ist, zu der Mutter, einer typischen Hausfrau, die für ihre gesellschaftliche und geistige Unzulänglichkeit durch häufiges Herrschenwollen über die Kinder einen Ausgleich sucht. Das erste Kind, Senta, eine Tochter, wird von ihrem Vater gegen die Mutter ausgespielt. Die Mutter findet einen Bundesgenossen in ihrer zweiten Tochter, Beate. Senta ist eine gute Schülerin, verachtet aber Hausarbeit und ist dauernd in Opposition zu ihrer Mutter. Beate interessiert sich sehr für Hausarbeit, ist eine sehr mittelmäßige Schülerin und mehr von ihrer weiblichen Berufung eingenommen. Einige Jahre später wurden eineiige Zwillingsmädchen geboren. Ihre körperliche Ähnlichkeit machte es nötig, daß sie verschiedenfarbige Strümpfe und Haarschleifen trugen, um sie leichter auseinanderzukennen. Eineiige Zwillinge haben im allgemeinen eine besondere psychologische Beziehung zueinander. Sie identifizieren sich miteinander bis zu einem solchen Grad, daß sie sich sehr oft nur als die Hälfte eines Ganzen betrachten; sie entwickeln häufig den

[4] A. Adler: Menschenkenntnis. Leipzig 1927.

gleichen Lebensstil, was ihnen dann auch eine verblüffende Ähnlichkeit im Schicksal bringt.

In unserem Fall jedoch hat sich etwas ziemlich Ungewöhnliches ereignet. Der starke Wettstreit zwischen den beiden älteren Schwestern verursachte eine Teilung zwischen den Zwillingen. Die eine, Ruth, die zufällig dreizehn Minuten älter war, wurde von Senta als Verbündete beansprucht, während Beate sich auf die Seite des »jüngeren« Zwillings Diana stellte. Als Folge davon entwickelte sich Ruth wie Senta zu einer guten Schülerin und schlechten Hausfrau, während Diana wie auch Beate mittelmäßige Schülerinnen, aber gute Hausfrauen wurden und sehr auf ihre Erscheinung achteten. Das dritte Paar von Kindern war ein Junge und ein Mädchen. Der Junge, Toni, war nicht nur wieder der »ältere« der beiden, sondern verlangte auch als Junge nach besonderer Überlegenheit.

Die ganze Familie war also in zwei Gruppen gespalten – im Charakter, in den Interessen und im Verhalten. Vater, Senta, Ruth und Toni gegen Mutter, Beate, Diana und das kleinste Mädchen. Toni forderte sogar mit Unterstützung seiner ältesten Schwester und des Vaters die Überlegenheit seiner viel älteren Schwester Beate heraus und versuchte, sie zu tyrannisieren. Der Zwilling Ruth schloß Diana von ihren eigenen Freundinnen aus und weigerte sich, sie mitzunehmen; sie war eben »zu jung« – dreizehn Minuten jünger! Zank, Zwietracht und gegenseitige Kränkungen vermiesten das Leben dieser sonst fähigen und angenehmen Menschen.

Anpassung der Kinder an das Zusammenleben

Die Überwindung des Konkurrenzgeistes in der Familie, besonders zwischen den Kindern, ist eine der schwierigsten, jedoch dringendsten Aufgaben für gewissenhafte Eltern. Gerade weil dieser Wettstreit die Kinder daran hindert, Freude aneinander zu haben, wird jedes Erlebnis allseitiger Freude auch wieder die Konkurrenz verringern. Was die Familie nötig hat, sind gemeinsame Interessen und gemeinsames Tun, um das Zusammengehörigkeitsgefühl zu stärken, das das beste Gegengift gegen die Aufspaltung durch Wettstreit ist. Spiele, die jedem eine gleiche und gerechte Chance geben, Touren und Ausflüge, verlockende gemeinsame Interessen, Aussprachen, die jeden auffordern, seine Meinung zu äußern, sind überaus wirksam, besonders wenn beide Eltern daran teilnehmen. Aber ohne vorsätzliche Bemühungen wird sich eine echte Gruppentätigkeit selten entwickeln: Spiele können sogar den Wettstreit fortsetzen, wenn sie erlauben, daß das eine Kind seine gewohnte Überlegenheit beibehält, während das andere wie immer gezwungen wird nachzugeben. Obwohl eine gewisse Art von Gleichgewicht immer vorhanden ist, ist es nicht unbedingt ein glückliches, und wenn es unglücklich ist, kann es psychologisch entschieden verheerend wirken. Jedes Kind sollte sowohl zu einer gelegentlichen Führerschaft als auch zu gelegentlicher Unterordnung erzogen werden, wenn sich demokratische Methoden in der Familie entwickeln und sich dann auf weitere soziale Gruppen ausdehnen sollen.

Ein Wort noch zu dem drängenden Problem, ob man Kinder vor »häßlichen« Einflüssen von der Außenwelt behüten soll. Man hört dauernd den Ruf: »Schützt unsere Kinder!« Dieses Verlangen hat eine gute Absicht, ist aber gefährlich. Unsere Kinder sind sowieso zu sehr beschützt. Indem wir sie beschützen, bereiten wir sie nicht vor, später dem Leben gegenüberzutreten. Was sie brauchen, ist nicht Schutz, sondern Ermutigung. Lassen wir sie doch die Tatsachen des Lebens klar ins Auge fassen; man kann sie ihnen ja doch nicht verbergen. Aber die Eltern können ihren Kindern helfen, sich zu einer korrekten Haltung dem Leben gegenüber zu entwickeln, mutig und mitfühlend zu sein, verständnisvoll und hilfreich. Statt den Kindern zu verbieten, schreckliche Geschichten im Radio und Fernsehen anzuhören, können die Eltern ihnen helfen, diese Geschichten richtig zu bewerten und auszulachen, was nur billig und sensationell ist. Sie können nicht mit Erfolg verbieten, mit Gewehren zu spielen, wenn es die Spielgefährten der Kinder tun – übrigens ist mit Gewehren zu spielen keine richtige Vorbereitung für das Soldat-Sein; es dient nur dazu, ein ganz fehlgeleitetes Gefühl für Überlegenheit zu betonen. Aber die Eltern können ihren Kindern die wahre Bedeutung des Spielens mit Gewehren beibringen und ihnen einen besseren Weg zeigen, um Überlegenheit zu erlangen und ihren eigenen Wert zu beweisen.

Wenn dem Kind diese Hilfe gegeben wird, so wird es in »seiner« Gruppe ein Element der Aufklärung werden. Es wird moralische Werte verbreiten, die es von seinen Eltern gelernt hat. Wir können nicht verhindern, daß unsere Kinder von den Kriegsschrecken erfahren, aber wir können mit ihnen die Ideale der Demokratie und Freiheit erörtern. Wir können sie verstehen lassen, daß Kämpfen nicht ein wirksamer Weg ist, um Überlegenheit zu erlangen, sondern nur ein notwendiges Mittel der Selbstverteidigung. Das Kind kann passende Wege finden, um Gegensätze zu lösen, und sollte genügend stark und selbstbewußt sein, einem Angriff zu widerstehen.

Wenn Eltern sich in die Konflikte der Kinder unter sich einmischen, ist dies meistens sehr schädlich. Wenn die Reibereien in der Familie vor sich gehen, so vermehrt die Einmischung der Eltern die Konkurrenz und ermutigt zu weiteren Kämpfen, da dies ja eine wundervolle Gelegenheit bietet, die Aufmerksamkeit der Eltern hervorzurufen. Wenn der Kampf außerhalb der Familie stattfindet, so hilft der Einfluß der Eltern wenig, um die Spannung zu verringern, und unterhöhlt die Fähigkeit des Kindes, für sich selbst zu sorgen. Natürlich müssen im Notfall die Erziehungsgesichtspunkte zugunsten der Sicherheit hintangestellt werden. Solche Situationen sind jedoch weniger häufig, als ängstliche Eltern glauben. Wenn die Jungen streiten, dann soll man nicht denken, daß sie einander ermorden. Ich überlasse gern zwei Kinder, die heftig in einem Zimmer streiten, sich selbst mit der Bemerkung, daß ich ja dann sehen werde, wer dabei mit dem Leben davonkommt. Gewöhnlich hilft dieser Rat. Nach kurzer Zeit sitzt jedes Kind in einer Ecke, oder beide spielen harmonisch miteinander.

Ja, das Aufziehen von Kindern ist schwierig. Wir wissen, daß wir Mitgefühl für die Eltern haben müssen. Wenn nur ein Kind da ist, so ist es in der schwierigen Lage, unter Riesen zu leben. Wenn es zwei Kinder gibt, dann entwickelt sich eine starke Konkurrenz, und die Kinder kämpfen und streiten. Wenn drei Kinder da sind, ist immer eines das mittlere Kind und vergleicht seine Stellung mit den Vorrechten des älteren oder des jüngeren; so fühlt es sich leicht vernachlässigt. Bei vier Kindern finden wir oft zwei in Gegensatz zueinander stehende Paare erster und zweiter Kinder; aber in der Regel verbessert sich die Lage bei vier doch ganz beträchtlich. Aber wer kann warten, bis er vier Kinder hat?

So müssen wir Sympathie für die armen Eltern aufbringen oder wenigstens für die armen Mütter, weil die Väter dazu neigen, sich von einer Aufgabe zurückzuziehen, die oft schwieriger ist als ihr Beruf. Eltern brauchen Hilfe, da sie gegenwärtig ihren Kindern nicht gewachsen sind. Wir müssen ihnen helfen, so daß sie imstande sind, sich des tiefsten Vergnügens, das Menschen erleben können, zu erfreuen – nämlich Kinder zu haben. Wer es lernt, sich an seinem Kind zu freuen, ist auch froh, den verlangten Preis dafür zu bezahlen – schlaflose Nächte am Bett eines kranken Kindes, Furcht und Entsetzen bei Gefahren, Enttäuschungen und Betroffenheit, wenn das Kind einen Fehler macht. Freudig zu sehen, wie das Kind aufwächst, ist ein Vergnügen ohnegleichen. Es kehrt den Sinn der Zeit um. Jedes Jahr, das wir verlieren, wird durch das Kind gewonnen. Unser eigenes Zurücktreten wird mehr als ausgeglichen dadurch, daß unser Kind anpackt, wo wir versagen, nicht zu unserem persönlichen Prestige, aber für die Beibehaltung unserer Ideale und unserer Überzeugungen und all dessen, was wir als wertvoll betrachten. Durch unsere Kinder gestalten wir die Zukunft, und die Zukunft allein kann abschätzen, was wir heute tun.

IX Die Lösung des sexuellen Rätsels

Die Macht des einzelnen

Wenige sind sich klar bewußt, wie ihre Bemühungen, ihre persönlichen Probleme von heute zu lösen, eine Entwicklung vorantreiben, die schließlich eine angemessene Antwort auf viele bedrückende Rätsel des sexuellen und ehelichen Lebens bieten könnte. Während wir unsere täglichen Aufgaben erfüllen, uns zu helfen trachten, Liebe suchen und uns verheiraten, Freundschaften genießen und an verschiedenen Tätigkeiten teilnehmen, denken wir wohl nicht an die Zukunft; aber wir alle bahnen Wege in die Zukunft – und dies schafft die Zukunft. Jeder von uns hilft dabei mit, die Welt von morgen zu gestalten. Jeder Mann und jede Frau, bewußt oder unbewußt, ist lebenswichtig für die Entwicklung. Wie wenig wissen doch die meisten von uns von der riesigen Kraft und dem Einfluß, den wir persönlich ausüben! Manche glauben seltsamerweise, daß nur die Politiker die Wandlungen in unserer Gesellschaftsstruktur bewirken. Aber tatsächlich wirkt jeder Mensch durch seine Tätigkeit – und ebenso durch seine Untätigkeit – an der Wandlung mit, ob er will oder nicht. Jeder Gedanke und jede Tat, jeder Glaube und jeder Zweifel, jeder Wunsch und jede Gleichgültigkeit – all dies sind Elemente, die sich in das bunte Muster der öffentlichen Meinung hineinweben. Mögen sie auch ihren individuellen Charakter in dem Gewebe verlieren, sie färben doch unsere soziale Struktur von morgen.

Unsere Gedanken und Gefühle über Liebe und Ehe sind Kräfte in dem Entwicklungsprozeß. Wenn widerstreitende Meinungen bestehen, so zeigt dies einen Vorgang des Wandels an. Unser Verlangen, umzumodeln und neuzubilden, oder unser friedliches Sich-Begnügen mit den gegenwärtigen Bedingungen beeinflussen die Entwicklung. Wie und wann wir zu lieben beginnen, wie wir das Sexuelle erleben, ob wir heiraten oder nicht, wie wir mit unserem Ehepartner leben und was wir über die Scheidung denken, das berührt nicht nur unser eigenes Leben, sondern hat auch Bedeutung für alle unsere Zeitgenossen. Wir verstärken gewisse soziale Richtungen und verneinen andere, während wir glauben, daß wir uns nur mit unseren eigenen Problemen beschäftigen. Wir müssen uns mehr der Rolle bewußt werden, die wir in den zusammenklingenden Bestrebungen der Menschheit nach einer befriedigenderen Art des Lebens durch unsere Meinungen spielen. Wir müssen lernen, die soziale Bedeutung unserer persönlichen Überzeugungen und Bevorzugungen besser abzuschätzen. Daß wir unserer eigenen Rolle bewußt werden, kann uns überlegter in unseren Absichten machen und uns helfen, solche Glaubensgehalte unserer Mitmenschen zu verstehen, die den unseren widersprechen. Sowohl eine Haltung der Überlegung wie auch eine des Verstehens der anderen sind wesentlich für ein demokratisches Aufnehmen aller vorhandenen Gesichtspunkte in den einen Strom der gegenwärtigen Entwicklung.

Aber wir wollen auf unsere unmittelbaren Probleme zurückkommen. Wir möchten gerne wissen, was recht und was unrecht ist – was wir zu tun oder was wir zu lassen haben. Zu diesem Zweck allein ist es nötig, die Richtungen der Entwicklung einigermaßen zu verstehen. Sonst sind wir in der Verwirrung des Wandels und der sich widersprechenden Werte und Sitten hilflos. So wollen wir einige der schwierigsten Probleme erörtern und sehen, nach welcher Richtung die allgemeine Entwicklung weist.

Sexuelle Verwirrung

Als erstes Problem erhebt sich das der sexuellen Betätigung, das soviel Unruhe und Erörterungen hervorruft. Kein anderes Problem der Liebe und Ehe erregt so viele Auseinandersetzungen und Meinungsverschiedenheiten. Einige erklären sich offen für sexuelle »Freiheit« sowohl für Männer als auch für Frauen; andere beschreien die neue sogenannte »Unmoral«, und manche vermeiden es, einen bestimmten Standpunkt einzunehmen, vielleicht weil sie durch ihr Tun dem einen und durch ihre Überzeugungen dem andern Gesichtspunkt anhängen. Viele genießen sexuelle Freiheit außerhalb der Ehe und sprechen doch noch über die Sünde der »Unzucht«. Andere machen sich nach der anderen Richtung hin etwas vor. Ich hörte ein Mädchen sagen, sie glaube an freie Liebe, würde sie aber nicht praktizieren. Verwirrung über Verwirrung! Was ist recht, und was ist unrecht?

Warum sind wir alle mit dem Sexuellen so stark beschäftigt? Es scheint ganz allgemein die Regel zu sein, daß immer, wenn wir einem Problem gegenüberstehen und uns nicht imstande fühlen, es zu lösen, es uns dauernd beschäftigt. Tag und Nacht, ja auch in unseren Träumen, sind wir dauernd von dem Vexierspiel des Sexuellen besessen in all seinen physiologischen, menschlichen und sozialen Aspekten. Wir machen hundert erfolglose Versuche, es zu lösen, und jeder Mißerfolg vergrößert das Problem, bis seine übertriebenen Ausmaße jede andere wichtige Seite menschlicher Beziehungen auslöschen. Und so wird das Sexuelle für viele Menschen ein Symbol des Lebens und sogar der einzige Sinn des Lebens. Für all jene, die in der Liebe entmutigt sind, denen es nicht gelungen ist, eine befriedigende, menschliche Beziehung zu dem anderen Geschlecht herzustellen, entwickelt sich die Sexualität zu einer Art Manie. Ihre ganze Lebensperspektive wird schief.

Tatsächlich ist die Sexualität nur *eine* Seite in der Beziehung zwischen Mann und Frau. Jene, die dauernd sich mit den sexuellen Funktionen befassen, verkennen den menschlichen Aspekt der Beziehung und betrachten die Personen des anderen Geschlechts als Objekte oder Opfer, die es zu erobern gilt, jedoch kaum als Mitmenschen. Selbst wenn sie soweit gehen, einander als mögliche Ehepartner anzuschauen, können wir oft noch hinter der sexuellen Anziehung ein Bild eines potentiellen Feindes auftauchen sehen. Das Problem des Sexuellen wird oft so schwierig, weil soviel Nachdruck auf die sexuellen Qualitäten des anderen gelegt wird; andere Fähigkeiten, Geschicklichkeiten oder Interessen werden entweder völlig übersehen, oder es wird ihnen nur eine zweitrangige und zufällige Beachtung geschenkt.

Die gegenwärtigen Zustände erlauben nicht, daß irgendeine menschliche Eigenschaft ihren vollen Ausdruck findet. Dies ist wichtig, weil alle ehelichen und sexuellen Probleme, denen sich die einzelnen oder Paare gegenübersehen, von den in ihrer Gemeinschaft vorherrschenden Konventionen abhängig sind. Aus diesem Grund ist keine allgemein annehmbare Lösung möglich. Religiöse, nationale und kulturelle Begriffe entscheiden zum Beispiel, worin sexuelle »Anständigkeit« besteht.[1] In einzelnen Gesellschaften haben intime sexuelle Beziehungen außerhalb der Ehe keinen gesetzlichen oder moralischen Platz. In einer Gesellschaft, die eine unverheiratete Mutter als Schande betrachtet und sie und ihren »Bastard« verstößt, werden Bestimmungen, die das Wohl eines unehelichen Kindes schützen sollen, kaum durchgeführt werden.

Andererseits finden wir Gruppen und Gemeinschaften mit anderen Ansichten, die im allgemeinen »liberal« oder »modern« genannt werden. Sie müssen gegenüber dem Gesetz und den allgemein gültigen Sitten einige Konzessionen machen, aber weit ent-

---

[1] »Alle Maßstäbe des Verhaltens sind relativ und hängen von den Kulturformen ab. Kultur ist örtlich begrenzt, von Menschen gemacht und äußerst veränderlich.« Ruth Benedict: Urformen der Kultur. Hamburg 1955.

fernt, freie Liebe zu verachten, rühmen sie sich ihrer sexuellen Emanzipation. Die eine Gemeinschaft hat nichts dagegen, wenn ein unverheiratetes Paar intime Beziehungen unterhält; eine andere gesteht das Recht außerehelicher sexueller Betätigung nur dem Manne zu; eine dritte dagegen verdammt jede sexuelle Verbindung außerhalb der Ehe. Obwohl der entscheidende Faktor die Stellung der Frau in einer bestimmten Gesellschaft ist, nehmen wir selbst auch teil daran, den Maßstab festzusetzen und aufrechtzuerhalten.

Wenn ein Mädchen fragt, ob sie geschlechtliche Beziehungen mit ihrem Verlobten haben soll, so müssen die vorherrschenden Konventionen der Gesellschaft und die Haltung der beiden Menschen der Emanzipation gegenüber in Betracht gezogen werden. Es wäre falsch, ja oder nein zu sagen, weil jede der beiden Antworten ihre Zukunft gefährden kann. Die Tradition, in welcher der Mann erzogen wurde, muß ebenso wie seine persönliche Entwicklung in Betracht gezogen werden. So mancher junge Mann wird ein Mädchen nicht heiraten, nachdem sie ihre Jungfräulichkeit verloren hat, wenn er auch sein Bestes dazu tun wird, daß sie diese verliert. Einem solchen Mann nachzugeben würde bedeuten, ihn mitsamt der Jungfräulichkeit einzubüßen. Manche jedoch werden zögern zu heiraten, wenn sie nicht eine so enge Verbundenheit mit dem Mädchen fühlen, wie es nur durch das Sexuelle möglich ist. Solch ein junger Mann mag Zweifel haben, ob er genug geliebt wird, wenn das Mädchen widersteht.

Alle jene, die solchen Feststellungen widersprechen, müssen die Probleme unserer Jugend erkennen. Unsere jungen Leute leben nicht unter den gleichen Verhältnissen, unter denen ihre Eltern aufwuchsen. Wenn wir ihnen helfen und Anleitung und Orientierung geben wollen, müssen wir den neuen gesellschaftlichen Stand der Frau erkennen und die verschiedenartige Schichtung der Werte und Sitten, die sich in den letzten fünfundzwanzig Jahren entwickelt haben. Unsere jungen Leute sind nicht »unmoralisch«; ihre Moral ist nur verschieden von der der früheren Generationen. Die Eltern wissen es, aber wollen ihre Augen den neuen, verwirrenden Tatsachen nicht öffnen. Eine Mutter glaubt, daß ihr Sohn nicht sehr jung heiraten kann und wahrscheinlich bis zu einem reifen Alter nicht »keusch« bleiben wird. Sie versucht nun nicht, über das nachzudenken, was er tun sollte. Soll er ein »liederliches« Mädchen oder ein »nettes« für seine sexuellen Erlebnisse suchen?

Mütter von Mädchen haben im allgemeinen andere Meinungen als Mütter von Jungen. Viele Mädchen wissen nicht, was sie denken sollen. Sie wünschen, daß ihre Männer Erfahrung haben, aber mit wem? Hier wird ihr Denken verwirrt. Sie haben es nicht gern, wenn ihre Männer Erlebnisse mit Frauen gehabt haben, deren Moralvorstellungen schwächer ausgeprägt sind; dennoch sind sie »nette« Mädchen und möchten ihre Keuschheit bewahren. Mehr noch, sie nehmen ihm das Vorrecht übel, sexuelle Erfahrung zu haben. Und so sind sie in einen Kampf verstrickt, in ein Problem, voll von Widersprüchen und Verwicklungen. Ihre scharfe Beobachtung kommt in Konflikt mit Religion und Traditionen. Ihre verstandesmäßigen Schlußfolgerungen widersprechen ihren Gefühlen, und diese rationalen Erkenntnisse sind noch dazu von fragwürdiger Dauer.

Diese Verwirrung kennzeichnet eine gewisse geistige Trägheit unserer heutigen Generation, die noch alten Traditionen folgen und zugleich den neuen sozialen Forderungen entsprechen will. Dies führt zu all diesen Irrtümern, die das Liebesleben sehr vieler Menschen beherrschen. Wir glauben an Monogamie, und zur gleichen Zeit empören wir uns gegen sie, indem wir uns nach Abwechslung und Vielfältigkeit sehnen. Wir haben eine hohe Achtung vor Jungfräulichkeit, aber wir schätzen nicht Mädchen, die keine anderen Tugenden haben, als ihre »Anständigkeit«. Mädchen schauen nach irgendeiner Art sexueller Befriedigung aus, wünschen aber, ihre technische Jungfräulichkeit zu bewahren. Sie alle suchen eine Lösung, ohne einen festen Standpunkt zu haben. Sie wollen gleichzeitig annehmen und ablehnen. Und endlich erkennen sie, daß sie niemanden täuschen können, nur sich selbst.

Diese Konflikte kommen aus einer unvollständigen Erkenntnis der eigenen Anschauungen und Absichten. Es ist nötig, die hier mit einbezogenen Probleme durchzudenken und den Mut zu haben, die Vergangenheit aufzugeben und überlegt zu dem für die Menschheit wünschenswerten Ziel voranzuschreiten. Ein solches Denken ist Voraussetzung für einen klaren Standpunkt, frei von Verwirrung und inneren Widersprüchen. Wir können nicht erwarten, daß bloße Belehrung – moralisch, ethisch oder selbst sogar medizinisch – unsere Schwierigkeiten löst. Was uns not tut, ist ein klares Erfassen der sozialen Probleme, die auf dem Spiel stehen, und der evolutionären Wirkung unserer eigenen Verhaltensweise.

In welcher Richtung ging die Wandlung nach den beiden Weltkriegen vor sich?

Seit Platos ›Staat‹ und Sir Thomas Mores ›Utopia‹ sind viele visionäre Romane geschrieben worden, die eine Welt voraussehen, die völlig neue Werte und Grundsätze hat. Wissenschaftlich kann man sich keine Einzelheit des Lebens unter Bedingungen, die völlig außerhalb unserer jetzigen Ordnung liegen, ausmalen. Jedoch lassen allgemeine Züge der vergangenen Entwicklung die Richtung der gegenwärtigen Entwicklung erahnen.

Jeder Krieg beschleunigt einen Wandel. Tradition und Routine, die ewigen Widersacher des Fortschritts, werden hinweggefegt durch die vitalen Nöte der Selbstverteidigung. Verborgene soziale Kräfte werden plötzlich ausgelöst, und die Lösung sozialer Probleme, die lange hinausgeschoben war, wird nun zum Gebot. Der Erste Weltkrieg, der die ganze zivilisierte Welt weit weniger mit einbezog als der Zweite, brachte einen weitreichenden sozialen und wirtschaftlichen Wandel, besonders in Europa. Er wirkte sich aus auf die Position der Frau und brachte ihr eine soziale Stellung, die sie niemals zuvor eingenommen hatte. Der letzte Krieg war dazu bestimmt, diese Entwicklung beträchtlich zu beschleunigen. Die Frauen nahmen die Plätze der Männer ein, nicht nur in der Industrie, im Handel, in der Kunst und in der Wissenschaft, sondern sogar beim Militär. Diese letztere Tatsache ist von außerordentlicher Bedeutung, da die Mitgliedschaft beim Militär seit Jahrtausenden das Vorrecht des herrschenden männlichen Geschlechts war. Die Frauen wurden mit regelrechten Uniformen »geehrt«, sogar mit dem Rang und Titel von Offizieren. Daß Frauen in das Militär aufgenommen wurden, wirkte sich auf die Beziehung zwischen Mann und Frau im ganzen Land aus. Es ist nur *ein* Wandel, der in seinen Ergebnissen mit vielen anderen übereinstimmt. Sie alle weisen auf dasselbe Ziel der Entwicklung hin: soziale und sexuelle Gleichwertigkeit von Mann und Frau.

Ob wir es nun gern tun oder nicht, wir müssen klar den Tatsachen ins Auge sehen, die auf die Nachkriegsverhältnisse einwirkten. Die sexuellen Erlebnisse unserer jungen Männer in ihren Kriegsdienstjahren standen in den meisten Fällen im Gegensatz zu ihrer Erziehung und ihrer Stellung im bürgerlichen Leben. Die Gesellschaft, die sie kannten, bot keine sozial annehmbare Form sexueller Befriedigung an, da die Prostitution als Zeichen weiblicher Demütigung gesellschaftlich und gesetzlich mißachtet ist. Diese in anderen Ländern stationierten jungen Menschen waren einer erheblichen sexuellen »Freiheit« ausgesetzt, was es vielen schwierig machte, wieder zu den strengeren Gebräuchen der Vorkriegszeit zurückzufinden.

Die Lage, der sich die Frauen, die beim Militär dienten, gegenübersahen, ist hinsichtlich der neu entstandenen sexuellen Maßstäbe ähnlich. Man kann und sollte nicht verallgemeinern; aber auch hier ist es nötig, den Tatsachen ins Auge zu sehen. Viele der Mädchen, die von zu Hause wegkamen, von dem Schutz durch ihre Familien und von den strengen Regeln der Gemeinschaft, waren den unaufhörlichen und aufdringlichen Forderungen ihrer männlichen Kameraden ausgesetzt, der romantischen Lockung der Natur im Mondschein, der Verzweiflung in Einsamkeit und Heimweh, in einer Lebenslage, wo der Schatten des Todes das Leben billig machte und dem Vergnügen einen hohen Wert einräumte. Diese Mädchen in ihrem neuen Stand als Soldaten konnten nicht länger mit der verschämten Verlegenheit auf das Geschlechtliche schauen, mit der sie erzogen worden waren. Die Lebens- und Arbeitsverhältnisse ließen viele in einer mehr männlichen Form handeln und fühlen.

Während alle diese Änderungen Männer wie Frauen im Militärdienst betrafen, stand auch die Heimatfront nicht still. Die Knappheit an Männern und die drohenden sexuellen Entbehrungen haben bei vielen Mädchen und Frauen das Gewicht der Keuschheit und Treue aufgewogen, nicht zu reden von solchen Mädchen, die ihr Verlangen nach Vergnügen, Bewunderung und Anerkennung damit entschuldigten, daß es eine »patriotische Pflicht« sei, das Verlangen der Jungen, die auf Urlaub heimkamen, zu befriedigen. Der allgemeine Zug nach Lockerung der sexuellen Moral machte die Stellung der Kriegsfrauen und Kriegsbräute noch unsicherer, als das Ungemach der Trennung allein es gemacht hätte. Es ist hart genug, allein zu sein, einsam und ohne eine Möglichkeit, Zuneigung und sexuelles Verlangen auszuleben; es ist noch schlimmer zu wissen, daß »er« wahrscheinlich seine Vergnügungen und Befriedigungen auf diese oder jene Weise gefunden hat. Mehr noch, dies mußte in einer Zeit durchgestanden werden, da Mädchen und Frauen in ihrer Gemeinschaft sich in ihrem Status als Kriegsarbeiterinnen einer neuen, verführerischen Freiheit erfreuten; denn sie fanden ihren Platz an der Seite von Männern in Fabriken, in der Industrie und in technischen Bereichen, die früher das alleinige Gebiet der Männer gewesen waren. Sie arbeiteten wie die Männer, sie kleideten sich wie die Männer trotz aller sinnlosen Proteste eingeschüchterter Männer, die die Frauen dort halten wollten, wo sie ihrer Meinung nach hingehörten, das heißt in Röcke – Hosen wurden immer als das Symbol männlicher Überlegenheit betrachtet. Sie verdienten Geld wie nie zuvor und wurden vom Mann ganz unabhängig. So ist es kein Wunder, daß sie sich wie Männer benahmen, auch hinsichtlich des Sexuellen, daß sie wählten und forderten und nicht länger warteten, nicht länger sich passiv auf ihr anziehendes, hübsches Aussehen verließen.

Die gewandelten ehelichen Beziehungen

Diese Erkenntnis ist heutzutage zwingend, wenn wir noch mehr Verwirrung in unserer Generation vermeiden wollen, die sich ungeheuren sexuellen und ehelichen Konflikten gegenübersieht. Ohne ein klares Verständnis der zugrundeliegenden sozialen und sittlichen Faktoren kann kein einzelnes Problem zwischen Mann und Frau oder zwischen Liebenden verständnisvoll angegangen oder überhaupt gelöst werden. Frauen und Männer sind gleicherweise immer weniger bereit, sich so zu akzeptieren, wie sie sind. Und je entmutigter sie sind, um so weniger halten sie durch; und je mehr sie verlangen und erwarten, um so weniger werden sie erhalten. Deshalb wird das Ausmaß an Scheidungen wahrscheinlich noch bedeutend zunehmen. Die Schuld daran wird sehr verschiedenen Gründen zugeschrieben. Wenn Frauen und Männer einander beschuldigen, beklagen sie sich über ihre Unverträglichkeit oder über ungünstige wirtschaftliche Verhältnisse.

Die Schuld an zerbrochenen Ehen darauf zu schieben, daß man sich zu wenig kennt oder daß man sich zu lange kennt, ist gleichermaßen falsch. Kriegsehen gingen wohl ebenso häufig auseinander wie Ehen nach langer Verlobungszeit. Selten erkennen beide betroffenen Teile, daß ihre Schwierigkeiten weder in ihren entsprechenden Eigenschaften noch in den Lebensbedingungen liegen, sondern in ihrer Unfähigkeit, ein neues Gleichgewicht zwischen sich selbst zu finden, wenn die alte Grundlage ihrer Verbindung abbröckelt. Jedes finanzielle oder gesellschaftliche Problem, mit dem sie zu tun haben, läßt ihren inneren Konflikt offen zutage treten. Sie sind sich nicht einig in der Funktion, die der Mann oder die Frau auf sich nehmen sollte; sie erwarten und verlangen einer vom andern, was ein jeder nicht will oder nicht ausführen kann. Die gestiegenen Scheidungsquoten ihrerseits machen Männer und Frauen empfindlicher und vermehren ihre Forderungen nach Sicherheit.

Neue Moral, nicht Unmoral

Es wäre ungerecht, diese Wandlung als »wachsende Unmoral« zu bezeichnen. Es ist wahr, daß der Krieg in seinem Verlauf immer einen Niedergang der Moral mit sich bringt. Dies war so nach dem Ersten Weltkrieg. Man mag nun die Situation nach dem Zweiten Weltkrieg als eine Wiederholung vorübergehender Unmoral betrachten, aber dennoch war es mehr als das. Es war keine Rückkehr zu einem »normalen Leben« möglich, weil dieser Wandel mehr als bloß lockere Sitten widerspiegelte; sie waren die Anzeichen einer Wandlung in den sittlichen Werten selbst, sie spiegelten eine neue Stellung der Frau in der Gesellschaft wider, eine neue Beziehung zwischen Mann und Frau, die wenigstens in den großen Städten mit neuen Augen auf das Geschlechtliche schauten und alle seine physischen und sozialen Forderungen.

Während und nach dem Ersten Weltkrieg nahmen sexuelle Vergehen von jungen Mädchen genauso wie beim Zweiten Weltkrieg zu. Aber es war da ein grundsätzlicher Unterschied: Mädchen, die nach dem Ersten Weltkrieg aufgegriffen wurden, waren sich ihres schlechten Betragens völlig bewußt. Heute sind sie, wenn sie wegen ähnlicher Übertretungen angehalten werden, herausfordernd und verweigern jedermann das Recht, sich in ihre persönlichen Angelegenheiten einzumischen. Sie behaupten, daß sie mit ihrem eigenen Körper tun können, was ihnen Vergnügen macht. Sexuelles Vergehen ist heute so antisozial wie je zuvor, und Unmoral gibt es heute, wie es sie vor fünfzig Jahren gab; aber es ist schwieriger, die Trennung zu ziehen zwischen Anständigkeit und Unmoral, weil die Moral der ganzen Bevölkerung sich wandelt und das sexuelle Leitbild von heute mit den Maßstäben, die vor einem halben Jahrhundert galten, weder verglichen werden sollte noch verglichen werden kann; denn ungeheure Wandlungen haben in der Zwischenzeit stattgefunden.[2] Es gibt gewisse sexuelle Verhaltensweisen, die vom moralischen Gesichtspunkt aus auch heutzutage von jeder Gemeinschaft verdammt werden; aber viele andere sexuelle Verhaltensmuster werden als »anständig« von der einen Gruppe und als »unmoralisch« von einer anderen Gruppe betrachtet.

[2] »Unsere Zivilisation hat mit kulturellen Maßstäben zu tun, die vor unseren Augen hinabsinken, und mit neuen, die wie aus einem Schatten über dem Horizont emporsteigen. Wir müssen gewillt sein, mit den sich wandelnden Normen zu rechnen, auch wenn die Moral, in der wir erzogen worden sind, in Frage gezogen wird.« Ruth Benedict: Urformen der Kultur. Hamburg 1955.

Ein Faktor macht die richtige Bewertung der sexuellen Maßstäbe äußerst schwierig: Die gesellschaftlichen Konventionen in unserer Zivilisation sind hinsichtlich der Sexualität und der Moral durch einen doppelten Maßstab gekennzeichnet. Fast jeder verhält sich sexuell in einer Art und Weise, mit der er sich, wie er selbst denkt, bei seinen Verwandten, Freunden und Bekannten ganz unmöglich machen würde und die er ebenfalls bei irgendeinem von ihnen verdammen würde. In der Vergangenheit war diese doppelte Art von offenen und geheimen sexuellen Maßstäben nötig als Voraussetzung für das Anlegen eines doppelten Maßstabs für Männer und Frauen. Sie war notwendig, um die besonderen Vorrechte des Mannes aufrechtzuerhalten. Es konnte einer privat mit Dingen prahlen, die in der Öffentlichkeit nicht bekannt werden durften. Die öffentlichen Maßstäbe für Anständigkeit waren eine gute Methode, die halbe Menschheit, nämlich die Frauen, unter strikten moralischen Regeln zu halten.

Da nun Frauen Gleichberechtigung durchsetzen, wird dieser doppelte Maßstab sinnlos. Demzufolge können viele Dinge heute ohne Schaden unserer sozialen Ordnung enthüllt werden.

Eheliche Verwirrung als Teil der weltweiten Verwirrung

Die Verwirrung an der ehelichen Front ist nur ein Aspekt der Verwirrung, die die »Nachkriegszeit« genannte Kulturperiode kennzeichnet. Die Gesellschaft als Ganzes steht politischen, wirtschaftlichen, arbeitstechnischen, religiösen und rassischen Konflikten und Problemen gegenüber, auf die wir eine Antwort finden müssen, wenn wir überleben wollen. Bis jetzt fühlen wir uns nicht fähig, diese Probleme mit Erfolg zu lösen. Was wir so schmerzlich erleben, ist ein Kampf um soziale Gleichheit. Der Konflikt zwischen Mann und Frau ist nur eine Seite eben dieses Kampfes. Nur wenn wir lernen, wie wir als Gleichberechtigte miteinander leben können, werden wir imstande sein, mit unsern Problemen fertigzuwerden.

Fortschritt zu sozialer Gleichwertigkeit hin

Tatsächlich ist Gleichwertigkeit das dringendste Problem unserer Zeit. Ihre Bedeutung ist nicht auf die Beziehung zwischen Mann und Frau beschränkt, obwohl ihre Etablierung weitreichende Auswirkungen auf die Institution der Ehe und auf die Struktur von Sex und Liebe haben wird. Gleichberechtigung ist der Preis, für den die Menschheit heute kämpft. Die Welt ist ein Schlachtfeld, auf dem zwei Kräfte zusammentreffen: Die Mächtigeren, die ihre Macht behalten wollen, und die Schwächeren, die Einfluß gewinnen wollen. Die Mächtigen brauchen die Überzeugung, daß es immer Herrscher und Diener geben wird, daß die Welt bis jetzt niemals Gleichheit gekannt hat und daß Kultur und Ordnung nur durch Gewalt und Drohung aufrechterhalten werden können. Die Schwächeren verwerfen diese Weltanschauung. Sie kämpfen für gleiche Rechte aller Menschen, für die allgemeine Einrichtung und Anerkennung menschlicher Würde, für gegenseitige Achtung und gegenseitige Hilfe. Sie glauben an die grundsätzliche Gleichwertigkeit aller Menschen – an eine Gleichheit, die nicht durch irgendwelche persönlichen, nationalen und rassischen Verschiedenheiten gestört wird.

Diese Unterschiede an Nationalität, Rasse und Glaubensbekenntnis werden immer bestehen; aber wenn man sie als farbige Ergänzungen zu dem Gemälde der Menschheit betrachtet, als starke Fäden, die in die menschliche Kultur und Geschichte eingewoben sind, dann bedeutet das nicht verschiedene soziale oder moralische Bewertung. Die, welche keinen Glauben an die menschliche Natur haben und sie unterdrücken und reglementieren wollen, sind Gegner des Fortschritts und versuchen, das Rad der Zeit zurückzudrehen. Sie glauben an eine angeborene Überlegenheit des Mannes, und wenn sie zur Macht kommen, werden sie mit Erfolg die Frauen all ihrer Rechte berauben, die sie schon errungen haben. Sie glauben daran, daß Kinder geschlagen werden müssen, ohne die tiefe Demütigung, die darin liegt, zu erkennen oder überhaupt nur zu erfühlen. Sie schauen auf andere Nationen und Rassen herab, sie verachten die Massen und lassen als Intelligenz nur ihre eigenen Gedanken gelten. Sie machen jede Idee von Gleichwertigkeit als eine Illusion von Träumern lächerlich, die keine Aussicht auf Verwirklichung hat. Ihr »Realismus« ist mächtig, weil sie die vertreten, die an der Macht sind.

Der Weg zu Einheit und Gleichstellung der Menschheit

Die Geschichte der Menschheit jedoch widerlegt solche Grundgedanken. Es ist wahr, daß die Menschheit niemals wirkliche Gleichwertigkeit erlebt hat, wobei also jedem Glied einer vorhandenen

Gesellschaft der gleiche soziale Status verliehen worden wäre. Aber »Fortschritt« hat immer Gleichstellung bedeutet. »Gleichwertig« ist ein sozialer Begriff und bedeutet, daß man den gleichen sozialen Status hat.

Der Fortschritt der menschlichen Gesellschaft ist immer von der Ausdehnung menschlicher Gruppen begleitet, die neue Gruppen von Menschen einschließen, die ihre Zusammengehörigkeit erkannten. Die Menschheit war zuerst in Familien, Sippen und Stämme geteilt. Jedes menschliche Wesen außerhalb der Gruppe war ein Fremdling und hatte keinen Status in der Gruppe, keine »Gleichwertigkeit«. Die Gruppen flossen in größere Einheiten zusammen; und mit dem Vorgang der Ansiedelung war die Unterscheidung von Clans und Familien schließlich einer neuen menschlichen Organisation gewichen, einer regionalen Einheit, die auf geographische Grenzen gegründet war,[3] die in ihrem Fachwerk Glieder verschiedenartiger Familien und Sippen aufnahm.

Dies war der Beginn unserer Zivilisation. Die Gruppen wuchsen aus kleinen Einheiten, die nur eines oder wenige Dörfer umfaßten, zu nationalen Einheiten und schließlich zu Reichen, allerdings meistens durch Gewalt und Eroberung. Die Struktur all dieser Gruppen blieb voll innerer Widersprüche. Während menschliche Wesen, durch gemeinsame Gesetze vereinigt, gezwungen waren, einander zu achten und zu akzeptieren, waren sie nicht mehr einer geschlossenen, engeren Einheit einverleibt, wie dies früher im Clan noch der Fall war. Mitglieder von verschiedenen Familien, die nun Mitbürger wurden, konnten nicht einfach mehr einander töten, wie sie es früher getan hatten, aber ihre Freundschaft und Zusammenarbeit waren noch beschränkt. Abgesehen von körperlicher Vernichtung, konnten sie sich gegenseitig ausnützen, betrügen und ausbeuten. Die Notwendigkeit einer verfeinerten Methode der Kriegsführung und des Selbstschutzes mag vielleicht eine der Kräfte gewesen sein, die den Menschen zwangen, sein Gehirn mehr als seine Faust zu gebrauchen. Der Nächste wurde eine sehr merkwürdige Mischung von Freund und Feind.

Da die menschliche Kultur auf gegenseitige Ausbeutung gegründet war und deshalb so wenig Fortschritt hinsichtlich der Beziehungen der Menschen untereinander gemacht hat, zweifeln viele an jeglichem Fortschritt der Menschheit auch in Zukunft. Was, so fragen sie, ist durch diese ganze Entwicklung der Wissenschaft,

[3] H. G. S. Maine (Ancient Law. London 1906) beschreibt den Unterschied zwischen Verwandtschaft und territorialer Bindung.

durch diesen ganzen technischen Fortschritt gewonnen worden, wenn der Mensch heutzutage leidet wie nie zuvor, wenn Kriege heftiger und zerstörerischer als in früheren Zeiten wüten und drohen? Wenn wir unsere heutige Zivilisation mit der der alten Griechen vergleichen, so hat der Mensch tatsächlich nur wenig Fortschritte gemacht.

Wir müssen jedoch erkennen, daß wir heute noch praktisch derselben Kulturperiode angehören wie die alten Griechen. Einer der Gründe, warum die alte Welt keine neue soziale Ordnung entwickeln konnte, warum die Menschheit in dieser Periode keine großen Fortschritte machte, war ihre Unfähigkeit, den Feind innerhalb der Gruppe zu vertilgen. Die Gesellschaft war zu dieser Zeit eine Sklavengesellschaft und erlaubte nicht, grundsätzlich gleiche Menschenrechte gelten zu lassen. Die Idee menschlicher Gleichwertigkeit war jedoch schon da und überlebte – als Christentum – den kulturellen Rückfall der Menschen während des Mittelalters.[4] Erst in der Renaissance konnte das Kulturniveau der alten Welt langsam wieder erreicht werden.

Seither war die Menschheit Zeuge eines raschen Fortschritts. Die Grundtendenz der Einheit wurde besonders beschleunigt, als Wissenschaft und Technik die Menschen näher zusammenbrachten als je zuvor. Die Entfernungen schrumpften zusammen, und die ganze zivilisierte Welt wurde eine Einheit, zuerst im Wissen und in der Kunst, neuerdings auch wirtschaftlich; politisch allerdings noch nicht. Wieder standen große Reiche auf, die die ganze Welt umfaßten. Heute ist die Ansicht weit verbreitet, daß die Welt eine Familie sei – die Familie der Menschheit. Wir alle gehören zusammen, einerlei, welcher Farbe und Rasse, welchen Glaubens und welcher Kultur; sogar ohne Hinblick auf das Zivilisationsniveau. Alles, was auf irgendeinem Teil dieser Erde geschieht, geht die ganze Mensch-

---

[4] Die Idee menschlicher Gleichwertigkeit war zuerst unter dem Einfluß der griechischen Stoiker entstanden, später durch das römische Gesetz weitergetragen und schließlich durch die ersten Christen in die Praxis übernommen worden. Der Galaterbrief (III, 28) spricht über die Gleichheit des Menschen vor Gott. Die Gleichheit der Geschlechter war auch schon von Plato und von den späteren römischen Gesetzgebern beschrieben worden. Im 4. Jahrhundert n. Chr. hat der Triumph des Lehrsatzes von Augustin über die Prädestination die Entwicklung der stoisch-christlichen Ideen von der Gleichwertigkeit der Menschen aufgehalten und die mittelalterliche Orthodoxie errichtet. Nach ihr ist die weltliche Ungleichheit ein Teil der göttlichen Ordnung der Dinge und die Folge des Falles, der von Gott gewollt war. (Nach: Encyclopaedia of Social Sciences, Band 5.)

heit an. Diese wachsende Einheit ebnet langsam die Unterschiede zwischen den Menschen. Die französische und die russische Revolution beendeten den Feudalismus, die Bill of Rights und der amerikanische Bürgerkrieg sind Meilensteine in der Gleichstellung aller minderberechtigten Gruppen. Die Idee der Menschenrechte brachte die Anerkennung der Rechte der Frauen und Kinder, der Arbeiter und aller Rassen.

Aber der Aufstand der bisher unterdrückten Gruppen erzeugte auch die hinterhältige Neigung zur Reaktion. Die Gleichberechtigung, für die eine Gruppe eine Verheißung, ist der andern eine Bedrohung. Wie die wachsende Gleichberechtigung der Frauen den Kampf zwischen den Geschlechtern intensiviert und erschwert, so fordert die Emanzipation im allgemeinen alle diejenigen heraus, die ihre Vorrechte in Gefahr glauben. Demzufolge wächst überall die Konkurrenz, und ein Kriegszustand heftigster und abscheulichster Art ist das Ergebnis und bedroht die ganze Kultur und den Bestand der Menschheit.

Aber die Reaktion kann niemals gewinnen. Das Rad der Zeit dreht sich niemals zurück, außer in völligem Zusammenbruch. Es ist möglich, eine ganze Kultur zu zerstören – die Menschheit hat schon oft solche Zerstörungen erlebt –, aber niemals ist einem Entwicklungszustand die Wiederherstellung dessen, was vorangegangen war, gefolgt. Wenn die Menschheit all die Umwälzungen unserer Tage überlebt, kann sie niemals mehr so sein, wie sie war, ehe Arbeiter, Frauen und alle Rassen sozialen Status und volle Bürgerrechte gewonnen hatten. Entweder werden wir zugrunde gehen, oder wir werden eine wirkliche Gleichberechtigung erreichen, die die Grundlage der Demokratie ist. Es muß eine neue Ordnung in die Welt kommen, die diesem Wort, das so oft für einen so wenig gelebten Grundsatz gebraucht wurde, eine neue Bedeutung gibt.

Demokratisches Zusammenleben

An diesem Punkt scheint es nötig zu untersuchen, was Demokratie wirklich bedeutet. Wir alle benützen dauernd diesen Ausdruck, ohne daß wir seine wirkliche Bedeutung und seine praktischen Folgerungen für uns alle in unserem Haus, bei unserer Arbeit, in unseren politischen und sozialen Tätigkeiten sorgfältig prüfen. Das Wort »Demokratie« hat eine sehr bestimmte und einfache Bedeutung. Es ist griechisch und bedeutet wörtlich: »die Herrschaft des

Volkes«. In einer politischen Demokratie übernimmt das Volk die Regierung. Das Volk bedeutet Menschen wie du und ich, bedeutet jeder Mann und jede Frau. In der Demokratie hat jeder den Status eines Herrschers und sollte all die Majestät, Würde und Achtung, die einem Herrscher gebührt, besitzen. Demokratie bedeutet Achtung und Würde für jeden Bürger, sei er farbig oder weiß, Arbeiter oder Arbeitgeber, reich oder arm, Jude oder Heide, Frau oder Mann.

Der schlimmste Feind dieser sozialen Gleichberechtigung ist das Vorurteil, sei es nun rassisch, religiös, sozial oder national. Es schafft eine Grenze zwischen Mensch und Mensch, Bürger und Bürger und verhindert die Anerkennung gegenseitiger Würde und Achtung. Es beruht auf Angst und Mißtrauen und hemmt unter den Bürgern die Entwicklung eines Zusammengehörigkeitsgefühls und einer Einheit, ohne welche Zusammenarbeit und Harmonie unmöglich sind. Der Kampf gegen Unterdrückung und Verfolgung, der Kampf für Freiheit, wird an vielen Fronten gefochten, nicht nur in Europa und Asien, sondern auch in Amerika. Die meisten Kampflinien werden sehr genau erkannt, und die Leute haben ihre Plätze auf einer der Seiten der Barrikade eingenommen. Alle Kämpfe sind verwickelt und hart, verwirrend und verwirrt. Jedoch die betroffenen Parteien kennen die Spielregeln, und das Publikum wacht mit verhaltenem Atem über das Ergebnis, das für jeden von uns entscheidend ist. Wir alle kennen den fragwürdigen Waffenstillstand zwischen Arbeitern und Unternehmern, der immer wieder einmal in einen offenen Konflikt ausbricht. Weiter gibt es den Kampf um gleichwertige Beschäftigung, mit dem Ziel, den Farbigen dieselben Arbeitsmöglichkeiten zu geben wie den Weißen.

Wir dürfen unsere Augen vor der Tatsache nicht verschließen, daß wir alle einem schweren Problem gegenüberstehen. Regierung und Volk befassen sich ernsthaft mit der Errichtung von Verhältnissen in der ganzen Welt, die Frieden und Wohlfahrt für alle erlauben. Diese Pläne sind nicht nur politischer Art und betreffen nicht nur feindliche Länder und die besiegten, durch Krieg und Besatzungen verkrüppelten Nationen; sie sind auch wirtschaftlicher Art und umfassen die ganze Welt, unser eigenes Land mit eingeschlossen. Die Errichtung gleicher Menschenrechte kann nicht auf Europa und Asien allein beschränkt werden. Wir müssen entweder einen Weg finden, politische, wirtschaftliche und psychologische, für eine Demokratie geeignete Bedingungen zu Hause, an unserer Türschwelle, zu bilden, oder wir werden sie nirgends in der Welt errichten können.

Nur wenige von uns sind sich jedoch dessen bewußt, daß wir noch eine andere Form der Unterscheidung zu überwinden haben, die Benachteiligung, die einen ganzen Ausschnitt der Bevölkerung betrifft, tief in jede Familie und jedes Heim und offensichtlich in die intimsten Beziehungen hineinreicht – die Benachteiligung zwischen Mann und Frau, zwischen Vater und Mutter. Dieser Kampf ist besonders hinterhältig, weil viele Teilnehmer sich noch gar nicht bewußt sind, daß sie kämpfen, daß sie in Konkurrenz stehen, und weil er in dieser intimen und ganz persönlichen Verbindung, die aus jahrhundertealten Traditionen erwachsen ist, Änderungen herbeiführt. Dieser Konflikt betrifft nicht nur die Beziehung zwischen Mann und Frau, sondern stört auch die Beziehung zwischen Mutter und Tochter und die Freundschaften zwischen Mädchen und Mädchen, die im Gefechte zufällig auf verschiedenen Seiten stehen. Die volle Emanzipation der Frauen ist für die Entwicklung gleicher Menschenrechte nötig. Wenn man das Blatt der Zeit zurückwenden will, so bedeutet das Faschismus.

Die Idee der Gleichberechtigung, die sich mehr und mehr am Horizont abzeichnet, wird einen Rückfall in einen Zustand männlicher Vorherrschaft verhindern – einerlei, wie heftig die Gewalten der Reaktion auch dagegen kämpfen, einerlei sogar, wie viele Siege sie noch erringen mögen. Es werden aber andererseits auch die Frauen keine Aussicht haben, das herrschende Geschlecht zu werden, denn genauso wie Tyrannei der Männer gegenüber der Idee der Gleichberechtigung sinnlos ist, so auch eine Tyrannei der Frauen. Verschüchterte, entmutigte Männer mögen sich zeitweilig der Führerschaft gewisser Gruppen beugen, die mit der Unterdrückung der Frauenrechte auch Unterdrückung von Rassen und Glaubensbekenntnissen anstreben und gegen die Gleichberechtigung in jeder Form kämpfen. Jedoch diejenigen, die auf der Unterdrückung anderer bestehen, müssen unvermeidlich zugrunde gehen. Sie müssen ständig auf der Hut sein, müssen dauernd sich verteidigen gegen die Unterdrückten, die ihre Rechte verlangen. Keine psychologische oder tatsächliche Bewaffnung, die sie vielleicht zu ihrer Verteidigung aufbringen, wird stark genug sein, um ihre Überlegenheit zu schützen. Angst ist ihr Lohn, denn ihr Mißtrauen gegen ihre Mitmenschen beraubt sie ihrer wirklichen Sicherheit, die ein Mensch nur finden kann in seinem Gefühl der Zusammengehörigkeit mit anderen, in der Erkenntnis, daß er von seinem Mitmenschen auch akzeptiert wird.

Alles, was an Plänen und Verteidigungsmechanismen von jenen angewandt wird, die für ihre Überlegenheit kämpfen, paßt nicht zusammen mit Glück und Harmonie – was ewig der tiefste Wunsch der Menschen ist und war, wofür sie arbeiteten, kämpften, lebten und starben. Ganz offensichtlich führt die Entwicklung zu einer Vorstellung vom Zusammenleben ohne Gewalt und Unterdrückung. Und wer sich gegen diese Entwicklung stellt, wird zugrunde gehen. Sein Andenken wird von dieser Erde hinweggefegt werden. [5] Da der Sieg über die Natur voranschreitet, da die allseitige soziale Anpassung Fortschritte macht, da immer weniger und weniger Menschen die Befriedigung ihres elementarsten Begehrens versagt wird, werden Geiz und Argwohn immer weniger sich auswirken, Großzügigkeit und guter Wille stärker werden – und so wird die Idee der Gleichwertigkeit an Kraft gewinnen.

Der weibliche Beitrag zum Fortschritt

Wie können wir alle, jeder von uns, an dem Fortschritt der Menschheit mitwirken? Nur in uns selbst, in unseren persönlichen Beziehungen zu anderen, am meisten in unserer eigenen Familie. Die Frauen, die in der Vergangenheit den kürzeren gezogen haben, werden bereiter sein als die Männer, zu erkennen, was hinter den drängenden Problemen der sexuellen und ehelichen Verworrenheit in Wirklichkeit steht. Die Männer jedoch werden durch ihren Stolz oft daran gehindert, sich die Beweggründe ihrer Haltung und Taten einzugestehen, vor allem ihre Angst vor der wachsenden Gleichberechtigung ihrer Gegenspieler, zu denen die Frauen gehören. Aus diesem Grunde mag es wohl so sein, daß die Frauen eine sehr wichtige Rolle im allgemeinen Kampf um Gleichberechtigung spielen, besonders in unserem Kampf für Frieden und Harmonie.

Die Frauen, als ein Teil unserer Gesellschaft, unserer Wirtschaft und unseres sozialen Lebens, müssen ihre Verantwortung erkennen, sonst bleiben sie in Sklaverei oder sinken wieder zurück in sie und verzögern dadurch den Prozeß der Gleichstellung, der notwendig und lebenswichtig für die ganze Welt ist. Die Teilnahme der Frauen an der Politik wird wahrscheinlich keinen direkten und unmittelbaren Einfluß auf das politische Bild der heutigen Zeit haben. Die Frauen werden entweder fortschrittlich oder konservativ sein, je nachdem, wie sie aufgewachsen sind, je nach ihren Familienverhältnissen und ihrer persönlichen Entwicklung. Aber die *Wirkungen* werden weitreichend sein, wenn die Frauen aktiv

---

[5] A. Adler: Der Sinn des Lebens. Wien und Leipzig 1935.

an der Politik teilnehmen, nicht als Wähler, sondern auch als Gesetzgeber.

Die Atmosphäre in unseren Fabriken hat sich in mancher Hinsicht geändert, seit die Frauen dorthin gekommen sind. Das Bild unseres Parlaments würde ein anderes sein, wenn Männer und Frauen in gleicher Zahl darin vertreten wären. Solch ein Wandel würde dieser Körperschaft sehr zugute kommen. Wo immer Frauen aktiv an einem politischen Kampf teilgenommen haben – wie es zum Beispiel in der Untergrundbewegung vieler Länder der Fall war –, haben sie angefeuert, Begeisterung erweckt und sehr oft einen gesunden Menschenverstand entwickelt, der ein heilsames Gegenmittel für die Streitigkeiten so vieler Männer um Macht, Geltung und persönliche Überlegenheit ist. Männer und Frauen zugleich verhalten sich in gemischten Gruppen anders, als wenn sie nur mit Leuten des eigenen Geschlechts zusammen sind. Und es ist sehr wahrscheinlich, daß viele gesetzgebende Körperschaften in ihrer Verfahrensweise die gleichen Fortschritte zeigen würden, wie sie in Schulen beobachtet wurden, nachdem man die Gemeinschaftserziehung eingeführt hatte.

Wenn die Frauen die gleichen politischen Rechte verlangen und sich mehr mit den Angelegenheiten des Mannes, mit wirtschaftlichen, politischen, öffentlichen und bürgerlichen Angelegenheiten befassen, dienen sie nicht nur ihrem eigenen Geschlecht, sondern der Gesellschaft als Ganzes. Man muß dann nicht mehr prüfen, ob eine Frau die Arbeit des Mannes tun kann – diese Prüfung gehört schon der Vergangenheit an –, es geht jetzt darum, die Verantwortung auf sich zu nehmen und sich nicht länger von den Pflichten eines jeden Bürgers zurückzuziehen. Ob die Frauen damit vollen sozialen und politischen Status erringen und ob die Kräfte des Fortschritts oder der Reaktion gewinnen, hängt von uns allen, von unserem Mut und unserer Entschlossenheit ab. Es hängt davon ab, ob die Frauen sich lediglich mit dem Kreis ihrer unmittelbaren Tätigkeit befassen oder ob sie genug Gemeinschaftsgefühl haben, um sich mit den Problemen, die uns alle angehen, ebenso zu befassen.

Ein Grund, warum wir einen gesunden Einfluß erwarten dürfen, wenn Frauen einmal angefangen haben, voll und ganz an öffentlichen Angelegenheiten teilzunehmen, ist die bloße Tatsache, daß sie in der Vergangenheit nicht die Möglichkeit hatten, das zu tun. Menschen, die Zurücksetzung erfahren mußten, die ihrer Menschenrechte beraubt oder beschränkt waren, die sich minderwertiger fühlten und in Unterdrückung gehalten wurden, haben eine allgemeine Neigung, die sozialen Verhältnisse sehr scharf zu erkennen und sehr feinfühlig gegenüber Ungerechtigkeit zu sein. Solange sie ihr Schicksal ergeben hinnehmen, sind sie ein Hindernis für den Fortschritt. Sobald sie sich aber befreien, nähern sie sich immer mehr besseren und gesünderen Verhältnissen.

Aufbruch zu einer neuen Kultur?

Man muß diese Entwicklung hin zur Gleichberechtigung verstehen, um die zukünftigen Beziehungen zwischen Mann und Frau ins Auge zu fassen. Eine neue menschliche Beziehung, auf gegenseitiges Verständnis und gegenseitige Hilfe begründet, verlangt einen vertieften Geist der Kameradschaft, der allein Frieden zwischen Mann und Frau bringen kann, unter Achtung der Rechte des anderen und seiner Würde anstelle von Angst und Mißtrauen. Der Fortschritt hin zu gegenseitiger Zusammenarbeit wird durch die gehemmt, die nicht an die Entwicklung glauben und die an der menschlichen Fähigkeit zu echter Freundschaft und zu wirklicher Anteilnahme zweifeln. Für sie wird der Gedanke an Liebe und Sexus immer von Feindseligkeit und Kriegsstimmung erfüllt sein. Sie zweifeln nicht nur, daß die Gleichberechtigung der Geschlechter jemals möglich ist, sie leugnen sogar, daß der Mensch jemals fähig ist, seine ihm »angeborene« Feindseligkeit und Angriffslust zu überwinden. Liebe ohne Eifersucht erscheint ihnen unmöglich; sexuelles Begehren ohne den Drang nach Besitz unvorstellbar; sexuelle Erregung ohne Rohheit unwirklich.

Sind Menschen psychologisch und gefühlsmäßig einer echten Güte und eines aufrichtigen Gemeinschaftsgefühls fähig? Wenn wir unsere Mitmenschen von heute betrachten, könnten wir dazu neigen, eine pessimistische Antwort zu geben. Aber wir müssen erkennen, daß der Mensch, was soziale Gerechtigkeit betrifft, heutzutage vielleicht am schlimmsten dran ist. Wir wissen, daß die sozialen Beziehungen zwischen den Menschen heute mehr denn je gespannt sind, weil wir zwischen zwei Kulturstufen leben und weil wir uns einem neuen, nie zuvor erlebten Gleichgewichtszustand nähern. Er ist gekennzeichnet durch ein neues Gefühl der Zusammengehörigkeit, das auf einer neuen Auffassung von Gleichberechtigung und Zusammenarbeit beruht. Da soziale und wirtschaftliche Forderungen es eingeleitet haben, so wird es neue soziale und wirtschaftliche Bedingungen hervorbringen müssen, wie sie in ihren Folgerungen und Auswirkungen noch nie dagewesen sind.

Der Mensch von morgen

Wir sind nicht nur auf Spekulation über den Geist, die Moral und den Intellekt des Menschen der Zukunft angewiesen. Unsere psychologische Kenntnis der einzelnen Persönlichkeit von heute erlaubt eine echte Bewertung der erworbenen oder »angeborenen« Fähigkeit des Menschen. Wir sind schon in der Lage, die Frage zu beantworten, ob der Mensch grundsätzlich egoistisch und rücksichtslos ist, ungeachtet seines moralischen Bewußtseins und seiner intellektuellen Einsicht. Wir kennen Tatsachen, die uns beweisen, daß Gefühle sich wandeln können, Tatsachen, die den Glauben an die zukünftige Entwicklung der Menschheit bestätigen und mehr sind als ein eitler Traum, der von Phantasten und unrealistischen Romantikern zusammengebraut ist.

Psychologie und Psychotherapie liefern einen wichtigen Beitrag für soziologische Theorien und Auffassungen. Eine sorgfältige Analyse der einzelnen Menschen – besonders der Kinder – enthüllt eine erstaunliche und verblüffende Tatsache: daß jeder ohne Ausnahme Hunderte von Fähigkeiten besitzt, unzählige unentdeckte Talente, die nie entwickelt und oft gehemmt wurden, sogar ehe sie erkannt wurden. Alle die Mängel und persönlichen Begrenzungen, die Anpassung und Erfolg verhindern, sind künstlich und Ergebnisse einer tiefen Entmutigung, der wir alle als Kinder unterworfen waren. Unsere Methoden der Kindererziehung übertreffen die der primitiven Völker lediglich hinsichtlich der Kenntnisse und der Kunst. Viele wilde Stämme wissen mehr über die emotionale Erziehung – Erziehung zu Mut, Selbstvertrauen und Ausdauer – als unsere besten Erzieher sich träumen lassen.[6]

Wir lehren unsere Kinder Kultur und Zivilisation, das heißt: lesen und schreiben, rechnen und viele Geschicklichkeiten meistern; aber wir lehren unsere Kinder nicht, wie sie mit anderen zusammenleben können. Statt dessen treiben wir dauernd den Mut aus ihnen heraus. Der Fluch unserer Kultur, der unsere nächsten Verwandten zu Konkurrenten macht, kann in unseren Kinderstuben, in unseren Schulen und in unseren Familien studiert werden. Potentielle Eigenschaften jeder Art werden in ihren ersten Ansätzen schon unterdrückt. Wo Kinder Hilfe nötig haben, finden sie Verständnislosigkeit und oft genug Nachlässigkeit und Enttäu-

---

[6] »Der Hintergrund, der die Menschen in Samoa so leicht, so einfach heranwachsen läßt, ist die allgemeine Zwanglosigkeit der ganzen Gemeinschaft.« Margaret Mead: Coming of Age in Samoa. New York 1928.

schung; wir übersehen ihre elementarsten und lebenswichtigsten Bedürfnisse. Wie können sie angesichts der Selbstsucht und Besitzgier Selbstvertrauen und Gemeinschaftsgefühl entwickeln? Wie stark muß die menschliche Natur sein, wenn wir, unter solch ungünstigen Bedingungen und so vielen Nachteilen aufgewachsen, doch noch so zivilisiert wurden, wie wir es sind! Wir haben jedoch nicht gelernt, reif zu werden. wir schauen erwachsen und würdig aus, aber unter einer sehr dünnen Kruste kann man das kleine Kind, verwöhnt und verängstigt, unsicher und scheu, in fast jedem von uns entdecken. Wer kann das leugnen?

In der Psychotherapie und Psychagogik sind wir Zeugen, wie Eigenschaften in einzelnen Menschen auftauchen, die ohne Therapie und Anleitung sich niemals hätten entwickeln können. Besonders Kinder können plötzlich beginnen, Verstandeskräfte oder künstlerische Fähigkeiten oder eine moralische Einstellung zu entwickeln, wenn ihnen neue, anregende und ermutigende Einflüsse zukommen. Es ist ohne große Bedeutung, daß solche Erlebnisse verhältnismäßig selten und mehr eine Ausnahme sind, da ja nur ein kleiner Teil unserer Bevölkerung bis jetzt zu einer psychologischen Behandlung kommt. Und nicht alle reagieren günstig, denn nicht immer können Verhältnisse und Grundeinstellungen genügend verändert werden. Trotzdem weisen solche Erfahrungen in der Neuerziehung die Kritik zurück, daß unsere Haltung unrealistisch und unsere Schlußfolgerungen zu optimistisch seien.

Die Anthropologie scheint uns einen gewissen Beweis der verborgenen Möglichkeiten des Menschen zu geben. In den letzten fünfundzwanzigtausend Jahren hat die Menschheit physisch sehr wenig Wandel erfahren. Unser Gehirn ist fast das gleiche wie das des vorgeschichtlichen Cromagnon-Menschen, aber welcher Unterschied in der Funktion! Es hat eine gewisse Zeit und Erfahrung gebraucht, um unser Gehirn so wie heute funktionieren zu lassen; aber die Fähigkeit dazu war schon vor vielen Jahrtausenden vorhanden.

In der Geschichte ging dieser Fortschritt von einem niedereren Entwicklungszustand zu einem fortgeschritteneren einige Male ganz plötzlich vor sich. In unseren Zeiten ist diese Tatsache wieder eindeutig bewiesen worden. Wilde Stämme, die in entfernten Teilen der Welt leben, unberührt durch moderne Zivilisation, bleiben wild, roh und unentwickelt; ein weites Reich der Kunst und Wissenschaft trennt uns von ihnen. Wenn aber einer dieser Menschen in unsere Zivilisation gebracht wird, so legt er sich Fertigkeiten zu und entwickelt geistige Fähigkeiten, die in seinem Stamm unvorstellbar sind. In seiner natürlichen Umgebung könnte niemand solche Eigenschaften und Möglichkeiten geahnt haben, und er würde sie dort niemals entwickelt haben. Physiologisch, als Genotyp, ist er von seinen dort (etwa in Afrika) lebenden Verwandten nicht verschieden. Heute aber ist unter den Abkömmlingen dieser »Eingeborenen« – nach nur wenigen Generationen – die höchste von Menschen erreichbare Intelligenz zu finden. Sie haben uns männliche und weibliche Wissenschaftler, Künstler, Fachleute geschenkt. Selbst die weniger Intelligenten unter ihnen lernen lesen und schreiben, Künste, die selbst ihre begabtesten Verwandten im Dschungel niemals hätten meistern können. Keine Veränderung des Gehirns ist nötig, kein Wechsel der angeborenen Eigenschaften, um ein höheres Kulturniveau zu erreichen. Man kann wohl annehmen, daß wir gegenwärtig nur fünfzehn Prozent von unseren Fähigkeiten ausnützen.

Unsere Kinder beweisen große Lernfähigkeit, wenn sie in einem frühen Alter mit wenig Mühe Fertigkeiten und Geschicklichkeiten meistern, für die Erwachsene Jahre benötigen. Es ist nicht der Fehler der Kinder, daß von ihren Möglichkeiten an Verstand, Moral und Gefühl zu wenig Gebrauch gemacht wird, sondern vielmehr derer, die ihre Geschicke leiten. Watson[7] versuchte vergebens, diese Tatsache bewußt zu machen. Er scheiterte, weil er das Problem nur strukturell betrachtete, als ob das Verhalten des Kindes nur die Reaktion auf einzelne Anregungen und Reize wäre. Um einen Fortschritt zu erzielen, ist mehr nötig als mechanische Anreize. Jede Fähigkeit und auch jede Begrenzung spiegelt die Funktion des ganzen Individuums in seiner sozialen Gruppe wider. Was uns fehlt, ist nicht nur eine bessere Technik, Kinder aufzuziehen, sondern ein andersgearteter sozialer Geist, um in ihnen alle möglichen Fähigkeiten zu entwickeln. Der Geist, der gut oder schlecht auf sie wirkt, ist der Geist unserer Gesellschaft. Demzufolge ist das, was sie sind, mehr dem Geist der Konkurrenz, der Angst und der Feindseligkeit zuzuschreiben als den vererbten Fähigkeiten.

Wenn die Menschheit je Lebensbedingungen erfüllt, die Gemeinschaftsgefühl und Zusammenarbeit erlauben, dann – und nur dann – werden alle unsere Kinder, ganze Generationen, die Aussicht haben, ihre Fähigkeiten moralisch und gefühlsmäßig voll zu entwickeln. Dann wahrscheinlich wird ein neuer Typ von Mensch erscheinen, der sich von uns heutigen unterscheidet wie wir uns

[7] John B. Watson: Behaviorism. New York 1925.

von den wilden Stämmen. Wir können annehmen, daß der Mensch von morgen durch ein größeres Gemeinschaftsgefühl und durch einen größeren Sinn für Verantwortung ausgezeichnet ist und daß er weniger an seine eigenen Vergnügungen und an seine persönliche Geltung denkt. Seine Einsicht wird vielleicht ohne große Mühe das Denken jener wenigen Genies erreichen oder gar noch darüber hinauswachsen, die für sich allein fähig waren, die ihnen begegnenden sozialen und kulturellen Hindernisse zu überwinden. Seine intellektuelle Entwicklung wird wahrscheinlich mit der Reifung seiner Empfindungen zusammenfallen; aggressive Gefühle werden nicht als »Triebe« einer fehlgearteten Natur angesehen, sondern als »Werkzeuge« eines schlecht angepaßten menschlichen Wesens.

So wie unsere Gefühle während unseres eigenen Lebens sich wandeln und reifen, so werden sie sich wahrscheinlich auch wandeln, wenn die Menschheit als Ganzes reift. Liebesempfindungen sind dann vielleicht ganz verschieden von dem, was wir heutzutage erleben. Eifersucht hat keinen Platz mehr, wenn die Elemente des Besitzenwollens, des Angriffes und der Konkurrenz aus der Beziehung zwischen Mann und Frau entfernt sind. Sogar sexuelle Sinneseindrücke mögen sich von Grund auf gewandelt haben, denn wir wissen um die große Vielfalt der Reaktionen des Körpers und der Gefühle, die sogar der gleiche Mensch erlebt, wenn er sexuell angeregt ist. Heutzutage ist es das Gefühl der Gewohntheit und Routine, das oft das sexuelle Verlangen dämpft; es wird vielleicht seine hemmende Wirkung verlieren.

Irgendeine Prognose über sexuelle Freiheit ist unmöglich, da wir nicht imstande sind, uns von der gewandelten Beziehung zweier Menschen, die wichtigere Werte und Interessen kennen als ihre eigenen Vergnügungen und Siege, ein klares Bild zu machen.

Die Chance der Einehe

Wenn einmal das Sexuelle »gereinigt« ist und nicht länger eine Einmischung in das menschliche und soziale Verhältnis von Männern und Frauen bildet, dann wird die ewige Frage beantwortet werden, ob der Mensch zur Monogamie fähig ist, ob die menschliche Natur sie erlaubt oder solch ein System sogar fordert. Wir müssen der Tatsache ins Auge sehen, daß, obwohl die christliche Religion und ihr zufolge die öffentliche Meinung in Europa und Amerika zweitausend Jahre lang die Polygamie verurteilt und Beständigkeit in den ehelichen Beziehungen gefordert haben, die Monogamie immer eine Ausnahme war und wahrscheinlich noch nie so fest gegründet war wie heutzutage. Die Monogamie wurde wohl gefordert, doch gab es sie nur dem Namen nach. Die herrschende Stellung des Mannes in der Gesellschaft gab ihm sexuelle Vorrechte, die die wahre Monogamie verhinderten.

Solange ein Geschlecht als gesellschaftlich überlegen betrachtet wird und besondere Rechte genießt, kann Monogamie nicht errichtet werden. Wenn einmal die Gleichwertigkeit beider Geschlechter verwirklicht ist, kann und wird sich wahrscheinlich eine einzigartige Beziehung zwischen Mann und Frau entwickeln. Nur dann kann die Monogamie ihren Wert erweisen. Nur dann wird die Menschheit entdecken, ob sie ihr persönliches Glück und ihr Sich-Ausleben verstärken oder beschränken wird.

Was alles wir von den psychologischen und emotionalen Bedürfnissen der Menschen wissen, weist auf eine tiefe Sehnsucht nach der Einehe hin. Die enge und ausschließliche Verbindung zwischen zwei Personen ist wahrscheinlich der innigste Zusammenschluß zweier Menschen, denn sie erlaubt das tiefste und stärkste Gefühl der Zusammengehörigkeit. Solch eine Vereinigung ist jedoch unmöglich, solange die Einehe als eine Pflicht und eine moralische Verbindlichkeit betrachtet wird. Die Ehe der Zukunft wird wahrscheinlich eine ganz andere Institution sein – eine Übereinkunft zwischen zwei freien und gleichberechtigten Menschen, die nicht länger vom Schandmal der »Sünde« oder von der Bestrafung durch das Gesetz bedroht werden. Beide werden das Recht haben, miteinander zu leben, weil sie diese Wahl treffen, und nicht weil sie dazu verpflichtet sind. Es wird ein Zusammenleben sein, in welchem ein jeder das Recht hat zu tun, was ihm das Beste dünkt; aber er wird vermeiden, was dem andern nicht auch gefällt.

Konstruktive Haltungen

Auf diese Art stehen die großen Probleme der Welt im Zusammenhang mit den täglichen Problem von Sexualität und Ehe. In unserer innigsten Beziehung finden wir uns den grundsätzlichen Fragen unserer Zeit gegenüber. Die Lösung jedes unmittelbaren Problems erfordert die gleichen Haltungen, die allein auch die sozialen Probleme im allgemeinen lösen können: Mut und Sinn für Verantwortung. Angst und Pessimismus führen immer zu vermehrten Gefahren, zu Bedrückung und Gewalt und rufen Feindlichkeit und Streit hervor. Wenn wir die Schuld auf Menschen und Verhältnisse schieben, werden wir das verwirrende Durcheinander des Problems nur noch steigern. Wir können aber nicht unseren Mut auf nützliche Taten richten oder Verantwortung für Entscheidungen auf uns nehmen, wenn wir nicht alle auf dem Spiel stehenden Streitfragen genau verstehen.[8] Politischer und wirtschaftlicher Fortschritt müssen durch erzieherische Bemühungen ergänzt werden und die alten Vorstellungen und Haltungen dem Mitmenschen gegenüber ersetzen. Die Erziehung wird Männer, Frauen und Kinder umfassen müssen, um ihnen bei der Anpassung an neue Grundgesetze im Zusammenleben zu helfen. Die Erkenntnis unserer eigenen Macht und Verantwortung muß allen nahegebracht werden.

Aber wir müssen auch erkennen, daß wir an der Schwelle einer neuen Kultur stehen. Neue moralische Begriffe entsprechen den grundsätzlichen Änderungen wissenschaftlicher Begriffe. Der technische Fortschritt, die Meisterung der Nuklearenergie, die einen Wandel in unserer industriellen Leistung und eine noch nie dagewesene Gewalt über die Natur ermöglichen, decken sich mit einer neuen sozialen Struktur unserer Gesellschaft. Die Geburtswehen, die wir erleben, sollen uns durchaus nicht am Fortschritt verzweifeln lassen, nein, sie zeigen ja nur, welche tiefe Bedrohung ihrer Stellung die alten Mächte empfinden. Es wird viel Erziehung nötig sein, um den Leuten all die Dinge bewußt zu machen, die in den neuen wissenschaftlichen Forschungen auf allen Gebieten vor sich gehen, sowohl in den Natur- wie in den Sozialwissenschaften. Alle Wissenschaften werden mehr zu einem Ganzen zusammengefaßt, da unsere Erkenntnis mehr zu den Grundtatsachen gelangt. Ein neues Bild der Welt taucht auf, das technische, soziale, religiöse und moralische Begriffe zugleich umfaßt.

Friede mit der Sexualität

Da andere Elemente menschlicher Beziehungen wichtiger werden, wird das Sexuelle wahrscheinlich eine veränderte Rolle spielen. Der vertiefte und weiterentwickelte Sinn für gegenseitige Verantwortung wird die körperliche Vereinung zu einem Zeichen der geistigen Vereinigung machen. Wenn wir die Meister statt die Skla-

---

[8] Obwohl der Vorgang, durch den neue Normen in der nächsten Generation geschaffen werden, nie systematisch und konstruktiv abläuft, hält John Dewey eine solche »soziale Technik« für möglich, so drastisch das auch sein mag. J. Dewey: Human Nature and Conduct. New York 1922.

ven unserer Gefühle sind, dann wird das Sexuelle zu einem Mittel des Ausdrucks werden, statt Trieb und quälende Geißel zu sein.

Wir, die Lebenden, die leiden und verwirrt sind, sind die Vorläufer einer zukünftigen Menschheit, von Generationen, die höher entwickelt sind, mehr vermögen und von einer tieferen Kultur durchdrungen sind. Mit unseren Kämpfen öffnen wir die Tore; in unserem Elend schaffen wir eine neue Welt. Unsere Haltung dem Sexuellen und manchem anderen sozialen Problem gegenüber ist unser Beitrag zum Wandel der Welt. Wenn wir dies erkennen, sollten wir die volle Verantwortung fühlen, die wir persönlich für die Entwicklung der Zukunft haben, die ja an die Vergangenheit gekettet ist. Unsere eigenen Lebensprobleme sehen anders aus, wenn wir diesen Gesichtspunkt akzeptieren können. Ein Blick auf das, was sein könnte, kann das, was ist, ändern.

Arno Gruen
im dtv

Der Verrat am Selbst
Die Angst vor Autonomie
bei Mann und Frau

Heute aktueller denn je: der Begriff
der Autonomie, der nicht Stärke
und Überlegenheit meint, sondern
die volle Übereinstimmung des
Menschen mit seinen eigenen
Gefühlen und Bedürfnissen. Wo sie
nicht vorliegt – eher die Regel
als die Ausnahme –, entstehen
Abhängigkeit und Unterwerfung,
Macht und Herrschaft. Ein Buch,
das eine Grunddimension mitmenschlichen Daseins erfaßt.
dtv 35000

Der Wahnsinn der Normalität
Realismus als Krankheit:
eine grundlegende Theorie zur
menschlichen Destruktivität

Arno Gruen legt die Wurzeln der
Destruktivität frei, die sich viel
öfter, als uns klar ist, hinter
vermeintlicher Menschenfreund-
lichkeit oder »vernünftigem«
Handeln verbergen. Er überzeugt
durch die Vielzahl der Beispiele und
schafft die Beweislage, daß dort,
wo Innen- und Außenwelt ausein-
anderfallen, Verantwortung und
Menschlichkeit ausbleiben.
dtv 35002

Falsche Götter
Über Liebe, Haß und die
Schwierigkeit des Friedens

»Ich meine nicht, daß man mit
Politikern psychoanalytisch reden
soll. Ich meine, daß man jemandem, der lügt, sagen soll, daß er
lügt. Solange wir glauben, daß wir
die Liebe dieser Leute benötigen,
um erlöst zu werden, sind wir
verloren. Wenn wir wieder lernen,
andere Menschen auf eine natürliche Art empathisch wahrzuneh-
men, kann uns niemand mehr an
der Nase herumführen.«
dtv 35059 (Januar 1993)

Partnerschaft läßt sich lernen

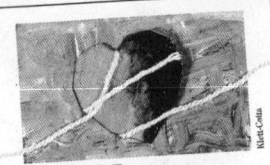

Klett-Cotta

Arnold Lazarus
Fallstricke der Liebe
Vierundzwanzig
Irrtümer über das
Leben zu zweit

»Fest steht: Kaum jemand weiß wirklich, wie man eine Ehe führt! Die meisten Menschen gehen mit Wunschträumen und unrealistischen Erwartungen in das Leben zu zweit. Daher sollte jeder Heiratswillige eine Art Stellenangebot formulieren und genau aufzählen, was er als Partner geben kann und was er vom anderen erwartet. Dies könnte viel Kummer und Ärger ersparen«

Aus dem Amerikanischen übersetzt von Sabine Behrens
136 Seiten, Linson mit Schutzumschlag

»Langsam gehen im Saal die Lichter aus, zögernd hebt sich der Vorhang – ein Mann und eine Frau stehen eng umschlungen da, beide schauen in die untergehende Sonne. Sie geloben sich leidenschaftliche Liebe. Eines Tages werden sie, mit silbergrauen Haaren, zusammen sterben, einander verbunden wie am ersten Tag ihrer Hochzeit.«
Wie viele Menschen beginnen eine Partnerschaft, eine Ehe mit solch romantischen Vorstellungen über das Leben zu zweit, und wie viele Beziehungen enden in weniger romantischen Trennungen und Scheidungen. Eine Heiratsurkunde setzt, im Gegensatz zu anderen Urkunden wie beispielsweise dem Führerschein, kein bestimmtes Können voraus. Genauso selbstverständlich aber wie Fahrschulen, meint Lazarus, sollte es »Eheschulen« geben, die nicht nur das nötige Können vermitteln, sondern auch die vielen falschen Vorstellungen entwirren, die es über das Glück zu zweit gibt.
Zwei Dutzend solcher zum Teil nur halb bewußter Irrtümer, Mythen und Legenden, die Menschen in eine Liebesbeziehung einbringen, sind Lazarus' amüsanter und geistreicher Beitrag zu dieser Eheschule. Jede dieser falschen Vorstellungen wird illustriert durch die Darstellung von Fällen, denen der Autor in seiner jahrzehntelangen Praxis begegnet ist.
Pragmatisch, nüchtern und streckenweise desillusionierend bietet das Buch eine Fülle handfester Lebenshilfen. Doch werden auch die Grenzen der Selbsthilfe hervorgehoben und Ratschläge gegeben, wann therapeutische Hilfe notwendig ist.

Klett-Cotta